現代政治イデオロギー序説

——現代政治をどのように理解すればよいのか——

古田 雅雄 著

晃 洋 書 房

はじめに

> 政治学を学ぶことの意義は2つある．1つは自己の思想的充実を深めることにあり，それをより理論として鍛え上げていくこと，もう1つは対象となる政治現象や特定の思想研究を徹底的に分析することである．
>
> （中村哲）

　政治現象を理解するには政治学の様々な分野を学ぶ必要がある．例えば，政治原論，政治史，国際関係論などがある．その中でも政治現象をどのような思考，志向で生じたかを分析する基本的な視点を本書で取り上げる．具体的には，「政治イデオロギー」をまず学んでおきたい．イデオロギーは「政治の人工国際語（エスペラント）」と呼ばれるほど一般化した言葉となっている．

　なぜ，政治イデオロギーを取り上げるかについては本書序章を読んでもらいたい．ただ，ここでは次の点だけ指摘しておこう．ある政治現象を分析する際には，いろいろな方法や解釈がある．ただ，その解釈や評価は一時的，表層的でなく，どのような視点から，現象が出現したのか，どう成立したのか，今後どう展開するのか，を考えたほうがよい．ある現象の基底的なものが何であるか，それはどのような思考・志向から，政治現象として私たちの前に現われたのかを考えたほうがよい，と考える．そこで政治現象を基本的，根本的な観点から考えるために，政治イデオロギーを解説することにした．もちろん，政治イデオロギーを理解したからといって，政治現象を即，理解，分析，評価できるわけではない．ただ，人々はそれなりの考え方をもって態度や行動に表わす．表面上目の当たりにする現象を知るのでなく，その起点となるのは何かを理解するには政治イデオロギーを知らなければならない．

　政治学を専攻する研究者・教員はどうしても自分の研究水準で受講生に講義したい欲望に駆られる．その際，専門内容に未熟な，未知な受講生に様々な理論や思想を伝える際に，その基本的な知識の不足を感じる．その素養がまだ不十分な受講生には無理な理解を強いている．教員が専門用語や概念をもって，諸現象を分析し，理論を説明し，構築する際に，そういった用語，知識，概念

を理解せずには，教員が伝えたい専門的な内容に進めないことにしばしば直面する．学生には未知の専門的な事柄を説明されても，戸惑うことは当然であろう．教員は，その素養に乏しい受講生に政治分析や政治理論を説明しても，受講生には無理な勉学を強いることになる．受講生が事前に学習するのは当然としても，そのためには基本的な用語や概念を事前に知る必要がある．

本書では，現代政治（学）全般に通じる，基本的な政治イデオロギーとそれに関連する事項を解説する．いわば，本論は専門的な，理論的な政治学に進むための序論的な役割を果たすことを主題におく．もちろん，ここで取り上げる内容だけで，政治現象を説明でき，政治学の基礎となるわけでない．ただ，本書で扱う政治イデオロギーは政治学を学ぶのに必要であるだけでなく，私たちの日常生活に関わる諸現象を理解するうえでも習得しておく必要がある．そのためにも，オーソドックスな政治イデオロギーを概説する．専門用語の正確な意味合いを学び，そのうえで社会の諸現象を分析する眼を養ってもらうつもりである．

ここで，素朴な疑問が脳裏に浮かぶ．なぜ，政治学を学ばなければならないのか．それに応える前に，2つの逸話を紹介したい．

まず，イギリスの政治学者であるB・クリック教授と学生との会話である．教授はある学生から政治学を学ぶ意義を問われて，反対に「君は権力をもっているのか」と問い返し，さらに諭すように，「それがなければ，なおさら政治権力に操作されないように政治（学）を知るべきだ」と応えた，と言う．

もう1つ出来事を紹介する．それは，第二次世界大戦前，日本の軍国主義時代のあるプロレタリア作家の逸話である．彼は，戦前労働運動や反戦活動後，その活動から転向し政治と一切関係を断った．彼は，共産主義云々の活動とは関係なしに政治から離れたが，結局，自分は日常生活を過ごすうえで，政治と無関係に過ごすことができないと痛感した，と戦後に述懐している．私たちが彼のような体験するわけではないが，日常生活を営むうえでは，好むと好まざると，直接的，間接的に政治との関わりやその影響を否応なしに感じないわけにはいかない．

上記の2つ逸話を私はかなり以前に知った．だから，ずいぶん時間が経ている．いまだに記憶に残るのは，私なりに政治学を学ぶ意義を2つの逸話から感じ取ったからであろう．

前者のクリック教授の逸話は，学問を学ぶ意義をどういう形で自らの知的部

分から現実世界を解釈することと関連する．つまり，政治現象をどう認識し，自分ならどう対応しなければならないか，である．後者の作家の場合からの教訓では，私たちは現実世界の動きを決定する政治とのかかわりを否応なく避けられないことを示す．と同時に，クリック教授の逸話と関連することだが，政治と無関係ではいられないのだから，政治現象を理解，分析，評価，予測する術を習得する必要があることを示唆する．2つの逸話から教訓めいた説教じみた話をするなら，政治学を単なる「知的遊戯」の学問でなく，すなわち，政治状況を所与の条件として，自分がどう理解し判断を下すべきかという，自らの態度・行動に関係する．繰り返して述べるが，前者と後者の逸話は政治学を習得しなければならない本質をついている．

　本書の主旨に戻ろう．私たちが政治現象を理解することとは何を意味し，何の利益があるのだろうか．それと関連して政治学を学習する理由を述べておきたい．

　世に言われる「政治評論」と学問としての政治学とは，同じ政治現象を対象に扱うが，必ずしも同じ評価をもたらすわけではない．「政治評論」に関しては，いわゆる「街の評論家」からマスコミの論評まで，政治現象についての論評はすこし知識があれば，だれにでもできるだろう．ところが，政治学からの分析に関して，真の政治学の手法・知識を用いての評価はそのような印象風な論評とはまったく異なってくる．世に今まさに進行中の政治を論評する「床屋談義」は横行する．もちろん，それをまったく否定する気持ちはない．ただし，その場しのぎの説明や理解で本質的な部分を考えないことになるのではないか．政治を理解・分析できるのは，政治科学からの理論やそこからの訓練を積まなければならない．その結果，ある政治現象の全体像を掌握できる．なぜなら，ある対象を理解し，分析をするための道具として理論と方法を修得しているからである．

　ここで大切なのは，自己の思考・志向の充実を図る立場にあって，自分がどのような考え方をもって，社会現象を見つめる「物差し」を身につけられるかである．その根底にある考え方や志向を「イデオロギー（ideology）」と言い換えても差支えない．ただし，本書中で説明するが，イデオロギーは主義・主張だけを言うのではない．もっと客観的な分析のための道具としてのイデオロギーを取り上げる．本書は，イデオロギーという「物差し」の本質を考える．それと同時に，政治イデオロギーの信念を考えながら，政治現象を検証する作

業に必要な「政治学」を習得できる知的な訓練の「場」を提供する．
　本書は3点を念頭において論述する．

　　① 政治イデオロギーの理論的な内容は，政治や社会においてどのような役割を果たすのであろうか？
　　② 政治イデオロギーとして，信念体系化した考え方とその性格とはいったい何であるのか？　言い換えれば，政治イデオロギーとは何であるのか？
　　③ 政治イデオロギーを分類する意味は何であるのか？　そういったイデオロギーの用語法はどのくらい有用なのか？　また，私たちが日常生活を営むうえでどのような意味があるのか？

　この3点に留意しつつ，本書では，まずイデオロギーとは何かから始め，順次，自由主義，保守主義，社会主義，アナーキズム，ファシズム，エコロジー主義，フェミニズム，宗教原理主義，グローバリズム/グローバリゼーション，民主主義といった政治イデオロギーを紹介する．最後に政治イデオロギーは，現時点において，その意義を終えたのかどうかを検討しておきたい．

　なお，本書の最後の部分に，補論「政治と情報社会」，付録1：各イデオロギー視点，付録2：用語解説を追加しておいた．こちらも参照してもらいたい．

　　2015年4月1日

　　　　　　　　　　　　　　　　　　　　　　　　　　　　古 田 雅 雄

目　　次

はじめに

序　章　イデオロギーとは何か ………………………… *1*
　1．歴　　史　(*1*)
　2．イデオロギーのもつ意義　(*3*)
　3．イデオロギーの役割　(*9*)
　4．イデオロギーの意義　(*11*)

第1章　自由主義のイデオロギー的基礎 ……………… *16*
　1．歴　　史　(*16*)
　2．中 心 要 素　(*17*)
　　　——個人の優先——
　3．自由主義的統治のあり方　(*22*)

第2章　2つの自由主義 ………………………………… *28*
　1．古典的自由主義　(*28*)
　2．現代的自由主義　(*33*)
　3．今後の自由主義のもつ意義　(*37*)

第3章　保守主義のイデオロギー的基礎 ……………… *41*
　1．歴　　史　(*41*)
　2．中 心 要 素　(*42*)
　　　——保存への願望——

第4章　2つの保守主義 ………………………………… *51*
　1．温情的保守主義　(*51*)
　2．リバタリアン保守主義　(*56*)
　3．ニューライト　(*58*)

4．今後の保守主義のもつ意義　　(67)

第5章　社会主義のイデオロギー的基礎 ………………… 70
　1．歴　　史　(70)
　2．中 心 要 素　(72)
　　　　――私たちは孤独でない――
　3．様々な社会主義　　(80)

第6章　社会主義の分類 ……………………………… 83
　1．社会主義への道　(83)
　2．共 産 主 義　(89)
　3．古典的マルクス主義　(91)

第7章　2つの社会主義 ……………………………… 98
　1．正統派共産主義　(98)
　2．社会民主主義　(109)
　3．西ヨーロッパ社会民主主義の新潮流　(118)
　4．今後の社会主義のもつ意義　(121)

補　論　福祉国家をめぐるイデオロギー　(124)
　　　　――保守主義，自由主義，社会主義の比較――

第8章　アナーキズム ………………………………… 130
　1．歴　　史　(130)
　2．中 心 要 素　(131)
　　　　――反権力への姿勢――
　3．集団主義的アナーキズム　(132)
　4．個人主義的アナーキズム　(136)
　5．政府なき社会への道　(138)
　6．今後のアナーキズムのもつ意義　(139)

第9章　ナショナリズム ……………………………………… 141
1. 歴　　史　(141)
2. 中 心 要 素　(142)
　　──国を愛するために──
3. 多様な形態をとるナショナリズム　(147)
4. エスニック・ナショナリズム　(150)
5. 今後のナショナリズムのもつ意義　(153)

第10章　ファシズム ……………………………………… 155
1. 歴　　史　(155)
2. 中 心 要 素　(156)
　　──団結を通じての強さ──
3. イタリア・ファシズムと国家主義　(159)
4. ナチス・ドイツの国民社会主義　(160)
5. 全体主義体制　(163)
6. 今後のファシズムのもつ意義　(166)

第11章　エコロジー主義 ……………………………………… 168
1. 歴　　史　(168)
2. 中 心 要 素　(169)
　　──自然に帰れ──
3. 環境保護をめぐる様々な立場　(172)
4. 今後のエコロジー主義のもつ意義　(174)

第12章　フェミニズム ……………………………………… 176
1. 歴　　史　(176)
2. 中 心 要 素　(177)
　　──人格の政治学──
3. 性 と 政 治　(179)
4. 今後のフェミニズムのもつ意義　(182)

第13章　宗教原理主義 …………………………………… 184
1．歴　　史　(184)
2．中心要素　(185)
　　──原理への回帰──
3．主な宗教原理主義　(188)
4．今後の宗教原理主義のもつ意義　(191)

第14章　グローバリズム／グローバリゼーション ……… 193
1．歴　　史　(193)
2．中心要素　(197)
　　──世界は1つになる？──
3．グローバル化への3つの見解　(199)
4．概念整理　(206)
5．グローバル化論の整理　(209)
6．要　　約　(213)
7．今後のグローバリズム／グローバル化のもつ意義　(216)

第15章　民主主義 …………………………………………… 218
1．歴　　史　(218)
2．中心要素　(220)
　　──人民の，人民による，人民のための政治──
3．民主的統治に関わる課題　(222)
4．民主主義の理論とモデル　(225)
5．直接民主主義と代表制民主主義　(238)
6．ポリアーキー　(241)
7．今後の民主主義のもつ意義　(244)

終　章　イデオロギーの時代は終わったのか ………… 247
1．「政治の終わり」論　(247)
2．「イデオロギーの終焉」論　(248)
3．「歴史の終わり」論　(248)
4．「国民国家の消滅」論　(249)

5．「近代の終わり」論　(250)
6．イデオロギーに終わりはない　(250)

補　論　政治と情報社会　(252)

あとがき　(259)
付録1：イデオロギーの視点　(263)
付録2：用語解説　(270)
参照文献　(283)

序　章
イデオロギーとは何か

> まずはっきりと定義された明快で実用的な理想をもって，目標あるいは目的である，次に目的を達成するのに必要な手段をもって，知恵，金，材料，方法である，第3にすべての手段をその目的に合わせよ．
>
> (アリストテレス)
>
> 思想は行動になろうとし，ことばは肉体になろうとする．
>
> (ハイネ)

1.　歴　　史

　イデオロギー (ideology) とは，「ある組織的な政治行動の基礎を準備する首尾一貫ある概念のセット」である．

　イデオロギーに基づく政治 (もっと広く述べれば，社会運営) は，フランス革命の時期に現われた近代西洋世界の現象の1人である．イデオロギーは，近代人が社会にある難問への回答を求める手立てだった [ケドゥーリー，2000：Ⅵ，Ⅶ；蒲島・竹中，2012年；Heywood, 2012：ch.1]．

　19世紀初期までに，主要な政治イデオロギーが登場する．それらは自由主義，保守主義，社会主義である．人間の進歩を信頼するのは自由主義と社会主義の立場である．しかし，両イデオロギーは産業社会をまったく対照的に解釈した．自由主義は資本主義の政治的イデオロギーとなったが，社会主義は資本主義社会を不正な社会と糾弾する立場で対抗してきた．それに対して，保守主義は伝統的な社会秩序を防衛，維持する努力を続けた．その後，様々なイデオロギーが政治，経済，文化の変容から次々と生まれてきた．ファシズムや共産主義は第一次世界大戦後まで出現しなかったが，これらは19世紀にその起源がある．さらに，現代的なイデオロギーではエコロジー主義があるが，これも19世紀以来の産業化への反発の一形態と捉えることができる．そして現在，イデオロギー

として注目されるのが宗教原理主義である．宗教原理主義は反動的，復古的なイデオロギーであるが，20世紀末に復活してきた[cf.Ruddock, 1981]．

1870年から1914年までを，通常，国際政治史の分野では「帝国主義の時代」と呼んでいる．この時代は，列強による植民地獲得と対外膨張の競争が激化する．世界規模の政治が本格化する．現在のグローバリズム／グローバリゼーション（グローバル化）の先駆けである．それは同時に西洋のイデオロギーを世界中に拡散する契機になったのである．20世紀前半，途上国の多くは西洋から摂取した各イデオロギーを自己流に改鋳し，反植民地闘争と国民国家建設に利用する．社会主義，ナショナリズム，民主主義，保守主義などのようなイデオロギーは本来の意味から変化を遂げるのである．

第二次世界大戦後，西洋のイデオロギーは様々な環境で再解釈，再適用され，それぞれの政治目的に結びつけられた．例えば，アフリカやアラブの国々の社会主義は，古典的な社会主義の教義に，彼らの伝統的な社会的，宗教的な価値観を結びつけたものである．反対に，オリジナルなイデオロギーは第3世界からのインパクトから影響を受け，再活性化したことも事実である．1960年代先進国の新左翼はアジア，アフリカ，南アメリカの民族解放闘争の影響を受けてきた．具体的には，毛沢東（1893-1976），チェ・ゲバラ（1928-1967）のゲリラ理論からの影響がある．また，エコロジストはM・ガンジー（1869-1949）の非暴力と自給自足のイデオロギーに感化されている．

イデオロギーが1789年のフランス革命の勃発を起点とするなら，200年後の1989年の東欧革命による共産党政権の崩壊で終焉を迎えた，という意見がある．同時に，多種多様なイデオロギーの伝統は，新しい挑戦に直面している．例えば，グローバリズムは国家という従来の単位で成立してきたイデオロギーの考え方の変更を迫っている．また，階級や社会的連帯の弱体化，権威への服従・尊敬への低下は，個人主義化（individualization）の流れをいっそう推進する．権威への挑戦がこれまでのイデオロギーに与える衝撃は重大であることは予測されるが，それがどの程度か明確に述べることはできそうにない．

冷戦後，西洋流の自由民主主義が世界的に勝利した，と宣言する人々がいる[フクヤマ，1998年]．ところが，将来のイデオロギーの展開を考えると，イスラム原理主義，儒教原理主義，仏教原理主義などのような原理主義イデオロギーが大きな役割を担ってきている，と考える人々もいる[ハンチントン，1999年]．別の論者によれば，千年至福の形で21世紀を相互理解の拡大，深化した調和が

表序-1　新旧イデオロギー

古典的なイデオロギー	新しいイデオロギー
自由主義	フェミニズム
保守主義	エコロジー主義
社会主義	宗教原理主義
ナショナリズム	グローバリズム／グローバル化
アナーキズム	
ファシズム	

もたらせる新世紀と考える楽観論もある．それとは逆に対立と流血を予想し，特にエスニック・ナショナリズムや割拠主義が跋扈する時代が到来する，と主張する人々もいる．

2．イデオロギーのもつ意義

（1）イデオロギーへのこだわり

　イデオロギーを検証することは，志向，価値，思考などそれぞれの様式を特有なタイプの区分を考察することでもある．イデオロギー研究は，一方においてイデオロギーの性格，役割，特徴を分析することであり，他方において政治的に議論される立場を映し出すことでもある．例えば，イデオロギーは解放と抑圧，真実と虚偽などといった内容を含みながら，自由主義，保守主義，社会主義，ナショナリズムなどという具体的なイデオロギーによって，人々の政治的立場を鮮明にする．

　あるイデオロギーを志す人々は，政治的な価値観の内容分析にも関心を示す．例えば，自由主義者は「自由」について自己流の解釈を主張するのか．社会主義者がなぜ「平等」にこだわるのか．アナーキストは国家なき社会をどのように理論づけるのか．ファシストが闘争・戦争を健全とみなす根拠はどこにあるのか．

　政治イデオロギーの「タイプ」を考察する必要となる．思考のセットがイデオロギーと分類される根拠を説明する必要性がでてくる．もっと重要なのは，分類することが何を意味するのか．そこから何を学びとれるのであろうか．つまり，自由主義，保守主義，社会主義，アナーキズム，ナショナリズム，ファシズム，フェミニズム，エコロジー主義，宗教原理主義，グローバリズム，民主主義などの分析は，「自分にとって，どのような意味があるのだろうか，そ

れに自分はどのように行動したらよいのだろうか」を確認することでもある．

(2) イデオロギー研究

イデオロギーという用語は頻繁に使用される．ところが，イデオロギーの最初に直面する困難さは，各自が同意する定義があいまいなことである．「イデオロギーはあらゆる社会科学分野の中でもっとも定義しにくい概念である」（D・マクレラン）．それは2つの理由による．

第1に，各イデオロギーに含まれる概念は理論と現実を照合するうえで，その内容の認識のちがいでの論争が生じるからである．理論と信念の関係におけるイデオロギーの役割の問題点がある一方で，政治的行為や物質的・精神的生活におけるイデオロギーの適用のちがいもあるからである．

第2に，イデオロギーは現在，進行中の論争とかけ離れては考えられない．20世紀後半まで，イデオロギーの中立的，客観的な立場からの説明はほぼ存在しなかった．もちろん，イデオロギーの社会的役割と政治的重要性に関する意見の不一致は，引き続いて残っている．

では，なぜイデオロギーは中立的，客観的な基準になりえなかったであろうか．イデオロギーには，人々にはその意味では同意しにくい事情を抱えているからである．

イデオロギーは現実世界で生じる，あるいは生じるであろう諸現象を説明し，集合目標を確立する信条体系である．支配的なイデオロギーは社会全体の目標を設定する．それに賛成するも反対するもイデオロギーである［ミューラー，1978年：132］．

政治的信念体系，政治の行動志向，支配階級の志向，特定の社会階級や社会集団の世界観，階級や社会の利益を具体化，被支配者と抑圧者の真実と虚偽，集団的所属意識，政治システムや政治体制の正統性，公的な政治的な立場などは，人によって解釈と適用は異なっている．

a イデオロギーという用語法の歴史

イデオロギーという用語は，フランス革命期に啓蒙主義者のA・D・トラシ（1754-1836）が，1796年に公表した造語である．彼にはイデオロギーは，新しい「思想の科学」，つまり思想学（論）（idea‐ology）という，彼の願望を込めた概念であった．彼は，諸思想の起源を解明する，新しい社会科学を模索し，生物学，動物学と同様，既成科学と同じ地位にまで高められる，と宣言した．

あらゆる学問はイデオロギーに基づいているとし，イデオロギーを「科学の女王」とまで位置づけ，様々な考え・思考・志向を測る客観的基準を認識していた．トラシの初期の意図は，その後にはほとんど影響を与えなかった．というより，イデオロギーという用語は，トラシの思惑とは正反対に使用されたからである．

b　マルクス

現在まで社会的，政治的な意味で使用されるイデオロギーという用語の定義は，K・マルクス（1818-1883）が否定的な意味を込めて使用される内容で引用されてきた．『ドイツ・イデオロギー』[マルクス，2002年] において，マルクスは「あらゆる時代で支配階級のイデオロギーは，支配的なイデオロギーである．社会を支配する，経済力をもつ階級は，同時に支配的な，知的な力ももっている．一般的には，経済的な生産手段を欠く人々のイデオロギーは生産手段をもつ階級のイデオロギーに従属する」，と彼流のイデオロギー観を開陳した．マルクスのイデオロギー概念の特徴は次の通りである．

第1に，イデオロギーは妄想や神秘である．それは世界を誤って理解させることになる．だから，イデオロギーは「虚偽意識」である（F・エンゲルス）．それとは対照的に，マルクス自身の思想は科学的，正当的，客観的な思考である．歴史と社会の機能を暴くように考察した真実だからである．それゆえ，イデオロギーは虚偽，科学は真実である．この対比はマルクスの用語を使用する際には避けられないものとなっている．

第2に，イデオロギーは階級構造に結びつく．イデオロギーという用語自体が支配階級の利害と視点であるとされたからである．支配階級は自らを抑圧する立場とは認めたくなく，被抑圧階級と「和解」できることを望む．このことは所有者と特権層によってのみ実現できる権利を描いている．ブルジョアジー（bourgeoisie）の自由主義は，政治的な立場を代表するイデオロギーである．

第3に，イデオロギーは資本主義の矛盾を隠ぺいする権力構造を表現する．イデオロギーはプロレタリアート（proletariat）から搾取の事実を隠しており，不平等な階級的な権力構造を維持している．だから，その時代を「支配」するイデオロギーを構成している．

第4に，イデオロギーはある時代の現象を表現する．プロレタリアートの利益は社会全体の利益と合致する．だから，マルクス主義はイデオロギーの一形態でなく，真の客観的な意味で，「科学的社会主義（scienctic socialism）」なので

ある.

c　レーニン

V・I・レーニン（1870-1924）は，マルクス主義者として，イデオロギーに関心をもっていた．資本主義は簡単に命運が尽きない．レーニンは，資本主義の生産様式の柔軟さを説明する要因の1つとして，イデオロギーに注目した．そこからマルクスとは別の用語法を生み出した．

レーニンは『何をなすべきか』［レーニン，1971年］において，すべての階級はイデオロギーを所持するようになったと主張し，社会主義をプロレタリアートのイデオロギーとして論じる．レーニンら20世紀のマルク主義者は，イデオロギーを特定の社会階級の利害を増進する，と考えた．マルクスの言うイデオロギーという用語法には否定的な意味合いがあったが，レーニンの論じるイデオロギー概念には虚偽と神秘が含まれず，科学とは対照的なものでなくなる．つまり，科学的社会主義もプロレタリアートのイデオロギーとなった．

d　グラムシ

A・グラムシ（1891-1937）はイデオロギーに関するマルクス主義理論を発展させている．資本主義の階級構造は，不平等な経済的，政治的な権力によってだけではなく，ブルジョア・イデオロギーや理論をヘゲモニーによって維持される．ヘゲモニーはリーダーシップ，支配，覇権を意味する．

グラムシによれば，イデオロギーは社会のあらゆるレベルに浸透する．あらゆるレベルとは，芸術，文学，教育，マスコミ，日常会話，大衆文化などであり，イデオロギーは言語・文化に根ざしている．言語を単なるコミュニケーション手段・記号とは捉えず，あるイデオロギー的価値を含んだ志向とみなしている．人々は日常生活において，これを内面化する．

これに対抗するためには，プロレタリアートは社会主義的な原理，価値，理論に基づいたプロレタリアート・ヘゲモニーを確立しなければならない［グラムシ，2001年］．

e　マンハイム

K・マンハイム（1893-1947）は，イデオロギー概念を精緻したドイツの社会学者であった．彼はマルクスと同じく，人々のイデオロギーが社会環境によって形成される（思考の存在拘束性），と認識した．もっとも，マルクスの意味にある否定的な意味を取り除く努力をした．彼の代表作『イデオロギーとユートピア』［マンハイム，2000年］においてイデオロギーは「特定の社会秩序を防衛する

のに役立つ思想体系」とみなし，支配集団の利益を表現する．ユートピアは，急激な社会変革の欲求を理念化し，既存の社会的現実を批判するものである．これは被抑圧・従属集団の利益に貢献している．

マンハイムはイデオロギーを「特殊概念」と「全体概念」に区別している．「特殊概念」は敵対者の弱点を暴露することである．それは特定の個人，集団，政党の思考・信念である．「全体概念」は，社会階級，社会集団，歴史上の全世界観の総体に着目したイデオロギーを指す．この意味では，マルクス主義，自由主義，原理主義はそれぞれの社会の全体像を示すイデオロギーである．社会的現実の部分的な自己利益だけの見解を提供するのだから，すべてのイデオロギー体系は「ねじれ」ていることになる．しかし，客観的真実を暴く試みは否定される必要性はなく，客観性は「社会的に中立的なインテリ」が担当する領域である．これは自己の経済的利益が関わらないので，学問的，客観的な公平な問いかけに貢献できる知識人階級の任務となる．

f　フランクフルト学派

フランクフルト学派は，ナチスを逃れてアメリカに移住したネオ・マルクス主義者グループである．彼らは，正統性（legitemacy）を創り出すことで，社会の安定を達成する資本主義の能力に関心をもっていた．

その代表的人物であるH・マルクーゼ（1898-1979）は『一次元的人間』[マルクーゼ，1974年]において，先進産業社会，思想操作，敵対的見解の否定といった内容から，資本主義の「全体主義」的性格を描き出した．現代社会は虚偽の欲求と大量消費という思考を生み出し，物質的な豊かさを通じて人々の批判精神を麻痺させている．一見すると，自由な論争・議論ができる雰囲気を創り出されているようだが，現実はイデオロギー支配と教化が起こる範囲を覆い隠すことで，実は見えない抑圧が進行している．

g　自由主義理論家

戦間期の全体主義体制の登場後，1950年代，1960年代の冷戦時代において米ソのイデオロギーの緊張は自由主義理論家に影響している．全体主義はファシストのイタリア，ナチスのドイツ，スターリズムのソ連で発展した抑圧のためのイデオロギーである．

全体主義とは，「国家があらゆる社会制度に浸透し，あらゆるものを管理・統制し，支配する」ことである．その特徴の1つである「公認のイデオロギー」は論争や批判を抑圧し，体制への服従だけを強要している．この考えは，政治

体制のもつ特徴から、ファシズムと共産主義を同一視している。

　イデオロギーは「閉ざされた」思想体系であり、敵対する志向・信念に寛容さをみせない全体化に徹することを意味する。イデオロギーは自分に合わない考えを排除する全体主義的精神であり、多元的自由、寛容、合理性とは無縁の存在である。ある意味では、イデオロギーは「世俗的宗教」である全体主義的な特徴を所持する信念体系である。

　しかし、すべての政治的信条がこの基準によるイデオロギーとは限らないことにも注意を要する。例えば、自由主義は「開かれた」思考体系の最もはっきりしたイデオロギーである。自由、寛容、多元性への基本的な傾向に基づいた信条体系であるからである。

　h　保守主義理論家

　イデオロギーは抽象的な原理・哲学だ、と保守主義者はそれに不信感を募らせる。イデオロギーは社会的現実を単純化、抽象化し、自分に都合のよい現実だけを取り出す。

　世界は人間の能力を超えた複雑さがある。この考えには、保守主義者が合理主義や進歩への懐疑的な態度を示すためである。人間の行動は果てしない海を航行しているようなものなので、イデオロギーのように抽象的な思考では複雑な現実世界を測れない。だから、保守主義者は、自らの考えをイデオロギーと理解されることを拒否する。

　保守主義者は、ニューライトが中心となるまで、「伝統的立場」と呼ばれる姿勢を取り続けてきた。「伝統的立場」とは、現実的な対応とする点、人間の行為に経験と歴史という最も確実な手引きを採用すること、である。

　i　1960年代以降の客観的定義

　1960年以降、イデオロギーという用語をもっと客観的、中立的な概念として考えるようになった。「人間が組織的な社会行動の目的と手段を設定、説明、正当化する思想のセット」と定義されるように、イデオロギーは社会秩序を保持、修正、根絶、再建することをめざすかどうかに関係なく、客観的な社会科学の用語となった。あらゆる政治的な信条体系に適用可能な意味で、社会科学的な概念に貢献できる尺度となった。それまでイデオロギーにまつわる否定的な概念はかなり解消されるようになった。

　もちろん、イデオロギーの中立性にも、一種の「危うさ」が付きまとっている。とりわけ政治的な付着物を除去することで、イデオロギーという用語がもっ

ていた批判的な矛先を鈍化させる結果となっている．イデオロギーは信条体系，世界観，教義，政治哲学のような用語と互換性があれば，イデオロギーが特有の意味をもち続ける点はどこにあるのだろうか．

　この点では2つの疑問が浮上してくる．1つはイデオロギーと真実の関係とは何であるのか．もう1つはイデオロギーはどのような意味で権力形態の一部とみなされるか．

3．イデオロギーの役割

　あらゆる人々がイデオロギーを重視するとは限らない．政治は剥き出しの権力闘争でしかない，と考えるからである．政治イデオロギーは政治生活の深い現実を覆い隠すのに使用されることがある．この考えは行動論（behaviourism）の立場である．人間は生物学的な機械以上のものではない．それは外部の刺激に対して反応するように条件づけられる．イデオロギーを思想・価値・感情・意図とともに思考・行動すると考えるのは不適切である．

　行動論と類似した立場はマルクス主義の考え方である．その考え方は，経済的，階級的な利益の点でのみ理解できる．イデオロギーは「物質的基礎」をもっている．だから，イデオロギーそのものには意味がない．例えば，正統派共産主義者は政治を社会階級の条件で分析した．

　イデオロギーは現実の環境に対応，条件づけられ，現実の世界から懸け離れて存在できない．イデオロギーは個人の野心，既得権益の単なる反映だけでもない．それは人々に政治的行動にまで駆り立てる能力があり，それは社会的，歴史的環境に跡づけられるので，理論と実践は不可分の関係になる．

　イデオロギーは社会生活に影響する．

　第1に，イデオロギーは人々に現実という世界を理解，説明する観点を準備させる．人々は現実の世界を見ているようだが，実はそうではない．人はそうであって欲しい期待をもって観察する．もっと正確に述べれば，人々は信念，意見，仮説を通じて現実の世界を認識している．その際には，人々は自己の行為に影響し，自己の行動を指導する，社会的・政治的信念・価値のセットに従っている．

　第2に，現実とイデオロギーとのバランスがある．これはイデオロギーと現実の世界とのギャップとも言い換えてもよい．例えば，A・ヒトラー（1889-1945）

は反ユダヤ主義的志向，ゲルマン民族による世界支配，東ヨーロッパの人種主義帝国の建設など明確なイデオロギーの目標を実現するつもりであった．V・I・レーニンは無階級社会に基づく共産主義を描いた．しかし，どの政治家もイデオロギー的確信だけで現実世界に盲目とはなりえない．なぜなら，彼らは，政権奪取後，戦術上の妥協が必要になった．「政治は妥協である」という当たり前の事実に直面した．ヒトラーの反ユダヤ主義が実行できたのは，1939年戦争開始後であったし，レーニンも資本主義を非難しながら，1921年には新経済政策（NEP）を導入した．

　第3に，政治イデオロギーは政治システムの原理となっている．その統治形態はそれぞれ多彩である．それは特定の価値や原理を中核とすることを意味する．絶対君主制は宗教を基礎としていた（例：王権神授説）．西側民主主義国は自由民主主義を原理とする．共産主義国家はマルクス・レーニン主義を原理とする．

　アメリカの2つの政党（民主党，共和党）は同じようなイデオロギー目標を共有し，「まるで清涼飲料水のビンのラベルを張り替えただけだ」，と言われることがある．なぜなら，アメリカ国民も大部分の政治家も，「アメリカン・イデオロギー」を信じている．それは，自由市場経済と資本主義的な諸価値のセット，それにアメリカ憲法に具体化した，政治的な諸原則にみられる．

　第4に，イデオロギーは人々の社会と結びつく紐帯機能となる．イデオロギーは，信念・価値のセットとして，社会集団や社会全体を統合している．イデオロギーは特定の社会階級と結合する場合がある．例えば，自由主義は中産階級，保守主義は土地貴族階級，社会主義は労働者階級などである．イデオロギーは社会階級の生活経験，利益，野心を反映する．だから，それは所属と連帯の意義を強化する．西側世界の国々は自由民主主義の価値観で統合する．イスラム諸国はイスラム教を共通の原理・原則とする．言い換えれば，政治イデオロギーはその社会や個人の秩序と安定を増進する機能を兼ね備える．

　イデオロギーが志向・信条・価値の統一セットと考えれば，社会から自然に発展する．もちろん，権力側から強制することや，社会統制の形で作用する場合もある．政治・軍事の指導者，政府高官，地主，資本家など各エリートの価値観は，大衆のそれと一致するとは限らない．支配エリートは反対派を封じ込めるためにイデオロギーを利用し，イデオロギー操作の過程を通じて論争を制限する．全体主義国家のように，「公認のイデオロギー」の政治体制では明白

である．

4．イデオロギーの意義

(1) 2つの意義

イデオロギーには2つの意義がある．1つはイデオロギーが解放と抑圧，真実と虚偽などの観点から現実世界を理解する「道具」であることである．もう1つは自分の思考を整えた形で外界に主張することである．もう少し具体的に述べれば，以下のように表現できる．

私たちは政治現象に関してはイデオロギーを通じて解釈，評価，行動する．つまり，イデオロギーは，①「説明能力」（通常は「世界観」）の形態で現秩序や未来像の根拠を提供し，②いかに現体制を維持するのか，あるいは変革するのか，という「行動様式」を説明する．いわば，イデオロギーは政治現象の分析レベルと実効レベルの両側面を備えている．

イデオロギーは純粋な形を採用するとは限らない．イデオロギーは他のそれに影響されることもある．例えば，自由主義的保守主義，社会主義的フェミニズム，保守主義的ナショナリズムなどの形で複数のイデオロギーは混ざり合う．イデオロギーは相反する，矛盾した諸要素から成立する．

イデオロギーは人々がもつ基底的な価値観であり，かつそれによって人々が遭遇する様々な個人的，社会的な体験を解釈させる場面に使われる用語である．政治分析は図序-1の分析レベルがあり，基底にあるイデオロギーが分析全体の最上段の概念にまで影響を及ぼす．それはさきに記した「説明能力」と「行動様式」となって表現される．つまり，イデオロギーは人間が社会に生きる世界の意味を明確にする．

では，具体的に，私たちが政治現象をどのような規準で観察し，その現象を自己の内面に位置づけるであろうか．このことは支配関係と関係する．すなわち，支配の（あるいはそれと対抗する）ための権力（power）や権威（authority）に

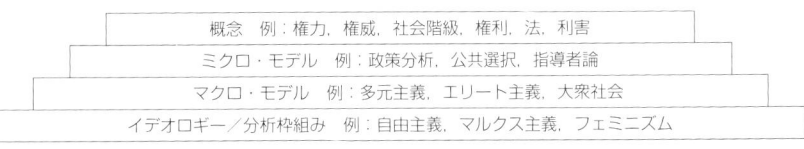

図序-1　政治分析レベル

はイデオロギーが基底にある．

権力は望む結果に到達する能力（ability）であり，「何かをする力」（power to do something）の条件と関連する．これは自己を活動させる能力から経済成長を促進する政府の能力まであらゆるものを含んでいる．権力は，特に政治権力（political power）の場合，選択でなく方法（manner）であり，他者の行動に影響する能力である．それは人々に自己のイデオロギーを権力の形で行使することを意味する．限定的に述べれば，これは強制や操作に関係するので，権力は罰や報酬を与える能力と結びつく．また，「影響力（influence）」と対照的に合理的な説得も含まれる［Heywood, 1997：7］．

権威は単純化すれば，「正当な権力」と定義できる．権力が他者の行為に影響する能力であるが，権威は強制や操作によるよりも，認知された義務に基づいている．この意味で，権威は正当性や合法性をまとった権力と言い換えることができる［Heywood, 1997：194］．M・ウェーバー（1860-1919）は，歴史に根づいた伝統的権威，超人的なパーソナリティに基づいたカリスマ的権威，非人格的な（法の）支配に基づいた合法的権威に分類している［ウェーバー，1970年］．

(2)　1次元モデルによる左翼―右翼の分類

イデオロギーを分類する基準がある．そのうちある基準は左翼と右翼を両極とする1次元モデルである．左翼（left）は「自由，平等，進歩のような原理に共感するイデオロギー」である．右翼（right）は「権威，秩序，身分，地位，義務のような原理・原則に共感するイデオロギー」である．

左翼と右翼という用語は，1789年フランス革命の政治原理に賛成か反対かに由来する．左翼は主権在民，共和主義，反教権主義を主張した．だから，改革や変革に結びつく用語である．右翼は身分制，伝統，権威，君主制，教会を擁護した．それゆえ，現状維持（，そのための改革）や反動に結びつくことがある．

① 政治的左翼の特徴
　・人間の進歩を信じる観念をもっている．

図序-2　1次元モデル（左―右連続線）

序　章　イデオロギーとは何か　13

- 政治的な機関による，個人や社会をより善いものにする可能性に期待する．
- 変化と革新に好意的な態度を示す．
- 市民的，道徳的自由や政治問題において平等，主権が人民にあると主張する．
- 伝統・宗教・因習より理性・科学・合理性の優位を確信し，後者を通じて人類の進歩に向けた改善・改革を求めている．

② 政治的右翼の特徴
- 人間の性格は政治的な機関によって改善されることに懐疑的な姿勢を示す．
- 人間は社会的，政治的，道徳的な秩序に順応する．
- 社会・経済の不平等があることを当然と考える．
- 民族至上主義的な考え方に同調する．
- 非合理的な信念と感情，伝統的家族・道徳観を信奉する．

　もちろん，1次元モデルですべてを説明できない．例えば，ファシズム体制は連続線上では右翼に位置するが，経済管理や国家統制を実行した．アナーキズムは平等を強く主張する点では極左に位置するが，経済の管理・統制に反対する点で右翼の立場にあるときもあり，連続線上のどこに位置するか不明瞭である．

(3)　2次元モデル
　左翼と右翼には労働側か資本側かのどちらかの利益に賛同するか，という経済的な左翼―右翼の③と④の基準が1次元モデルに追加された．これは2次元モデルである．左翼（の統制・計画経済）は被抑圧者の利益に好意的であるが，右翼（の自由・市場経済）は有産者階級と資本家階級の利益を擁護する．

③ 経済的左翼の特徴
- 統制・計画経済に好意的である．
- 産業労働者と土地を持たない農民のそれぞれの利益，いわゆる弱者を擁護する．
- 社会的に不利益な人々に財政的に援助する．
- 市場メカニズムに国家の管理・介入を主張する．

④ 経済的右翼の特徴
- 自由・市場経済に好意的である．
- 経済分野での選択の自由を擁護する．
- 国家介入を最小限にする．
- 国家の社会保障制度による救済より自己救済や個人による自己保障を選択する．

①と③の結合（政治的左翼と経済的左翼）は社会主義・共産主義の立場である．①と④の結合（政治的左翼と経済的右翼）は自由主義の立場である．②と④の結合（政治的右翼と経済的右翼）は保守主義の立場に見られる．②と③の結合（政治的右翼と経済的左翼）は改革主義的な軍事体制を支える右翼急進主義の立場である（例：ペロニズム，ナチズム，ファシズム）．

A・ギデンズはフェミニズム，エコロジーなど新しいイデオロギーは従来の左翼―右翼の分類では説明できない，と論じる．例えば，環境保護の「緑の運動」は「左翼でも右翼でもなく前へ」をスローガンに採用する［ギデンス，2000年］．現在，政治の基準が変わったかもしれない．現在の保守主義を代表するニューライトは急進主義，市場原理，強権政治を採用する傾向が見られる．新しい社会民主主義の「第三の道」も競争原理と市場重視を肯定するようになった．だから，左翼―右翼の1次元モデルでは説明しにくい事情が生まれている．それゆえそれらを考慮し，2次元モデルによって説明しようとする．

しかし，N・ボッビオ［ボッビオ，1998年；中村，2006年］は左翼―右翼で分類することに不適切はない，と述べる．何が「左」や「右」を規定するのかの基

	自由経済	
集団主義的アナーキズム		個人主義的アナーキズム
	古典的 自由主義	ニューライト「第二の道」
ニューレフト 新修正社会民主主義		
エコロジー主義 「第三の道」	温情的保守主義	
	現代的 自由主義	
社会民主主義「第一の道」		宗教原理主義
共産主義		ファシズム
	統制経済	

図序-3　2次元モデル（政治と経済の左翼―右翼軸）

準は時代によって変化するが,「左」と「右」は平等と自由に対する見解のちがいである. その意味で,「左」と「右」の区別は意味がある. それぞれの政治的な立場を知る上では,左翼―右翼軸で判断するモデルは,まだ,それぞれの立場を理解する上では,便利な指標であることも確かである.

設問
1. イデオロギーのもつ2つの意義を説明せよ.
2. イデオロギーという用語の解釈の変遷を説明せよ.
3. 政治的左翼と政治的右翼とは何か.
4. 経済的左翼と経済的右翼とは何か.
5. 2次元モデルを解説せよ.

第 1 章
自由主義のイデオロギー的基礎

天は自ら助くる者を助く．
（スマイルズ）
天は人の上に人を造らず，人の下に人を造らず．
（福沢諭吉）

1. 歴　　史

　自由主義（liberalism）とは，「個人の自由，寛容，権利，生活，合意を最優先するイデオロギー」である．いわば，少数派の立場を尊重する考え方である．

　ラテン語のliberは，農奴や奴隷でない，自由な人間の階級を指す．その言葉には，「寛大さ」という，心が開かれた状態を表す開放性の意味合いがあり，自由（freedom）や選択（choice）への志向と結びつく［Heywood, 2012 : ch.2］．

　政治信条として自由主義は，ヨーロッパの封建制が崩壊した後，資本主義・市場経済の成長を起源とし，絶対君主，土地貴族，教会と対立する資本家や中産階級の野心を反映したイデオロギーである．当時，自由主義は急進的，改革・革命的な変革を具体化していた．それは，1688年から1689年のイギリス名誉革命，1775年から1785年アメリカ独立戦争，1789年フランス革命で具現化した．

　自由主義は君主の絶対権に挑戦した．自由主義者は社会的地位を「出生の偶然」で決定される身分制社会を批判し，絶対主義体制に代えて立憲制度と代表政府を要求した．同時に，自由主義は宗教的な意識から解放する運動であり，また政府の干渉にない自由市場経済を定着させた．自由主義は18世紀半ばからイギリスで開花し，19世紀には北アメリカ，ヨーロッパ全体，20世紀にはアジア，アフリカ，南アメリカに伝搬していった．

　西洋の政治システムは，自由主義の志向や価値で形成される自由民主主義を基本原理とする．つまり，その特長は制限された政府の権力，市民的自治の保

護，競争選挙による政治的公職の獲得(＝代表制)である．この政治原理は西ヨーロッパ，北アメリカで発達し，現在の世界では非西洋世界でも多様な形で拡大してきた．西洋各国の政治文化は西ヨーロッパ社会で根づいた自由主義から登場してきたものであり，具体的な自由主義の価値（例：表現・信仰・所有権の自由）を制度化している．

19世紀，20世紀には社会の発展から自由主義の性格が変化する．中産階級が経済・政治の支配に成功したので，自由主義の急進的部分がその成功とともに後退した．自由主義は次第に変革や改革に消極的となり，現制度を維持する．自由主義は人類の理性に基づく進展を信じ，個人の自由・平等・権利などと個人主義の関わる事柄には一貫して擁護する．

19世紀後半以降，産業化は初期の自由主義に変更を迫った．その結果，自由主義は2つの立場に分かれる．I・バーリン（1909-1997）は，自由を「消極的自由（negative liberty）」と「積極的自由（active liberty）」に区別した［バーリン，2000年］．第1に古典的自由主義者は，各自が1人であること，妨害されないこと，選択・行動が可能なことを自由のもつ意味と捉え，個人に外的な制約・強制が不在であることという消極的な面を強調した．

第2に現代的自由主義者は，個人自身が能力ある自律した主体と定義する自由の積極的な面を強調した．その際の自由は，個人が技術・能力を発達させることができ，自己の目的を実現する可能性を保証する要求でもある．

第1は古典的自由主義，第2は現代的自由主義の各立場である．そのため，自由に関して，古典的自由主義（classical liberalism）は「消極的自由」，現代自由主義（modern liberalism）は「積極的自由」をそれぞれ主張し，同じ自由主義でも自由の捉え方は異なる．

自由主義には，例えば国家の役割について両者には必ずしも一致しない，矛盾した信念の共存がある．その原因には，自由主義は歴史的に変化する環境に適合しようとするからである．

2．中心要素
　　　　　──個人の優先──

（1）個人主義・個性
個人主義（individualism）とは，「社会集団や集団主義に対して個人を重視す

る姿勢」である．個性とは，「個人の特性や唯一無二のアイデンティティと才能の実現を通じて達成される自己実現」を示す．個人の利益や欲求を保護できる志向である．

　封建制の崩壊は新しい知的風土を生んだ．伝統的な宗教理論に代わって，合理的，科学的，啓蒙主義的な理論が登場してきた．社会は人間を個人の観点から理解される．個人は，17世紀，18世紀において成長した自然権思想が個性という特定の価値をもつ形で発揮される．

　自然権（natural right）とは，「神が人間に与えた基本的な権利であり，奪い取ることができない権利」であり，あくまでも1人ひとりの人間を基本とし，個人はJ・ロック（1632-1704）が述べる「生命・自由・財産」と定義づけられた権利を有しており，社会集団よりも重要な立場を個人に与えた［ロック，1968年］．

　個人を優先する考えは，自由主義を表現する重要な要素の1つである．それには，自己の欲望や利益を追求する個人の集まりを社会とみなす社会観が背景にある．この見方は原子論的な見方であり，個人を社会において「バラバラの原子（isolated atom）」と認識し，「社会」という集合体は存在しない．極論すれば，利己主義的な個人の集まりが存在するだけである．この初期の自由主義の特徴をC・B・マクファーソンは「所有的個人主義」と定義し，社会に対して何も義務を感じない個人を「自己自身だけの権利主体，または能力の所有者」とみなした［マクファーソン，1978年］．この思考は，夏目漱石の言う「自己本位」に近い志向である．ただし，これは漱石自身の思想的確信過程において使用される［夏目，1978年：135］．

（2）「消極的自由」・「積極的自由」

　自由（liberty, freedom）とは，「人が望むように思考し，行動する能力であり，個人・社会集団・民族と結合された能力」である．

　個人が最優先すべきは「個人の自由」であり，それは自由主義を統合する原理である．その点では，「個人の自由」は自由主義の根幹をなしている．自由は，個人による選択の実行を通じて，自己利益を追求する機会を与える．もっとも，ある人間の自由を制限しないなら，自由は身勝手な「免許状」になりかねなく，自由は他人の権利を侵害することになる．そこで，J・S・ミル（1806-1873）は，「権力をもつ個人の意思に反した，文明化された共同体メンバーに実行される唯一の目的は，他人に対して害を予防することである」と述べ，個人の自由に

関して最小限の制約だけを認める［ミル, 1971年］.

　J・ロールズ（1921-2002）の言葉を借りれば，あらゆる人々は対等で最大可能な自由の権利を与えられる．自由主義者は自由の価値については同意するものの，しかし個人にとって「自由であること」が何を意味するかでは同意はあるとは限らない［ロールズ, 2010年］．

　ミルは自由を外部からの強制がないこと以上のものであることを指摘し，自己実現を促進する人間の能力も含まれる，と考えた．

　古典的自由主義は，国家という権力装置が個人の生活にできるだけ介入しない消極的な面を望んでいる（「消極的自由」）．だから，国家は市民社会に干渉すべきではない．それに対して，現代的自由主義は個人が能力ある主体となるため，自由を促進する状態，積極的な面に関心がある（「積極的自由」）．その際の自由は個人の能力を増すために国家に助力を要求できることを示している．だから，個人の自由を客観的に保証する役割を国家に担わせようとする．

　2つの自由の捉え方は，単に学問的な論争だけでなく，個人と国家の間のあるべき関係についての自由主義的な見解を区別する．

(3)　理性・合理性

　理性（reason）や合理性（rationality）とは，「世界が人間の判断を通じて理解され，また説明される信念」である．

　自由主義は啓蒙思想の産物でもある理性や合理性と結びつく．啓蒙思想は人間を迷信や無知から「理性の時代」に導くことであった．知識や技術の広がりと深まりは人々に世界を理解，説明させるだけでなく，人々により良い世界を形成する手助けもすることになる．

　理性は，人間に自己の生活の管理や運命を創造させ，習慣・伝統・過去の支配から人類を解放する．そのことは自己の判断で自らの運命を切り開くことを意味する．人間は知識を習得し，そのことで偏見や迷信を排除し，合理的に自己の生活を改善できる．だからこそ，現世代は前世代よりも発展できる．それゆえ，自由主義者は教育を重視している．教育はそれ自身が善であり，個人の能力を増進させ，歴史や社会を発展させる手段でもある．自由主義者は人間の性格については楽観的な見方をする一方で，人間同士には対立と競争があるので，人間を自己利益やエゴイスト的な存在であることも認める．

　理性は世の中には様々な主張や要求が存在する．これは多元主義（pluralism）

に通じる考えである．この場合，多元主義とは，「多くの考えや意見が存在し，それぞれが各立場を認めあうこと」である．それゆえ，自由主義者は議論と交渉を通じて問題を解決しようとする．平和的な議論で解決しないと，かえってコスト高（例：暴力，流血，殺人など）に至る．とはいえ，人間は利己主義的な生き物である．当然，論争，対立，反目などが見られる．そのために自由主義者は紛争の解決手段に物理的強制力（例：軍事力，警察）を否定しない．

（4）公平・正義

公平・正義（justice）とは，「公正の道徳基準であり，社会において財と報酬の正しい分配の観念」である．

公平・正義は道徳的判断，特に財と報酬の分配を中心に置いている．公平・正義は各個人に同じ権利と尊重を付与されるなら，各人を形式的な平等に基づいて取り扱わなければならない．権利が特定の個人や階級だけなら，人々は共通の，普遍的な特性を所持する．自由主義者はジェンダー，人種，皮膚の色，信条，宗教，門地などの外的標識だけで個人を差別したりしない．そのことは，個人が「法の下で平等」にあり，平等な政治的，市民的な権利を享受できることを意味する．自由主義は「機会の平等（equality of opportunity）」を重視する．

「機会の平等」とは，各個人が社会における競争でスタートラインを等しくすることである．これはゴールで人々が等しくなる「結果の平等（equality of outcome）」ではない．もっとも，自由主義者は人々の生活条件や社会環境がすべて同じであることを求めたりしない．なぜなら，人々は平等のもとに生まれないし，それぞれ様々な技術と能力を備えるからである．ある人々は，同条件で競争しても，他の人々より勤勉に働くなら，それに報いられることは正しい．それゆえ，ある個人の社会的地位や所有（権）は意欲，技術・技能，能力の賜物である．だからこそ，努力する人は怠惰で無能な人よりも繁栄，昇進するに値する［福沢，1978年］．それゆえ，公平・正義の意味は個人が本来自らの技術・能力を改善し，それらを伸ばす機会を各人がもつことを意味する．［cf.Barry, 2005：Part Ⅰ，Ⅱ，Ⅲ］

以上の点から，自由主義は実力社会（meritocracy）の考え方と言い換えてよい．実力社会では，結果として，富と地位の不平等は各人の能力，技術，才覚の優劣を映し出す．そのうえ，人間が支配できない諸要因（例：幸運，チャンス）が付け加わっている．富はその人物の実力や優秀さを表わしている．所有権はた

ゆまぬ勤労と能力の所産であることを証明している．だからこそ，努力する人々は財産を所有し，怠惰で無能力な人間よりも繁栄するに値するのである．

　夏目漱石は個人主義を考えるうえで，次の3点を配慮すべきと述べる．第1に自己の個性を伸ばしたいなら，同時に他人の個性も尊重すべきこと，第2に自己が所有する権力を使用するなら，それに附随する義務を心得るべきこと，第3に自己の権力を示すなら，それにともなう責任を重んじるべきこと，である．つまり，ある程度の修養を積んだ人間でなければ，個性を発展する，権力を使う，金力を使う価値もないことになる．漱石は，3点から，人格的に立派な人間だけが個人主義を主張できる，と論じる［夏目，1978年：146-147］．

（5）寛　容

　寛容（tolerance）とは，「忍耐，容赦，猶予，不作為などの意味があり，人が同意しない見解や行動があっても，それを主張することを容認する意欲」である．

　F・M・A・ヴォルテール（1694-1778）の「私はあなたが述べる内容には賛成しかねるが，それを主張できるあなたの権利を最後まで守るつもりだ」という言葉に自由主義者は共感する．市民的自由（例：表現・結社・信仰などの自由）は寛容の精神に支えられる．つまり，多様な価値（観），見解，利益を認める多元的な立場である．様々な見解から生じる差異は当然であって，その相違を実力行使で解決できない．「ある人間を除いてすべての人々が1つの意見で，1人のみが正反対の意見であるといって，多数者が少数者に沈黙や同意を強要することを正当化することはできない」．寛容は「社会の多元性」を測るバロメーターである．その点で，順応主義（conformism）はかえって社会の寛容さを失わせることになる［クライストン，1989年：Ⅱ；ウオルツァー，2003年参照］．

　ミルは，寛容を個人的自立の保証と道徳的な自己発展の条件という観点から，個人と社会の両方で重要さを指摘する［ミル，1968年］．寛容は社会の「健康」を測る「バロメーター」である．「ある人以外のすべてが1つの意見であるなら，つまり1人のみが正反対の意見であるといって，人々がある人間に沈黙を強要させることはできない」，と．

　もちろん，自由主義者は寛容を無制限に認めない．だから，寛容と非寛容との関係では，個人や社会集団は異なる意見や利益を追求するという点で容認される．各利益の関係が調和と均衡を維持する．しかし，それにも限度がある．

例えば，自由主義者は自由を否定する政党を禁止するし，人種主義的見解や法律を禁止する法律を支持することもある．

　寛容と相違は中立的価値として描かれ，自由主義の基礎を構成する．しかし，寛容でありすぎると，道徳的な秩序を維持できなくなる．妬みやエゴイズムを抑制できない社会になってしまう．保守主義者は権威の不在で秩序ある社会的な相互関係の成立が不可能になるので，道徳や文化の相対主義を強めると自由主義を非難する．個人は自己利益にしか関心をもたず，義務と責任を負わなくなる．コミュニタリアンからの批判がこの点にある［サンデル，2010年］．

3．自由主義的統治のあり方

（1）　社会契約論

　寛容によって均衡のとれた社会は，個人と自発的な結社の自由な活動からだけでは成立しない．なぜなら，法と政府を拒否するアナーキズムと同じになる．自由主義者は，ある個人が自己の利益のため，他者を搾取し，他人の所有（権）を奪取し，他者が奴隷状態に陥ることに不安を覚える．それゆえ，1人の人間の自由は他者に脅威を与えることになりかねない．個人は自由の侵害を抑制し，人々の擁護を要求する．そのため，自由主義者は国家に保証を求める．最小限の権力をもつ国家を認めるか否かで，国家を認める自由主義と国家を認めないアナーキズムは決定的なちがいを示す．だからこそ，自由は「法のもと」のみに存在する．ロックは，「法のないところでは自由はない」と考え，Th・ホッブズ（1588-1679）［ホッブズ，1992年］以降の社会契約論（social contract theory）を展開し［ロック，1968年］，その後，J・J・ルソー（1712-1978）はそれを発展させた［ルソー，1954年，1974年］．

　社会契約論は個人に国家・政府との関係を認識させる．各人が国家を尊重し，その法を遵守すれば，人々の安全は保障される．そこで，国家に対する個人の政治的義務が生じる．各社会契約論は，以下のとおりである．

　ホッブズは，政府が形成される以前のような不安全な自然状態（「万人の万人に対する闘争」・戦争状態）を脱した安全を保障する社会・国家を構想した．人間は自己の生命を維持するために自然権をもっている．自然状態は自己を守る権利をめぐって闘争状態になる．これを回避するため，各個人は契約に基づいて社会に加わる．各人が自然権を主権者に譲渡し，その支配に服従する．人々は

秩序・安全を保障されるので，自然権の譲渡と主権者（権力者）に絶対忠誠が求められ，それに対する抵抗は認められない．

ロックは自然状態を安全と理解したが，政府の必要性という点から国家建設を認めた．ロックの自然状態は理性が働く平和状態であるが，すべての人が十分理性的ではないので所有権は危うくなる．そのため，人々は社会契約によって共同社会を形成し，自然状態で有した権利を政府に信託する．この信託関係では，主権者は市民である．ロックは次のような条件を付す．

第1に，政治的権威は「市民から」承認されなければならない．国家は個人によって個人のために創造された．だから，国家は市民の欲求や利益に奉仕するために存在する．政府は被統治者が同意し正当だと認めなければ，統治を実行してはならない．人民は自然状態で有した権利を政府に信託する．それゆえ，政府は被統治者によって作成された契約通りに統治を実行しなければならない．

第2に，国家は中立的なレフリー役である．国家は市民を搾取する特権層の創造物ではない．国家は個人や集団が相争うときに，中立的な仲介者（例：裁判所）として機能する．

第3に，市民が正当だと認めなければ，政府を転覆する権利を市民は所持する．ロックは「抵抗権（革命権）」を提唱する．この考えは名誉革命の指導原理となった．

ルソーは，自然状態では人々が自由を平等に享受し，かつ平和であった，と理解する．しかし，文明の発展によって，私的所有が始まると不平等が生じる．そこで富者と貧者の対立が起こり，紛争は不可避なものとなる．そこで，人々は自由と平等を確保するために全員一致の同意に基づく人民主権国家を構想したのである．人民は正義に一致する一般意思（volonté générale）の表明である法に服するのである．

G・H・W・ヘーゲル（1770-1831）は，ロックとは別の観点から，不和や不正義が脅威になるとき，国家を市民社会に介入する存在とみなす［ヘーゲル，1967年］．国家は社会の集団的期待を具体化する倫理的な存在である．つまり，「普遍的利他主義」である．それはより高度な民族的意思への忠誠や関与を増大させる．この見解は，個人主義や自己利益の行動とは対照的である．ヘーゲルは近代国家の発達を人類の進歩と考えた（「地上での神の行進」）．国家は，「必要悪」というより，むしろ「積極的な善」をなす存在と，初期自由主義に衝撃を与えた．

（2） 立憲主義

立憲主義（constitutionalism）とは，「政府の権力は政府の義務，権限，機能を憲法や法律に根拠づけられ，個人の権利を憲法や法律で保護されること」を意味する．

自由主義者は政治権力を危険な存在と認識する．為政者の気まぐれや偏見で政治権力を執行されると，専制政府や独裁政治になりうる．それが個人の生活を脅かす．自由主義は，政府の権限を憲法にその役割，義務，権限，機能を規定し制約する．

J・E・D・アクトン卿（1834-1902）は，「権力は腐敗しがちで，絶対権力は絶対的に腐敗する」と警告した．彼は一元的人民主権論や偏狭なナショナリズムに反対した．自由主義者は立憲主義の原理を具体化して政府の権限を制限した．憲法上，政府権限の制約は2つの形態が採用される．

第1は政府組織と政治家の権力を法的に制約することである．イギリス，イスラエル，ニュージーランドを除き，ほとんどの自由民主主義国は1つの文書（通常，憲法）に政府制度の主要な権限と責任を法典化する．最初の事例は1787年のアメリカ合衆国憲法である．同憲法では，修正条項の第1条から第10条まで個人の権利を掲げており，その部分は「権利の章典」とも呼ばれている．同様に，フランス革命期に採用された『人権宣言』がある．イギリスのような成文憲法がない国では，自由主義は「法の支配（rule of law）」の原則を通じて，政府の権力をチェックする．主権者も自然法や国法の支配に服する．

第2は立憲主義である．それは法による統治の限界を示し個人の権利と自由を守る．これは多くの諸制度に政治権力を拡散し，相互監視・抑制（check and balance）を設けることで，政治権力を一カ所に集中させない．「権力は権力への監視機関であるべき」（モンテスキュー）という言葉は権力分立（seperation of powers）の考えである．政府の立法権，行政権，司法権，と3つの独立した権力で実行される（三権分立）．

別の視点では，権力分立は，中央政府と地方政府の間の権力分割を実施する連邦制度を採用されることもある．中央政府と地方政府との間で権限範囲を予め取り決め，相互に抑制し，それぞれの権限を憲法に明記する．[2]

（3） 民主主義の受容

民主主義（democracy）とは，「国民の多数の意見を正確に政治に反映すること」

である．多数派の意思を尊重することである．この考え方を素直に受け入れると，少数派の保護を基調とする自由主義と対立することになってしまう．

19世紀の自由主義者は民主主義を危険視した．その点では，プラトンやアリストテレスのような古代の思想家と共通する．つまり，「教養と財産」のない大衆が政治に関わるべきでない．「多数派による専制」は個人の自由と少数派の権利を「人民の名」で押し潰すことになる．自由主義は民主主義が個人の自由の敵になりうることと認識していた．「人民」が1つの実体でなく，様々な意見や対立する利益をもつ個人や集団の集まりという事実から生じる．「民主的解決」は，最終的に多数決の採用となる．つまり，多数あるいは過半数という数のそれが少数の意思を「抹殺」する原則となる．A・トクヴィル（1805-1959）は，これを「多数派による専制」と表現した［トクヴィル，1972年］．J・マディソン（1751-1836）も同意見であった［マディソン，1999年］．

自由主義者は，近代産業社会における人々の政治参加でも，民主主義への留保を表明した．ミルは，政治的な賢明さから，政治への参加する人々に均等に配分されるべきではない，と論じた．その理由は教育と関係する．無教育者は狭い階級利益に従いやすいからである．しかし，教育を受けた者は，他人のために自らの知識と経験を活用できる．それゆえ，選挙された政治家が有権者の意見を反映するより，むしろ社会全体の視点から自分の意見を主張すべきだ，とミルは論じる．また，ミルは教育程度や社会的地位に応じて，各人に1票，2票，3票，4票と投票数を差別化し，無教育者には参政権を与えないほうがよい，と不平等な複数投票制の選挙制度を提案した．

オルテガ・イ・ガゼット（1883-1955）は，大衆民主主義時代の到達で大衆の基底的な本能に訴えることで，権威主義的な支配者は権力を獲得し，その結果，文明社会と道徳秩序を破壊する，と述べる［イ・ガゼット，1995年］．なぜなら，大衆は階級利益しか考慮しようとはしないからである．

ところが20世紀には，自由主義者は民主主義に価値を見出した．民主主義を承認する自由主義者は，民主主義が政治権力を防止する手段になる，と考えるようになった．有産者は政府に対応して自然権を防衛できるし，課税を通じて政府が自分たちの所有（権）を侵害するなら，市民は課税を決定する機関，つまり立法府の構成員を支配することで，自分たちの権利を守るべきだ，とすでにロックは論じていた．言い換えれば，民主主義は「合意による統治」を意味するようになる．

民主主義とは，市民に自分たちが選択した生活を最大限，活用することを目的とし，市民は議会に代表者を送り込むことで議会から政府を監督でき，そのことで個人の自由・権利・生活を擁護することができる．

　民主主義の運用は市民が教育的な経験を有するかどうかによる．単純な政治的平等を拒否したけれど，参政権は無学の者以外すべてに，そして（当時では急進的な考えであるが）女性にも拡大すべきだ，とミルは論じた．この観点からすれば，民主主義は複雑で流動的な現代社会内で均衡を保つことのできる支配システムである．

　現在の自由民主主義は2つの異なる特徴を兼ね合わせた制度をもつ．1つは自由主義的要素である．これは政治権力を分立させて制限的な政府という制度を表す．もう1つは民主主義的な要素である参政権制度である．

　自由主義と民主主義とが共存した統治システムは，J・シュンペーターのエリート論的民主主義が有名である［シュンペーター，1995年］．

1）福沢諭吉は，父母の経済力によって子弟の受ける教育に差が出ても仕方がない，と論じている点がある［福沢，1978年］．親の経済力で子弟の教育が決まるなら，「機会の平等」は意味がなくなる．
2）日本国憲法に規定される諸権利（第3章第10～第40条）には次のように分類される．
　(1) 基本的人権（国家から不当に強制・干渉を受けない権利）
　　①法の下の平等（第14条），②精神的自由に関する基本権：思想および良心の自由（第19条），信教の自由（第20条），集会・結社，表現の自由（第21条），学問の自由（第23条），③身体の自由に関する基本権：奴隷的拘束および苦役からの自由（第18条），刑事裁判の基本原則（第31条，第39条），被疑者および被告人の権利（第33～第38条），④経済生活の自由に関する基本権：居住・移転・職業選択の自由（第22条），家族生活における個人の尊厳と平等（第24条），財産権（第29条）．
　(2) 能動的諸権利（基本的人権を確保するための権利）
　　①参政権（第15条），②受益権：請願権（第16条），賠償請求権（第17条），裁判を受ける権利（第32条），刑事補償請求権（第40条）．
　(3) 社会的基本権（生存のため国家に積極的な配慮を要求する権利）
　　①生存権（第25条），②教育を受ける権利（第26条），③勤労の権利（第27条），④勤労者の権利（第28条）．

新旧両憲法の比較

	大日本帝国憲法（明治憲法）	日本国憲法
主権	万世一系の天皇にある（1）	日本国民にある（前文①，I）
天皇	君主であり元首（4），統治権の総攬者（大権中心主義）	日本国の象徴，国民の総意に基づく（1），国事行為だけで国政に権能はない（3・4）
皇室	国家の関与を許さない（皇室自立主義），皇室典範は憲法と同じ形式的効力（2・74①）	法律と同様の扱い
軍事	天皇の統帥大権に属する（11），兵役義務（20）	戦争の放棄・戦力の不保持（9）
基本的人権	憲法によって付与された臣民の権利，人権は法律の範囲内で保障（2章），緊急勅令による制限あり	憲法以前の天賦人権，生存権的基本権も保障（3章）
立法（国会）	国会は立法の協賛機関（5），緊急勅令が認められている（8・9）	国会が唯一の立法機関(41・59①・7①)，国権の最高機関(41)，国政調査権承認(62)
行政（内閣）	天皇の輔弼機関，天皇に対して責任を負う（55），内閣総理大臣は天皇に任命され，内閣の首班にすぎず	行政権を担当する最高機関で，国家に対して責任を負う（65・66），内閣総理大臣は国家により指名され，内閣の首長
司法（裁判所）	裁判所は天皇の名において行う（57①），特別裁判所・行政裁判所の設置（60・61），違憲立法審査なし	司法権はすべて司法裁判所に属する（76①②），違憲立法審査権をもつ（81）
財政	政府の権限は強大（71・66・67〜70），議会の監督は著しく制限（6章）	国会中心の財政（7章）
地方自治	憲法上に保障規定なし，中央集権的官僚行政の一環	地方自治制度を憲法上に保障（8章），地方公共団体の長は公選（93）
憲法改正	勅令で帝国議会の議に付す（73）	国会の発議を国民投票（96）
最高法規性	政務法（一般国法）・宮務法（皇室法）の二元国法体系の存在	憲法の最高法規性の明文化（10章）

第2章
2つの自由主義

> 未来とは，現在によって条件づけられた追憶の投影にほかならない．
> (ブラック)

1．古典的自由主義

(1) 「消極的自由」

　古典的自由主義とは，「個人への無制約と個人の活動範囲を最大化することを求める自由主義の一形態．典型的には『小さな政府（small government）』の樹立と市場経済への完全な依存」を意味する．イギリスやアメリカでは，「消極的自由」が自由主義の共通の特徴をなしている．個人は自由だ．だから他から（特に政治権力）の干渉，強制されることはない．

　古典的自由主義は初期自由主義の立場を代表する．そのイデオロギーは封建制から資本主義への移行中に発展し，19世紀前半に頂点に達している．古典的自由主義は19世紀の自由主義とも呼称されるゆえんである．その発祥の地は，当時，産業革命・資本主義の最先端にあったイギリスである．このイデオロギーはアングロサクソン系諸国に深く根づく．だから，他から干渉や強制を拒否する意味では，「消極的自由」は個人への外的からの強制が不在でなければならない．

　国家は市民に罰を与え，財産を没収でき，投獄で自由を奪え，死刑で生命を失わせるまでの権力をもつがゆえに，人間には抑圧的な存在でしかない．国家の創造は，必然的に個人の自由の犠牲を伴い，かつ個人は自己の欲するように行動できなくなる．しかし，国家は「必要悪」である．

　古典的自由主義者は「最小の国家（「小さな政府」論）」を考えた．これは政府の権力をできるだけ制約するとする「夜警国家」の考え方である．国家の主な役割は国内治安，国防，市民間の紛争の中立的調停である．それ以外の分野で

は，個人は自己責任で行動し，自由を謳歌できる．個人は公的な秩序を保証する以外に国家を必要としない［小野，1979年］．

（2）自　然　権

自然権とは，「神が人間に与えた基本的な権利であり，したがって，解消できない譲渡不可能な権利」である．権利とは，「ある人々，ある者が特別な方法で行動し，取り扱われる資格を得ること」を意味する．

17世紀，18世紀の自然権思想家（例：ロック，Th・ジェファーソン）は自由主義イデオロギーに影響を与える．ロックやジェファーソン（1743-1826）には，権利は自然や神が人間に付与したものである．「権利は，人間が人間の価値で資格を得たので，奪い去ることはできない」，とジェファーソンは述べる．自然権は人間の存在を導く本質的条件である，と考えられた．ロックにとっては，「生命・自由・財産」がそれに相当する．アメリカ独立宣言において，ジェファーソンが「生命・自由・幸福追求の権利」を奪うことはできない権利と記述したのは当前であった．

自然権と人権の思想は自由主義に影響を与えた．その点では，ホッブズの考えはロックのそれとは区別される．もちろん，両者は政府との社会契約を通じて統治を形成する点では同じだが，ホッブズは強力な政治（＝絶対君主）が社会の秩序と安全を確立すると考えた［ホッブズ，1992年］．「自然状態」の堕落を危険視したため，ホッブズは国王に主権と絶対権を所持させた．だから，市民は，政府がない不安全な状態よりも抑圧的な政府でも秩序と安全が保障されるので，どのような形でも政府を受け入れるべき，と自由よりも秩序に重心を置いた．

ロックは専制的，無制限な権力を行使する政府を許さなかった．政府は「生命，自由，財産」という3つの自然権を保護するために設立されるのだから，市民は政府を尊敬し，法に従うべきである．しかし，政府が市民の権利を侵害するなら，市民は反抗する権利をもつ（抵抗権）．その考え方は，1688年名誉革命の理論となり，立憲君主制を樹立する．ロックは，ホッブズと異なり，政府と市民の契約を特定的，限定的，暫定的なものとした．その目的は自然権を保護するためである．政府は公共の秩序を維持し，財産を保護し，国を防衛し，私人間の契約上の紛争を仲裁する以外には市民社会に介入すべきない．だから，そのほかの問題と責任は私人の領域であるので，「政府は最小限，統治するこ

とが最善である」(ジェファーソン) と考えられた.

(3) 功利主義

　功利主義 (utilitarianism) とは,「快楽や苦痛の条件で,『善』を判断する道徳と政治哲学, 究極的には『最大多数のための最大幸福』を求めること」である. 功利や有用性 (utility) とは,「経済では物質的な財やサービスの消費から得る満足」を意味する.

　J・ベンサム (1748-1832) によれば, 功利 (利益と幸福) は人間が喜び, 幸福を求め, 苦痛から逃れる願望への欲求と定義される. 個人は快楽と苦痛の量を計算し, 苦痛より快楽の量を最大化する方法を選択する. 個人は快楽の量で道徳的な善を計算し, 行動を起こす. だから,「最大多数のための最大幸福 (the greatest happiness of the greatest number)」の原理はどの政策が社会に役立つかを説明する道徳や哲学の基準となった. 彼は, 統治者や立法者が一部の特権的利益でなく国民全体の利益 (public utility) を目指すべきこと, を訴えた [ベンサム, 1982年].

　個人は快楽の量で道徳的に善であることを計算でき行動を起こせる. だから,「最大多数のための最大幸福」の原理は, どの政策が全体として社会に利益をもたらすかを決定するために使用できる.

　功利主義者は哲学的急進派と呼ばれ, 実際に功利の観念に基づいた社会・政治・法の改革を提案していた. この功利思想は自由主義の形成にかなりの衝撃を与えた. 特に, 個人の行動の方法と根拠づけを説明する道徳, 哲学を供給することになった. ベンサムは, 個人がどのような方法で快楽と幸福を得るために行動する, と考えた. しかし, だれも人間の幸福の量・程度を判断できない. 各個人は何が個人に快楽・幸福を与えるかの唯一の判断者なら, 個人のみが何が道徳的に正しいかを決定できる.

　もっとも, 功利主義は非 (反) 自由主義的な結果にもなる. ベンサムの功利原理は, 社会全体に適用されるとしても, 具体的に個々人には適用できない. 制度と立法は「最大幸福」の基準で設けられる. この定理には多数派の意味が含まれる. 道徳的に正しい基準として「最大多数の意見」を採用すれば, 多数派の利益が少数派のそれより優先する. 自由主義者はそれを承認できるか. ベンサムの原理を厳格に適用すれば, 結果的に多数派による専制を成立させる.

(4) 経済的自由主義

経済自由主義（economic liberalism）とは，「市場（market）を自然に任せることですべての人に機会をもたらし，社会全体の繁栄をもたらす傾向のある自己規制のメカニズムとする考え」である．

18世紀後半，19世紀前半，A・スミス（1723-1790）やD・リカード（1722-1823）などは古典的経済理論を発展させてきた．スミスは人間性について自由主義的，合理主義的な前提から，市民社会内での政府の望ましい役割についての論じた［スミス，1978年］．16世紀，17世紀の経済思想である重商主義は，政府が商品の輸出を奨励し，輸入を制限する試みで経済生活に干渉する経済観であった．スミスは重商主義を批判し，市場は自由な個人の願望と決定に応じて作用する，と論じた．市場内の自由は「選択の自由」を意味する．どのような商品を生産するかを選ぶ実業家の能力，雇用者を選ぶ労働者の能力，どんな商品やサービスを買ったらよいかを選ぶ消費者の能力が決定を下すのである．いわば，個人は物質的な財の獲得に向けて功利を最大化する「経済的な人間」の志向に基づく．

市場とは，「非個人的経済力（＝市場そのもの）の力によってコントロールされる売り手（生産者）と買い手（消費者）との間の経済交換システム」である．市場は自由な個人の願望と決定で機能する．どのような商品を生産するかという資本家の能力，雇用主を選ぶ労働者の能力，どんな商品やサービスを買ったらよいかを選択する消費者の能力が市場を有効に機能させる．レッセ・フェール（laissez-faire，自由放任思想）は19世紀のイギリスとアメリカでは経済思想の主流となった．レッセ・フェールとは，「政府の干渉がまったくない自由市場経済を信奉する」ことである．

各個人が自己利益に基づくけれど，経済そのものが非人格的な圧力，つまり市場の力に応じて作用し，市場の力は自然に経済的繁栄と福利を増進していく．価格は市場が決定する．市場は自己制御メカニズムを内在しており，外部からの指導や監督を必要としない．つまり，供給と需要の関係が価格を決定する．

市場は政府の介入から干渉されずに「自由」であるべきである．スミスが「見えざる手」と名づけるものによって管理されるからである．この経済観は，社会内の対立する利益の間には自然に存在する調和を信じる自由主義の考えを反映する．雇用者，労働者，消費者は最も良いと思われる利益で行動するが，市場の力は各利益の両立を保証する．

「見えざる手」の目的は，失業，インフレ，支出と赤字のバランスのような経済問題が市場メカニズムによって除去される方法を証明するために使用される．自由市場は経済効率を良好にし，各企業は利益の動機づけで規律でき，浪費と非効率を許さず，生産者に低コストを維持し続けさせる．他方，過度の高利益の可能性は競争によって抑制される．ある利益が特定産業で多くなれば，その産業に他の生産者が参入を促進させる．それによって，生産増と価格・利益減が生じてくる．

市場は自己規制メカニズムを内在しており，外部（政府）からの指導や監督を必要としない．資本家，労働者，消費者は最大の利益を求めて行動するが，市場の力は各利益が成立できることを保証する．自由市場経済は，結果的に，企業に浪費と非効率を許さず，生産者に良質で低価格の商品・サービスを提供させる．特定企業だけが利益を独占すれば，他の企業家がその分野に参入する．それによって，消費者による商品・サービスの選択が拡がり，競争原理が働いて価格が低下する．その点では，消費者は「王様」である．企業の存続には消費者の要望と願望に合致しなければならない．だから，市場の力は消費者の需要の変化に応じて自動的に対処しなければならない．

（5） 社会ダーウィニズム

社会ダーウィニズム（social darwinism）は，「貧困と社会的不平等に対する古典的自由主義の態度」を表わす．個人は自己の欲する状態になれる．自由市場は，社会正義を保証したものであるなら，個人の自己利益を追求できることを承認する場であるはずである．働く能力と意欲をもつ人々は繁栄するが，無能で怠惰な人々は社会の奈落に落ちても仕方がない．その考えは，S・スマイルズ（1812-1904）は自著の『自助論』［スマイルズ，2002年］において「天は自ら助くる者を助く」という内容を繰り返す．個人責任の考えは，19世紀以降のレッセ・フェールの支持者に採用されてきた．

個人の自己本願は，H・スペンサー（1820-1904）の考え方［スペンサー，1980年］に典型的に現われる．彼はレッセ・フェールの考え方を擁護した．ここではイギリスの自然科学者のC・R・ダーウィン（1809-1882）が論じた生物界での『種の起源』を人間社会に転用した．古典的自由主義者は，地球上で見られる種の相違を説明した進化論を社会に応用した．

社会，とりわけ市場は個々人の生存競争の場である．社会ダーウィニズムは，

古典的自由主義の社会観を反映している．個人は努力次第で自己の欲する状態になれる．市場が個人の自由を保証するなら，個人の自己利益を追求する場を提供してくれる．能力と意欲をもつ人は繁栄するが，無能で怠惰な人は成功しない．それは自助（self-help）の精神である．だから，自然界の適者生存・優勝劣敗は人間社会にも適用できるはずである．

　生存に最適な人々は社会の頂点にまで登ることが可能である．だが，不適格者は社会の底辺に埋没するだけである．財産，地位，権力などでの「結果の不平等」は当然であり，政府は結果に至る過程での生存競争に介入してはならない．貧者，失業者，不遇者を支援，救援することは「自然法則」に反する．

　社会ダーウィニズムは社会福祉思想と正反対の立場である．国家が年金，手当，無料の教育・医療を準備すれば，個人に怠惰を奨励し，その結果，個人の自尊心まで奪ってしまう．

2．現代的自由主義

（1） 20世紀の自由主義の変化

　現代的自由主義は，「個人的発展を増進する手段として，古典的自由主義と対照的に，社会的，経済的な介入のための有効な根拠を準備する」20世紀の自由主義と表現できる．古典的自由主義の発展が19世紀に一部の人々には莫大な富をもたらしたが，反面ではスラム，貧困，無知，病気も社会に蔓延させる結果となった．さらに，労働者が低賃金，失業，生活・労働条件の悪化から不利益を被り，社会的格差は無視できなくなった．古典的自由主義は市民社会にある不公平と不平等を修正しない．現代的自由主義者は「国家による市民社会への介入」や「大きな政府（big government）」論を展開し始めた．

　社会的環境が変化する中で，自由主義者には，産業資本主義の達成がすべての人に繁栄と自由をもたらすという信念を維持することが困難だと理解しだした．その結果，多くの人々は初期の自由主義の予測，つまり自己利益の無制限の追求が公平な社会を創造する考えを修正しなければならない．経済的自由主義は批判を浴びるにしたがって，自由主義者は国家に対する態度を再考するようになった．古典的自由主義の「小さな政府」では，市民社会の不公平と不平等を是正できない．自由主義者は「国家による社会への介入」「権限ある国家」「行政国家」「福祉国家」を論じ始めた．

（2）「積極的自由」

　現代的自由主義の理論は19世紀後半のイギリスの哲学者，T・H・グリーン(1836-1881)の登場からである[行安，1982年参照]．彼は，いわゆる新自由主義(new liberalism)の思想家の世代（例：L・T・ホブハウス，J・A・ホブソン）に影響を与えた．無制約の利益追求が貧困と不公平を生み出し，少数者が大多数の人々のライフチャンスを奪っている．人間は利己的な存在だけでなく利他的な存在でもある．個人は社会的に責任能力もあるので，他人との連帯感を共有できる．

　グリーンは人間性により楽観的な見解を示唆する．個人は相互に共感しあえる「利他的な存在」である．個人は単に個人的責任に限らず社会的責任を果たす能力もあるので，世話と共感の結合で他の個人との連帯感ももっている．その人間性の概念化において，社会主義の影響があった．だから，彼は人類の社会的，協調的な性格に力点を置いた．

　「消極的自由」は個人に外的な強制を取り去ること，つまり個人に選択の自由を与えることだけで満足した．これは利益を最大化できる資本家や特権層には好都合な考えである．しかし，「消極的自由」は，経営者にとって，最も安価な労働力を雇うことを正当化するだけである．例えば，大人より子供，男性より女性（現在なら自国の労働者より外国人労働者・移民）を雇用する現実があった．そして，資本家は自由に労働者を解雇する．経済の自由は搾取を招く．雇用契約は本来あるべき自由で平等な個人間に取り交わされてはいない，とグリーンは主張した．雇用者は通常，多くの労働者の中から選ぶ自由をもつのに対して，貧困と餓えに直面する労働者や弱者にはどのような雇用でも受け入れるしかない．労働者は選択を強要されているのと同じである．そうすると，「消極的自由」をもつ労働者は，結局，自ら餓える自由しかない．「消極的自由」は社会の底辺にうごめく人々には事実上，「機会の平等」を与えていない．

　グリーンは「消極的自由」に対置する「積極的自由」を提案した．「積極的自由」とは，「国家が個人の能力を伸ばすのに障害を除去し，各人の能力開発を助成する」ことを意味する．市場が個人に平等な機会を準備しないなら，国家がそれを補うべきである．国家は個人の自由への脅威でなく，自由への真の保証人の役割を果たすのである．国家は社会生活に介入し始める[1]．「積極的自由」の観念は，20世紀の自由主義において，重要な位置を占めるようになった．「積極的自由」は個人に権限を与え，自己の生活を損なう脅威となる社会悪から人々を救うことを意味している．

市場社会が個人に平等な機会を準備できないなら，現代的自由主義は集団行動，つまり政府を通じてのみそれを活性化できる．グリーンはヘーゲルに影響され，国家が市民のための社会的責任を引き受ける立場を理論化した．その際，国家は個人の自由への脅威という存在でなく，個人のために保証人の役目も果たす．

　現代的自由主義は，ある意味では，社会主義の立場に接近する．両者の決定的違いは個人よりも社会を優先するかしないことである．もちろん，現代的自由主義者は自由主義の考え方を放棄しない．グリーンにとって，自由は道徳的に行動する個人の中に存在するからである．

　確かに，国家と個人のバランスは変化する．個人の欲求と利益への追求は変わらない．国家は人々がより責任ある道徳的な決定を行える条件を準備するだけであって，人々に同意や善行を強制できない．その点では，現代的自由主義者も自己の生活に責任を取る，自立した個人を尊重する意味では，古典的自由主義者と共通する点があることを忘れてはいけない．両者の本質的な相違は，個人の置かれた社会的条件への認識の仕方である．

(3) 社会的責任

　20世紀には多くの国家において，国家による市民社会への介入が増大した（「行政国家化」）．この介入の典型が社会福祉制度の採用である．国家は国民の貧困，病気，無知を改善することで，国民生活の福祉を支援するようになった．そのため，「小さな政府」が19世紀の政治形態であったとすれば，20世紀の現代国家は「大きな政府」が中心になった．

　現代的自由主義者は「機会の平等」を基礎に福祉制度を擁護している．特定の個人や集団がその社会環境によって不利にあるなら，国家にはその不利さを削除，除去する社会的責任がある．この責任は福祉国家の発展に大きな影響を与えている．政府の責任の拡張は個人の権利を縮小させるのではなく，むしろ増大させることを意味しなければならない．市民は福祉や社会権（労働権・教育権・居住権）を獲得できる．これらの権利は政府が積極的な措置を実施することでのみ充足可能であり，それは積極的な権利と呼べる．

　現代的自由主義は「機会の平等」を基礎に福祉制度を擁護する．イギリスの福祉国家の原型は第一次世界大戦前のアスキス自由党内閣によるものだし，第二次世界大戦後の福祉制度の拡充は自由主義者のW・H・ビヴァリッジ（1879-

1963）らが提出した『ビヴァリッジ報告』（1942年）を基礎に，その後，労働党政権で実施された．それは戦後のイギリスの社会保障に関する総合計画を示しただけでなく，福祉国家の道筋を世界に示す文書となった．

アメリカでは，自由主義的な福祉制度は1930年代のF・D・ルーズベルト（1882-1945）民主党政権で開始された．同政権のニューデール政策では，失業者，高齢者，子供，未亡人，弱者などへの救済が導入された．その後，福祉国家は1960年代では，J・F・ケネディ（1917-1963）とL・ジョンソン（1908-1973）の両政権において，前者が「ニューフロンティア」政策，後者が「偉大な社会（great society）」でさらに前進した．1960年代には，黒人の公民権の拡張，都市住民への貧困対策に集中した．近年では，非白人系少数民族や女性の雇用促進を計画した「アファーマティヴ・アクション（affirmative action）」が定着している．個人や集団が社会的不利な状況にあるとき，特別な補償を考慮する．それは差別撤廃のための積極的な優遇措置である．

（4） ケインズ主義

ケインズ主義（Keynesianism）とは，J・M・ケインズ（1883-1946）が展開した経済理論・政策である．「資本主義を政府が部分的に管理・統制する政策である．その政策は需要全体の管理と完全雇用を達成する」ことである［ケインズ，2008年］．

第二次世界大戦後，西側各国政府は，「経済を管理」することで経済成長を実現した．これは自己規制に基づく自由市場とレッセ・フェールを拒否する．

その理由は，産業資本主義の複雑さが増したこと，全体的な繁栄を保障することが不可能になったことによる．1929年ウォール・ストリートの株価暴落に始まった1930年代の大恐慌は，世界中で大量の失業者を生み出した．それは自由市場の失敗の劇的な証明でもある．第二次世界大戦後，西側諸国は，失業対策と成長促進のために，政府による市場への介入政策を実施した．

ケインズは，経済活動レベル，つまり雇用は経済の需要全体量によって決定される，と考えた．賃金がカットされるなら，購買力は低下，それとともに需要全体も低下する．人々が消費するお金がなければ，企業は商品を生産しなくなる．その結果，失業は増加し続ける．だから，自由市場では不況からの脱却は不可能である．ケインズは大恐慌を経済が抱える「自然の運命」の大混乱だとは考えなかった．

表2-1 古典的自由主義と現代的自由主義の対比

	古典的自由主義	現代的自由主義
基本姿勢	経済自由主義	社会的自由主義
個人主義	利己的個人主義	発展的個人主義
個人の立場	有用性の最大化	個人的成長
自由のあり方	消極的自由	積極的自由
政府形態	小さな政府	大きな政府
経済	自由市場経済	管理された経済
正義・公平観	権利に基づく公平	公平としての正義
弱者救済方法	実力社会	弱者への救済
責任	個人の責任	社会的責任
福祉制度	セイフティ・ネット	ゆりかごから墓場まで
国家形態	19世紀前半型国家	20世紀後半型国家

　ケインズは資本主義そのものを否定していない．資本主義は救済者でもある．ただ，無制約な私企業の活動が複雑な社会ではすでに機能しないことを説明した．ケインズは，政府による需要全体を操作することで，経済を「管理」できることを提案した．政府支出を効果的に実行すれば，市場への需要を「注入」できる．

　他方，政府は　不景気に際して故意に歳出を膨張させるべきとした．資本主義の「見えざる手」でなく，故意に「過剰支出」する赤字予算を運営する，とする政府の介入によって失業は解消される．雇用と成長のレベルを操作する能力を付与された政府が，全体的な繁栄を保証することができる．現代的自由主義者は市民社会の繁栄と調和を進展する際には，経済管理を肯定すべき措置とみなす．

　政府は財政出動で需要を膨張できる．市場の「見えざる手」でなく，「過剰支出（赤字予算）」という「見える手」による政府の市場介入が景気を回復し経済成長を可能にする．1970年代半ばまで，ケインズ主義は，自由主義だけでなく保守主義や社会民主主義の側からも支持された（例：「合意の政治（consensus politics）」「社会的資本主義（social capitalism）」）．

3．今後の自由主義のもつ意義

　20世紀は自由主義が全世界に拡大した時代である．自由主義に基づいた代表制民主主義は市場を基礎とした経済学と結合し，西洋諸国での政治的，社会的発展を支配する指導原理であった．

「私たちは……歴史の終わりを目撃している. すなわち, 人類のイデオロギーの最終地点と, 人間の統治の最終形態として西側自由主義の普遍化である」, とF・フクヤマは述べる [フクヤマ, 1998年]. 例えば, 1945年のファシズムの敗北後の西側世界での自由主義の定着, 1989年から1991年にかけて, 東ヨーロッパ諸国とソ連の共産主義体制の崩壊後の東側世界での自由主義の拡がりがある. 旧東側陣営の崩壊は社会主義的な計画経済と介入主義の考え方を無用なものとした.

　アフリカ, アジア, 南アメリカでの「民主化」は, 競争政党システムの拡大と市場改革への熱狂さを推進させた. この過程が自由主義の優位を示す証明であるかどうか. 多国籍企業が支配するグローバル資本主義の出現の結果であろうと, 未来の形態は運命づけられる. つまり, すべての社会が自由主義的に発展するので, 各国の経済と政治の相違は次第に削減される.

　しかし, 自由主義の「勝利」は内外両方の新しい挑戦があるので, そう簡単にその結論には納得できなくなった. まず, 内部からの挑戦がある. 西側諸国では, 自由主義は, 共同体の重要性を再発見したコミュニタリアニズム (communitarianism) の理論家から批判される [cf.Etzioni, 1998]. 自由主義では, 各人がより良い生活を追求する信念から, かえって「公共善の政治」を構築することが放棄される. 個人は自己利益と自己の権利にだけ関心があるので, 自由主義社会には慎みのないエゴイズムをチェックすることや, 協調や集団努力を増進する文化的資源を欠いている. それは社会的義務感や道徳的責任によって抑制されないことを意味する. つまり, 道徳的, 倫理的な「真空状態」が社会を解体させる.

　コミュニタリアンから「公共善の政治」への配慮が足りないと批判されている. コミュニタリアニズムは共同体の自律性を尊重し, ある特定価値を普遍的なものと考えて他の共同体への強制を拒否する. 個人こそが権利の保持者と考える自由主義は, 個人から構成される共同体の役割を無視するか過小評価している, と批判する.

　自由主義の外部からの挑戦もある. 冷戦構造の崩壊後, 自由民主主義が進展するにつれて, 新しい非自由主義的な政治勢力が登場した. 東ヨーロッパ諸国で復活したナショナリズムは, 大衆的な基盤をもって大きな力を発揮している. ナショナリズムは, 自由主義的側面より民族至上主義的な純粋性や権威主義と結びつく.

また，様々な原理主義は，中東，アフリカ，アジアの各地域において，自由主義と衝突する．資本主義経済が非西洋で成功した東アジア諸国では，政治的な自由主義が定着していない．自由主義の価値と制度がその基礎としては確立していない．東アジア諸国では，競争や自助努力のような自由主義の影響よりも，社会的安定を維持するため，例えば儒教などの宗教原理に依存する．21世紀には，イデオロギーの相違に特徴づけられる政治的な展開が予想される．イスラム教，儒教，権威主義的ナショナリズムは，西洋流の自由主義に対抗するライバルである．

　1980年代以降，政府の財政赤字に対する批判から，政府権限の縮小を求める古典的自由主義が復活してきた．M・フリードマン(1912—2006)やF・A・v・ハイエク（1899-1992）に代表されるネオリベラリズム（neo-liberalism）である．選択の自由，消費者主権，自己責任による自己決定，差異化（複数化）などの主張を掲げ，財政を硬直化させる福祉制度の改革・削減や国有企業の民営化などを要求する．注意すべき点として，経済における自由主義は，古典的自由主義の自由放任の立場と同一視されている．

　もっとも，経済的なネオリベラリズムは，利己主義を抑制できず，協調精神や集団努力を増進する文化的資源を欠いている．公共性，社会的義務，道徳的責任を欠如させた状態が社会を麻痺させるにとどまらず，解体させる恐れが出ている［ギャンブル，2009年］．自由主義が直面する課題は，個人が非自由主義的な制度の構築を要求する価値体系や世界観を受け入れるときに何が起こるのか，である．ただ，自由主義の中にある多元主義の長所は，自由主義と非自由主義の価値と制度と同じく正当なものと受け入れるところにある．それが自由主義の強みとも言えるかもしれない．

　今後も自由主義の存在意義は否定できない．自由主義は価値（観）の多様性を認めるがゆえに，非自由主義の価値と制度の存在をある程度，承認する．そのことは自由主義の特長である．その特長が必要とされる限り，自由主義は21世紀にも重要な役割を担っている．

　1）この積極的自由の発想は，現在ではロールズが継承している．彼は『正義論』［ロールズ，2010年］において，格差原理を用いて説明する．弱者にある程度有利に働くように分配し社会的格差を是正する考え方である．これはアメリカのリベラル派の福祉政策を根拠づける．

設問
1. 自由主義の歴史を説明せよ．
2. 「消極的自由」と「積極的自由」のちがいを説明せよ．
3. 社会契約論を説明せよ．
4. 古典的自由主義を説明せよ．
5. 現代的自由主義を説明せよ．

第3章
保守主義のイデオロギー的基礎

抽象的思想は幽霊の如し．

（正宗白鳥）

1．歴　　史

　保守主義（conservatism）とは，「伝統，義務，権威，階統制，所有など，これまで歴史上承認されてきた価値体系を尊重するイデオロギー」である．

　日常生活で使用する「保守」という言葉は様々な意味をもって使用される．例えば，穏健，用心深い態度や行動，伝統的な生活様式，階統制，変化への恐怖と拒否反応などである．政治イデオロギーとして「保守主義（conservatism）」の最初の使用例は18世紀まで遡る［Heywood, 2012：ch.3］．

　保守主義は，1789年フランス革命への反発からその考え方が明らかになった．保守主義を最初に展開したのはE・バーク（1729-1797）であった．彼は『フランス革命の省察』［バーク，1978年］において旧体制（ancient regime）に対する革命的な挑戦を深く憂慮し，保守的な立場を防衛した．その後19世紀，自由主義，社会主義，ナショナリズムなどが成長する．これらのイデオロギーは改革を主張し，ときに革命を実行してきた．それに対して，保守主義は既存の社会秩序を擁護した．

　保守主義は現在の伝統と民族文化に適応するため，様々な形態を採用する．例えば，イギリスの保守主義はバークの考え方に強く影響された．彼は変化に盲目的な抵抗を示すのでなく，慎重ではあるが，「保存のための変化」に意欲的な姿勢を示した．19世紀イギリスの保守主義は大きな社会変化を経験し，それに適応しながら政治，社会，経済において秩序を守った．イギリスの保守主義は現実主義的な典型例である．

　ヨーロッパ大陸では19世紀にも専制君主制が存続した．そのため様々な権威

主義的な保守主義が,改革の流れに反して,君主制と専制的な価値を死守しようとした.第二次世界大戦後,ヨーロッパの保守主義は,特にドイツとイタリアでキリスト教民主主義政党の形で民主主義と社会改革を受け入れた [cf. Buchanan and Conway, 1996 ; Evans, 1999].

アメリカは,独立戦争後,自由主義的な統治制度と政治文化が定着していた.共和党も民主党も「保守主義」という用語を嫌うのはそのためである.保守主義の登場は1960年代になって,保守主義は南部民主党と共和党の一部(例：1960年代B・ゴールドウォーター,1970年代から1980年代にかけてのR・レーガン)を代表としていた.

アフリカ,アジア,南アメリカの諸国では,変化への抵抗感や伝統的生活様式の保存が政治運動を引き起こしたので,保守主義の主張・価値を採用しない.これらの国々では,権威主義的な姿勢を示す.例えば,アルゼンチンのペロン,イランのホメイニは強力な権威主義的な姿勢を示す.しかし,ナショナリズム,経済発展,伝統的価値の防衛のような争点では大衆を動員した.ただし,例外もある.日本の戦後政治において,保守主義を代表する自由民主党は資本主義の発展を図ると同時に,伝統的な価値・慣習を遵守した.それゆえ,忠誠・義務・階統制のような保守原理を支持する.各国ごとに保守主義の在り方は,国情を反映する.

2.中心要素
――保存への願望――

(1) 現状維持

保守主義を考える場合,2つの問題に直面する.

第1は保守主義の性格である.その源泉に関する議論では論争がある.保守主義者は,積極的に何かを支持するより不支持を論じる傾向がある.保守主義の目的が変化に抵抗するため,あるいは少なくとも変化に懐疑的なため,保守主義はネガティヴな哲学でもある.もっとも保守主義が現状維持を無条件に防衛するだけなら,イデオロギーというよりも,むしろ単なる政治的態度でしかない.実際には,多くの人々や集団は,変化に抵抗する意味で「保守主義」または「保守的」とみなされることを行った.しかし,そのことは保守的な政治信条・イデオロギーに賛同するとは限らない.

例えば,旧ソ連・東ヨーロッパ諸国の共産主義は統制経済の解除に反対した.西側先進国の社会民主主義者は福祉国家や国有企業を防衛する.この行為自体は自己の立場を保守する意味では「保守主義者」と分類される.しかし,この現象は政治原理での分類ではない.もっと正確に述べれば,心理的な立場から現状を守る態度を意味する.それは積極的に何かを主張するより,急激な変革に反対するという消極的な姿勢がみられる.

第2は保守主義が自らをイデオロギーとして考えないことである.確たる理念・価値体系がない点である.保守主義者は「何々主義」「イデオロギー」とレッテルを貼られることを嫌い,自己信条を「精神の態度 (attitude of mind)」,「社会常識 (common sense)」と説明する.時々の「社会常識」を政治の言葉で説明する程度である.その時代に定着した価値(観)を吸収してきた.保守主義は「人間の心の自然な気質」(セシル卿)と記述される.保守主義は合理主義を拒否し,歴史と経験を重視する.だから,保守主義者は「原理の政治 (politics of principle)」を回避し伝統的な政治的立場を重んじる.これらの点が保守主義をイデオロギーとされにくい理由である.

保守主義者は理論的なことには警戒心をもつ.保守主義は,特定の,明確な,具体的な政治信念のセットに基礎を置く点では,プラグマティズムでもオポチュニズムでもないが,その点では保守主義はイデオロギーとみなせる.

(2) 伝　　　統

伝統 (tradition) とは,「時代を通じて持続し,以前から継承した実践と制度」である.

保守主義は,その社会の伝統を防衛することに主眼をおいたイデオロギーである.それは既存の習慣や制度を維持する欲求である.それとまったく反対の自由主義は,どの程度,個人の欲求と利益を満足させるかを基準とする.もし制度がこの基準に適合しないなら,制度は改革,除去されるべきである,と自由主義者は考える.そのような行動には,保守主義者は慎重である.

世界が神によって創造されたと考えるなら,社会の伝統的な習慣と実践は「神が与えた」ものとみなせる.バークの信念がそれである.社会は「創造主の法 (law of our Creator)」,あるいは彼が「自然の法則 (natural law)」とも呼ぶものに形成される.人間が世界に故意に干渉するなら,神の意思への挑戦である.ところが,保守主義者は歴史の進歩をあえて阻止しない.進歩は古い時代から新

しい時代へと変遷する過程である．その過程を拒否する勢力は反動主義者や原理主義者である．

バークは社会を「過去の人々」「現在の人々」「未来の人々」の世代間のパートナーシップとして説明する．イギリスのG・K・チェスタートン (1874-1936) は,「伝統は偶然その時々に権力を握った人々の尊大な少数の支配者に服従することを拒絶する」, と述べる．伝統は過去から蓄積された知恵を反映する．制度や実践は「時間によって検証」されたし，現在の制度は過去からの歴史的試練を経て存続する．だから，過去から継承されてきたものは現世代と次世代のために保存されるべきである．例えば，イギリスの保守主義者は君主制を歴史的な叡智と経験の賜物と尊重する．君主制はイギリス国民の統合的な役割を担ってきた．つまり，過去からの制度や習慣は機能する．価値あるからこそ現在も機能する．それは「自然の選別 (natural seletion)」過程によって生存に値することを証明する．

保守主義者は，自分の所属とアイデンティティの確認でも伝統を重んじる．既成の習慣と実践は身近で安心できる行為である．また，個人が容易に認識できる．伝統は人々に「自分たちが何者であるのか」という疑問にも答える．それゆえ，伝統はあらゆる習慣と社会的実践を含み，歴史の試練にも耐え，自己の安全と所属を保証する役割を担う．

他方，変化は「未知への旅」を意味し，私たちの幸福を危うくする不確実と不安全を生み出す．それゆえ，伝統は時代の変動に揺るがない政治制度である．

（3） 不完全な人間性

保守主義は「人間の不完全性の哲学」とも言われる．他のイデオロギーは人間を先天的に「善」を備えた「生き物」である，とみなす．これは，保守主義者からすれば，理想社会での人間の完全性を前提とする非現実的な発想である．保守主義者は人間を不完全で，人格的に完成できない「生き物」とみなす．これは保守主義の悲観的な人間観を表現する．自由主義者や社会主義者は人間が「完全な能力を備えた存在」になれる，と考える．だから，人間が世界を理解でき，改革や革命を実行する．果たして，そうであるのか，と保守主義者は問う．

人間は依存的な「生き物」である．保守主義者の見解によれば，人間は孤独と不安を恐れるし，その反対に心理的に安全と親密さを求める．とりわけ，「自

分たちの居場所」を確保することで自己の安心感を得る．その人間の性格は，自由主義者が示した自力本願や進取の気性に富んだ「有用性を最大化する人間」のイメージとは対照的である．

　自由は個人に選択する権利を提供し，変化と不確実を強要する結果となる．個人は安全と所属を渇望するから，社会秩序を重視し自由の魅力を疑問視している，と保守主義者は考える．秩序は人間生活が安定と予測に基づくことを保証する．他方で不確実な世界にあって安全を提供する．その点で，保守主義者は社会秩序のために個人の自由を犠牲にする見解に共鳴する．

　保守主義者は非道徳的，犯罪的な行動が個人から発するとみなす．人間は生来的に自分勝手で強欲で不完全な「生き物」である．犯罪は貧困や不平等のような社会的条件の所産ではない．むしろ，犯罪は天性の本能と欲望の所産にすぎない．人間の暴力的な反社会的な言動を抑制するのは法である．法の厳格な執行が人々の行動に抑止効果をもたらす．当然，保守主義者は長期の禁固刑，体罰，死刑も支持する．法の役割は，自由の維持ではなく，秩序の堅持のために存在する．「法」と「秩序」の概念は保守主義の重要な要素の1つである．

　人間の知力には限界がある．だから，人間の理性では複雑な世界を完全に掌握できるはずがない．保守主義者は経験と歴史を根拠に，教義や信念を可能な限り回避し，世界に対して用心深く，穏健で，特に現実的な対応を採用する．「人権」「平等」「社会正義」といった概念が世界の変革や再構造化を用意するなら，そのイデオロギーは非常に危険きわまりない．なぜなら，改革と革命はより小さな苦痛よりも，むしろより大きな害を導くからである．例えば，フランス革命とロシア革命はユートピア的な夢と現実とは大きくかけ離れ，テロと抑圧を横行させただけである．それゆえ，「何もしないこと」が「何かすること」よりも好ましい．

（4）　有機的社会

　有機体論（organism）とは，「社会は個々の部分が全体と連関して成立し，有機的あるいは生きているごとく活動する実体」，と定義づけられる．

　保守主義は，個人が自力本願であると考える社会の「原子論」的発想の自由主義観を否定する．保守主義は，「人間は従属的で，安全を追求する生き物」と定義づける．当然，人間は社会なしに生きることはできない．その際に，人間は社会との「絆」を必要とする．

だから，保守主義は「消極的自由」の条件で自由を理解していない．保守主義者は，自由には個人の社会への義務と紐帯(tie)を積極的に受け入れることで，「自己の義務と責務」を果たす．

　社会集団は自主的な契約を通じてよりも，むしろ「自然」に形づくられている，と考えられる．その中で最も基本的，重要な社会制度は家族である．家族は子供を育てる必要性から発達してきた．子供は家族に加わる際に，「契約」に同意したという議論は意味がない．子供は契約とは無関係に家族内で成長し，家族に養育，指導される．家族を社会の最も基本的な制度である．そして，それはあらゆる社会制度のモデルでもある．いわば，家族とは，愛情，世話，責任のような「自然」な営みの所産である．家族は，そのメンバー，特に子供に安全と保障を準備し，個人に他人への尊敬の必要性，義務の価値について教育する機関である．ゆえに，保守主義は，社会の安定として，健全な家族生活を考えた．実際，現代でも保守主義のテーマの1つは家族である．保守主義者は，自由放任と物質主義の2つの脅威に直面して，「家族の防衛」と「家族の価値」への回帰を求める[1]．

　社会は個人の誕生以前から存在するし，個人の性格とパーソナリティを形成する．社会は「生き物(living thing)」である．人間では頭脳，心臓，肺，肝臓，手足のように身体の一部と同時に全体と結びつく．すなわち，諸要素が連関する有機体(organisim)である．

　個人は社会集団(家族，友人，仲間，同僚，地域共同体，民族)の一部を構成する．さらに，個々の社会集団から構成される社会は，1つの「生き物」のように，諸要素が連関する有機体である．社会も各部分から構成される．例えば，家族，教会，実業界，政府などである．社会の各部分が有機的に結び付いて社会を支え，社会の「健康」を維持するために各自の役割を遂行する．だからこそ，社会は自由主義的，合理主義的な個人が製造し，時に修正，改良する「機械」ではない．社会が有機的な存在なら，その構造と制度は自然の力によって形成されたはずである．その組織はその内部に生息する個々人によって保存，尊重されるべきである．

　宗教は，単なる精神現象ではなく，社会の「連帯的な接合剤」である．すべての社会が共有する価値と信念のセットに支えられる．宗教は社会に道徳的な規準を提供する．その結果，保守主義と宗教には密接な関係が生まれる．イギリス国教会は伝統的に「礼拝での保守党」と称される．ヨーロッパ大陸では，

キリスト教民主主義勢力はキリスト教の徳を推進する．

　保守主義は個人に道徳的な解決・決定を委ねない．道徳性が個人の選択的な問題であるなら，社会の道徳構造は疑問視される．その結果，社会秩序にある人々の一体感は懐疑的になる．道徳は個人が選択できる問題でなく，国民全体の社会問題である．社会には共有する信念と価値のセットを維持することで，社会自らが保護する．しかし，それが不可能なら，法の力を借りなければならない．法は単に公的秩序を堅持するだけでなく，道徳的な原理への防衛と支援が含まれる．

　自由主義者は冒涜的な言動を取り締まる法律，検閲を実施する法律に反対するが，逆に保守主義者は秩序や安全を維持するためには，そのような法律を当然視する．だから，人々がテレビ，書物，新聞なども法律の監視下にあるべきである．なぜなら，社会は不道徳な考えや反社会的なものから国民を保護すべきだからである．

　特に，保守主義は国家を重視する．家族のように国家は自然に形成される．同じ言語，歴史，文化，伝統を共有する人々の間で発展した自然の親和性に由来する．人々は安全と所属を求めると同様な立場の他の人々と連帯感を求める．

　自らの所属する有機的組織の愛国主義（patriotism）は健全な人間の本能である．同時に，国民的な一体感とは異質な外国人にむける疑念と偏見を当然視する．バークは，非合理主義的な感情や偏見がともに「社会を結びつける」手助けをする限り，それは自然なことで，構造的なものだと主張した人物の1人であった．そのような考えが保守主義者による移民反対運動の根拠となる．自由主義者は社会的，文化的な多元主義を歓迎するが，保守主義者は多文化・多人種的な社会を疑問視する．

　保守主義者は自由主義者や社会主義者の主張する国際主義を拒否する．保守主義者は人間性が普遍であるとは考えない．人間性は同じ民族と国民の過去から蓄積されたのだから，各国の独自の性格に固執し，他国民の意図と行動とは乖離があり，他民族を懐疑的に見るのは当然である．

（5）権　　威

　権威（authority）とは，「人々が従属すべき，人々に認められた義務を根拠のもとに他者に影響を実行する権利」である．権威主義（authoritarianism）とは，「権力者から強制されて，強力な中心的な権威が発せられるか，必要とされる

かという信条，それゆえ，疑いなく従属を要求する信条」でもある．

　保守主義を構成する要素では，権威は重要である．例えば，両親は子供に権威をもって，事実上コントロールするが，それは契約と同意なしに行われる．両親の権威は子供が自分には良いとが理解できるまで，通常，「上から」一方的に課せらる．

　保守主義者は，自由な個人の契約で権威が成立する，自由主義的な発想を拒否する．保守主義者は権威を自然に発展したものと考える．

　権威が社会の性格と制度を考えれば，例えば，権威者は学校では教師，職場では雇用者，社会では政治家である．権威は不可欠な存在であり，権威がなければ，社会は根無し草状態と無秩序となる．権威は人々に指導，支援，保証の根拠となる．このため規律が重視される．すべての人々は，自分たちがどこにいるのか，何を期待されるのかを知るうえで，権威は人々を指導，支援，保証を与える．このため，保守主義は，リーダーシップと紀律には，特に力点を置く．リーダーシップは他者のために指導，示唆するので，どの社会にも不可欠な要素である．紀律は単なる従属でなく権威への健全な敬意を表現する．

　しかし，権威を無制限に実行すべきでない．権威は人為的な契約でないのだから，その責任は問われるべきである．例えば，両親は子供に権威をもつべきだが，子供を両親が選択してもよいわけではない．両親の権威は子供を養育，指導，必要なら罰する義務もある．当然，両親は子供を奴隷にする権限はない．

　社会は自然に成立した階統制構造で成り立っている．それゆえに社会的平等の存在を保守主義者は長く拒絶してきた．人々は不平等に誕生する．その点は，自由主義者と同意見である．しかし，ここからが異なる．自由主義者はこの考えから能力主義を導き出せると考え，個人は働く意欲と能力に応じて出世，没落を決定できる．ところが，保守主義者はそう考えない．不平等が深く社会に根ざすのが有機的社会の特徴である．

　バークのような民主化以前の保守主義者は，「生まれながらの貴族制（natural aristoracy）」の思考を当然と考えていた．社会を構成する階統制は重要な役割を果たしてきた．指導者と従者，経営者と労働者，外で働く人（男性）と家で子供を育てる人（女性）とが主従として存在しなければならない．

　社会的責任に応じた不平等が正当化されるので，財産と社会的地位に基づいた不平等が存在してもかまわない．社会的責任に応じた不平等が正当化されるので，財産と社会的地位に基づいた不平等が存在するのは当然である．労働者

は雇用者と同じ生活水準とライフチャンスを享受しない代わりに，多くの人々の生計や安全を保障する責任や義務はない．ところが反対に，雇用者はその責任を義務と考える．この立場の相違は政治家と国民との間にも存在する．

　権威を擁護する保守主義者は，国家と国民との関係では，国民を子供として捉える．子供（＝国民）には指導と規律が必要である．国民は単に権利の認識だけでなく，義務と責務を認識しなければならない．社会の公的秩序と道徳的構造は，明確な強制可能な法のセットで支えられるべきである．悪事を働くことは政府が統括する刑罰体系でのみ防止できる．

　さらに，保守主義は政府（政治家）の役割を社会における「父親」役と考える．これは家父長的な伝統から発している．国家には国民の利益のために父親のような権威が必要である．もっとも，保守主義者は政治権力の不適切な使用に対しては警告を発し続けてきた．政治は個人間や集団間の対立を調停するのが中心的な役割であり，政治はその範囲に限定されるべきである．

（6）　所有（権）

　所有（権）（property）とは，「私人，集団，国家のいずれかが物質的，知的な財を所有すること」である．

　自由主義者は所有が利益を映し出すと信じる．勤勉に働き，能力を有する人々は富を獲得している．それゆえ，所有には「獲得」されるものである．保守主義者は，所有が心理的，社会的な利点がある，と考える．不確実で，予測不可能な世界では，財産は人々に信頼と保証という「何か頼れる物」という安心感を与える．保守主義は，経済的裏づけが社会の安定を生み出す点では，倹約を美徳とし，貯蓄と投資を奨励する．

　また，財産所有は社会的価値も増進させている．所有権から利益を得る人々は，所有権が無秩序や無法状態から保護される必要性を認識する．つまり，安全な社会が要望される．所有制は社会の安全を促進させる．人々は所有権が無秩序や無法状態から保護されることを望む．つまり，安全な社会が要望される．所有権は社会において「利害関係（stake）」がある．この意味では，財産の所有は法，権威，秩序の点で「保守的態度」をさらに強める．

　財産所有を保守主義が支持する別の理由もある．人々は自分たちの所有物で自己の目的を実現し，自己の存在を確認する．財産は単に経済上有用だと評価されるだけでなく，所有者の個性と性格の何かを反映する．それゆえ，財産を

奪う行為は2つの意味で不快な犯罪である．被害者が所有物を損失することは，経済的損失だけでなく，個人の内面が不当に侵害された不快さを感じる．

　だから，私的財産の「社会化という社会主義者の提案は，保守主義者には認められない」ことである．単に私的な所有物が喪失するだけを意味しない．なぜなら，非個人的，非人格的な社会が出現する危険性があるからである．

　個人の権利は社会または国民の幸福・福祉に対して均衡をとる必要がある．例えば，経済への公的介入が国益にかなうなら，保守主義者は実業界の自由を制限する．ある意味では，現世代は次世代のための国民の共有財産の「管理人」であり，次世代の利益のために保存，保護，保管する義務を負っている．イギリスにおいて，1950年代後半から1960年代にかけて政権を担当した，M・H・マクミラン（1894-1986）元首相は，温情的保守主義の立場から，1980年代に保守主義の名を「汚す」として，サッチャー政権の民営化政策に反対を表明した．これは伝統的な保守主義者の社会に示す矜持といってよい．

　　1）例えば，自民党の憲法改正案の中で，第24条［家族生活における個人の尊厳と両性の平等］がそれに該当する．同案では，「家族は社会の自然で基礎的な単位として尊重される．家族は互いに助け合わなければならない」となっている．

第4章
2つの保守主義

> 実生活を離れて思想はない．しかし，実生活に犠牲を要求しないような思想は動物の頭に宿っているだけである．
>
> （小林秀雄）

1．温情的保守主義

(1) 保守本流

　温情的保守主義（paternalistic conservatism）とは，「社会の階統制の関係を父と子のように愛情をもって上から保護しようとする保守的な社会観である．自助できない人々のために優位な立場の特権層から世話や配慮を実行する態度や政策」を示す考え方である．

　19世紀ヨーロッパ大陸の保守主義は変化に非妥協的に抵抗する態度を示した．アングロサクソン系の保守主義はそれより柔軟であったためにうまく時代に調和する．それはバークに起源を求める．バークがフランス革命から得た教訓は変化が必然的だということである．保守主義者は時代の変化に頑迷に抵抗すべきではない．「変化の手段なしの状態は保存の手段のない状態である」，とバークは論じる．バーク流の保守主義のスタイルは，用心深く，穏健で，かつ現実的であろうとする．そのスタイルは固定した原理への疑いを映し出す［山崎，1983年：第1章］．

　「賢明な保守主義者は光をたどる」という表現は温情的保守主義の立場をうまく表現する．保守主義者が最も大切にするのは，政策が実際の環境と経験の点において発展的であるなら安全とする価値観である．つまり，伝統，秩序，権威，所有などにつながる内容である．その立場は，劇的または急進的な変化を稀だけに正当化するが，保存のために変化」を受け入れる．現実的な保守主義者は原理・原則を信用しないが，バランスを維持することには注意を払った．

実際に，保守主義の改革は温情主義的価値を20世紀後半まで保守本流として生き延びさせた．

（2） 一国保守主義

一国保守主義（one nation conservatism）とは，「社会の指導者が温情主義的な立場から社会的不平等によって生じる危険を解消するため，あえて保守主義側から改革を着手する考え方」である．

イギリスの保守党政治家のB・ディズレーリ（1804-1881）は経済の不平等，革命的な変動に反対した．彼は社会的義務の原理を保守の立場から認識し，イギリス国民を富者と貧者の「2つの国民」に分断する危険性に警告を発していた．

産業の発達は社会不平等を拡大し，その結果，革命を胚胎させている．労働者がいつまでも悲惨な状態を甘受するはずがない．それは革命の原因となる．ヨーロッパ大陸では，実際に革命が1830年，1848年に起きた．したがって，革命を未然に防止するには率先した改革が必要である．結果的には，改革は富者の利益になる．その代わり，富と特権をもつ者は貧困者や弱者に対する社会的な義務を負わなければならない．富と権力は特権の対価・代償であり，その所有者は社会的責任・使命も自覚しなければならない．この考えは「ノーブレス・オブリージュ（noblesse oblige, 高い身分・地位にともなう社会に対する責任）」に基づく．これは貴族の社会的責務である．例えば，国王が国民に，土地貴族は領地の農民に責任をもつことが求められる．

この義務は，時代を問わずに，国民に社会改革の形で応えるべきだ，とディズレーリは主張した．彼は1867年に第二次選挙法改正と社会改革の2つを実行したのである．前者は労働者に参政権を拡大し，後者は貧者の住宅事情と衛生状態を改善したことにみられる．彼の積極的な社会改革は後の保守主義者に大きな影響を与え，保守主義者の現実的感覚と社会的義務の両方を保持させた．ディズレーリは「一国保守主義」を樹立した．これは前産業社会，階統制，家父長制の価値観を色濃く反映する．その後，イギリスの保守党（Tory Party）の伝統となった．日本の第二次世界大戦後自由民主党内の保守本流と言われた政治家にはこの考え方があった．

ディズレーリの考えは，その後19世紀末にR・チャーチル（1874-1965）によってトーリー・デモクラシー（Tory democracy）の形で結実した．政治的民主主義

の拡大時期において，チャーチルは，幅広い社会的支持を獲得するために，伝統的制度（例：君主制，貴族院，教会）の必要性を説得した．これはディズレーリの社会改革政策を継承しており，そのことが労働者から保守党への支持を確保できた（「ワーキング・トーリーズ（Working Tories）」）．

　この方針は，別の形で，J・チェンバレン（1836-1914）も実行した．彼はアイルランド問題でW・E・グラッドストン（1809-1898）と対立して自由党統一党を結成し，1890年代に保守党に合流する．チェンバレンは保護貿易の立場から「関税改革」のキャンペーンを行った．この改革は自国の利益をもたらす，と彼は信じた．ヨーロッパ以外からの貿易に対する関税障壁の確立はイギリス帝国とイギリス本国の結合を強化し，そのことで帝国の経済的，戦略的な立場を支えることになる．さらに，関税は政府の歳入を増やす．その増えた分を社会改革の費用に投入すればよい，とチェンバレンは主張した．1875年彼はバーミンガム市長になった際にスラム街の一掃と都市整備という「上からの社会改革」を実行した．

　現実主義に立脚した改革志向は，19世紀のドイツのO・v・ビスマルク（1815-1898）治下でも実施された．彼は社会主義の急成長に危機感を抱いた．社会主義を革命とテロに結びつけ，そのため社会主義への弾圧と社会改革の2つの手段（アメとムチの政策）をもって「社会主義勢力からの脅威」と闘った．1879年から，ビスマルクはチェンバレンと同様に保護貿易を支援しつつ，社会福祉制度の確立とその財政基盤の充実を図った．医療・疾病保険・病気・健康などによる補償，老齢年金の各制度を導入した．その結果，1880年代にドイツは最初の福祉国家になった．ビスマルクの施策は，いわば保守側からの「国家社会主義」とも言えるもので，労働者を革命から遠ざける措置であった．もっとも，この社会改革志向は，ビスマルクの出身であるユンカー（Junker）という土地貴族にある家父長制的の立場から社会への義務・使命を新しい装いで提示したとも解釈できる．

　なぜ，チェンバレンとビスマルクが自由貿易から保護貿易に転じたのか．その理由は経済政策に対する現実的な態度を反映していた．自由貿易を支持する自由主義者は，経済理論と政治原理とを結びつけた．対照的に，体系的理論や抽象的原理には疑い深い保守主義者は，自分たちが熟知した環境の中で現実に即した方針を出したのである．保守主義者は，自由貿易か保護貿易かという原則にかかわらずに，どの政策でもその時々の国益に役立つことを規準に選択した．

（3） 中道路線

中道路線 (middle way) とは,「経済分野において, 一方で資本主義の形態を採用するが, 他方で国家による市場などへの規制・介入を実行する」ことを指す.

1945年以降, 各国の保守政権は福祉制度と, 一部ではあるが計画・統制経済を承認する. 保守政党は自由放任経済（自由主義）と国家統制経済（一種の社会主義）との中間の路線を採用する, いわゆる中道路線を実践した. 第二次世界大戦後, 戦前の経験から, 自由市場経済が有効に機能するとは限らないという反省があった.

1957年から1963年までイギリス首相のマクミランは「計画資本主義 (planned capitalism)」という政策を実践した. それは「経済活動の一部において国家の所有, 規制, 管理を私企業の活力と企業精神に結びつけるケインズ主義的な混合経済」である.

マクミランはストックトン選挙区の下院議員であった. 彼は特権的な社会的門地の出身者であったが, 自分の選挙区での人々の困窮状況から, 社会的地位がゆえに道徳的義務を特徴とする「一国保守主義」や「温情的保守主義」を実行した人物である.

現代的自由主義者と同様に, 保守主義者はケインズ主義経済政策を採用するが, もちろん, 自由主義者とは異なった意図からである. 保守主義者は中道路線を非イデオロギー的に遂行した.

1950年代には温情的な価値観はイギリス保守党内で支配的となった. 1951年保守党が政権に復帰すると, 前アトリー労働党政権が実行した急進的な改革路線を受け入れる準備を整えた.

その改革は, ① ケインズ主義経済を用いて完全雇用の実現, ② 主要産業の国有化による混合経済, ③ 国民健康保険制度 (NHS) の創設も含めた福祉国家の実現である. この改革の特徴は, 社会・経済生活への国家介入をさらに拡大することでもある. これは一種の社会主義政策の実現であった. しかし, 保守主義者は, 温情的保守主義の立場からこれらの改革を実施している. だから, 国家の社会への介入は階統制と権威の廃止を意味するものではなかった. むしろ, 一国の伝統である社会的地位にある者が負うべき「思いやり」と「義務」の価値観が表現された.

1950年代から労働党と保守党の政策は, 両党の意図は別にして,「合意の政

治（consensus politics）」と説明される．これはイギリスではバツケリズム（Butskellism）という用語で言い表される．すなわち，1950年代の保守党首相のバトラー，1955年から1961年までの労働党党首のゲイツケルのそれぞれの名前からとった名称であるが，両党の合意した内容を言い表す．保守主義者は，現代的自由主義者のケインズとビヴァリッジの描いた「社会民主主義的な合意」を承認する．混合経済，福祉国家，ケインズ主義的管理の諸政策を完全雇用のために実行した．これは1970年代の半ばまでの先進国共通の基本方針でもあった．

ヨーロッパ大陸の保守主義者は権威主義的な姿勢を抑制せざるをえず，政治的民主主義に積極的に関与しだしたのである．これはカトリシズムの家父長的・温情的な社会的伝統の影響もあった．M・ウェーバー（1864-1920）の解釈にあるように，プロテスタント社会理論は勤労と個人責任の価値観を称賛するために，しばしば資本主義の勃興と結びつく［ウェーバー，1989年］．カトリック社会理論は，伝統的に個人よりむしろ社会集団に焦点を当ててきたし，社会階級間の利益を調和するのに重心をおいた．19世紀，20世紀初期にはローマ法王が専制政治に深く関係したことがあったけれど，例えばドイツの戦前の中央党のようなカトリック政党は，立憲主義，政治的民主主義，社会改革などを推進した点もある［ピム，1996年参照］．

戦後，カトリック社会理論はキリスト教民主主義政党の方針にケインズ主義的な福祉政策を取り込む努力を行ってきた．例えば，ドイツのキリスト教民主同盟（CDU）は「社会的市場経済（Soziale Marktwirtschaft）」の方針を具体化した．これはヨーロッパ大陸諸国の同系統の政党に影響を与えた．

社会的市場経済は基本においては市場原理と自由経済を構造化するが，他方において包括的な福祉政策と公的サービスを通じて社会的連帯を強化する．市場は，それ自身が目的でなく，様々な社会的目標を達成するために富を生み出す手段と考えられた．これは「社会的資本主義（social capitalism）」の考え方である［cf.van Kersbergen, 1995］．

カナダの進歩保守党（POP）は党内に様々な見解を抱えている．イデオロギー的には財政政策は正統派であり，自由党以上に社会問題に政府は介入すべきでない，と主張する．しかし，カナダの二大政党間の相違は，原則よりむしろ力点の置き方が問題である．進歩保守党の政策は，イデオロギーよりも政治的便宜性，ローカルな争点，現実的な必要性で決定される．

日本の自民党内の保守本流政治家は，戦後の日本国憲法を承認した点では，現代の民主主義への適応を実践する．自民党は温情的な保守政党とみなされた．自民党は，戦後の急速な経済成長にもかかわらず，日本の文化的伝統を尊ぶ．日本政府，特に経済官僚は日本の経済的奇跡の設計者でもあったが，保守本流の自民党政治家の指導下において，政府は輸出目標を掲げ，投資政策を計画する際には大企業と密接に協力した．いわゆる，一種の「統制計画経済」という形の官民一体の協力であった（「日本株式会社」「40年体制」）．自民党には温情的・家父長的に国民生活を保護する姿勢があった．

　保守主義は時代の進展に応じて変容した．近年，保守主義の主流は温情的な立場からニューライトに移行した．その移行において，大きな役割を演じたのがリバタリアニズム（libertarianism）である．

2．リバタリアン保守主義

（1）　リバタリアニズム

　リバタリアニズムとは，「個人が最大限の自由を享受すべきであるとする信念」であり，それには個人に対する内外からの強制を排除する考え方が含まれる．

　保守主義者は，有機体論，階統制，義務のような前産業社会の考えが残存する一方，イデオロギー的には自由主義，特に古典的自由主義にも大きく影響されてきた．20世紀後半にニューライトにいくつかの点で古典的自由主義の特徴をみることができる．とりわけ，自由市場経済に関して温情的保守主義とは対極の立場にある．

　リバタリアニズムは徹底して自由を優先する．その点で，リバタリアン（libertarnian）は，ある限界を設ける自由主義者と区別される．また，リバタリアニズムが最小国家あるいは夜警国家の必要性を承認する点ではアナーキズムと区別されている．彼らを「ミナーキスト（minarchist）」と自称する．

　リバタリアンは最大限可能な経済的自由と最小の政府規制を主張する．だが，リバタリアン保守主義者は自由主義者に転向するのではなく，権威と義務のような価値に基づいた伝統的，保守的な社会哲学を固執する面もある．リバタリアン保守主義には，古典的自由主義と伝統主義が共存する．これは，バークの考えでもはっきりする．

バークは伝統的な保守主義者であるが，反面，スミスの自由主義経済の熱心な信奉者でもあった．バークは商業活動では自由貿易論者，国内では競争的，自己規制の市場経済の支持者でもあったのである．自由主義的な市場は効率的で公正であるので，当然，不可欠な存在である．富への欲望（＝金儲けを愛すること）は「自然な行為」であり，それは人間性の一部である．ゆえに，市場の法則はいわば「自然の法則」である．彼は，市場経済を支持することと，伝統的な秩序を守ることとの間に矛盾が存在しないとも考えた．なぜなら，18世紀後半までに，イギリスの社会秩序が前近代から近代的秩序になる．そこには自然の変遷がある．だからこそ，ちょうど君主制や教会のような伝統を保護するように，資本主義市場も肯定する．

　19世紀ディズレーリの温情的保守主義が支配的であったので，自由主義的市場経済はイギリス保守党内では傍流にすぎなかった．もっとも，その支持者は党内では消滅しなかった．19世紀末から社会・経済生活での政府介入の増加に対抗して，リバタニアニズムの見解が高まり，アスキス自由党内閣が導入した社会福祉綱領に反対して，1905年から1918年にかけて，イギリス憲法協会が保守党の支援のもとで設立された．保守党内にある温情的保守主義の志向とは反対に，憲法協会はスペンサーの社会ダーウィニズム的な考えに強く影響され，極端な自由放任経済の立場を強調した．彼らは，スマイルズの言葉をもじって，「国家は自ら助ける者を駄目にするのを助ける」と皮肉った．

（２）　保守主義とリバタニアニズムの結合

　1945年以後の国家が社会へのさらなる介入を増すことで，保守主義者の中のリバタニアンは反発の度を強めていった．「一国保守主義」の価値観は1950年代からイギリス保守党の立場を代表したが，1970年代からリバタリアンの攻勢を受ける．つまり，F・ハイエク（1899-1992）やM・フリードマン（1912-2006）らのような自由主義経済理論家がケインズ主義経済理論に取って代わるのである．リバタリアンの伝統は，古典的自由主義が定着したイギリスやアメリカのような国々では強力な存在であるが，世界各国でも同様な傾向がニューライトとの関係でみられた［ハイエク，1992年；フリードマン，1980年，2008年］．

　リバタリアニズムは一貫性のある自由主義ではない．確かに，経済的個人主義を信奉するし，ビジネスを政府から取り戻そうとするが，社会生活の別の側面では，個人の自由の原理を拡大する準備をあまりしていない．R・コブデン

表4-1 リバタニアン保守主義とニューライトの対比

	リバタニアン保守主義	ニューライト
基本姿勢	古典的自由主義	伝統的保守主義
社会観	原子論	有機体論
自由か権威か	リバタニアニズム	権威主義
優先事項	自由市場による経済発展	秩序ある社会像
価値観	自己利益/進取の気性	伝統的価値観
人間と社会	機会の平等	階統制
国家観	小さな国家	強い国家
国家と世界	国際主義	一国ナショナリズム
グローバル化	親グローバル化	反グローバル化

(1804-1865) やミルは単に経済的責任だけではなく，個人に社会的，道徳的な責任を設ける思想的な役割を考えていた．それに対して，自由主義が保守主義や社会主義と区別されるのは，道徳的決定が個人に残されているべき信念があるからである [ハイエク，1992年]．それゆえ，個人は国家から指導される必要はない．ただ，リバタリアニズムは人間性には悲観的な見解があるので，公共秩序を維持し，権威の尊重を保証する，強い国家を必要とする．リバタニアン保守主義者が自由市場理論を主張する背景には，社会秩序が保証されなければならない．そこには，個人の自由と強い国家の共存が矛盾しない．

自由主義者は，市場経済が個人の自由と選択の自由を守る，と信じる．けれども，保守主義者は，社会的規律の手段として，市場に時折魅力を感じる．市場力は経済と社会の活動を規制，管理できる．例えば，市場力は失業の脅威で労働者の賃金上昇を抑制できた．市場は社会的安定を維持し，公権力が実行しなくても，人々に強制力を働かせる手段となりうる．保守主義者は，市場経済が無限の技術革新と絶え間ない競争をもたらすと恐れ，その結果，社会的結束を無効にするので，リバタリアンのような人々は政治的権威（例：政府）の上からの指導よりも，非個人的な「自然の法則」に支えられるので，「市場の秩序」を確立できる，とした．このリバタリアン保守主義者が，1980年代から，現在の保守主義の中心となるニューライト陣営を形成する．

3．ニューライト

(1) ニューライトの登場

ニューライト (new right) とは，「個人を重視した視点から市場主義と自由主

義を保守主義に積極的に融合するイデオロギー」である．と同時に「強い国家を標榜するイデオロギー」でもある．

　戦後初期には現実主義的，温情主義的な志向は，西側世界の大部分の保守主義を代表した．西側世界において，権威主義的な保守主義の残滓は1970年代のポルトガルとスペインの独裁制の終了で消滅した．1945年以降には，保守主義者は，ケインズ主義経済や社会民主主義的制度を採用し，戦後の急速で経済成長を「管理された資本主義（managed capitalism）」で実証する．

　ところが1970年代，ニューライトの急進的なイデオロギーがケインズ主義的福祉政策に挑戦し，それが保守主義者の間で大勢を占めるようになっていく．ニューライトのイデオロギーは温情的保守主義に代わって保守主義を代表する．ニューライトはイギリスとアメリカの保守主義の主流となった［阪野，2000年］．このイデオロギーはヨーロッパ大陸，特にフランス，ドイツ，それに日本でも影響を及ぼした．

　ニューライトは幅広い意味を含む用語である．減税の要求からテレビ・映画の検閲強化，移民を本国に強制送還を求める運動までを含むのに説明される．

　ニューライトには2つの原則がある．第1の原則は古典的自由主義経済，特にA・スミス流の徹底した自由市場経済である．これをネオリベラリズム（neo-liberalism）と呼ぶことができる．第2の原則は社会の秩序，権威，紀律の擁護という保守主義の厳格な立場を要求することである．これは新保守主義（neo-conservatism）と呼ばれる［ギャンブル，1990年：第2章］．

　注意すべきは，ニューライトのイデオロギーに同意する思想家や政治家すべてがネオリベラリズムや新保守主義に共鳴するわけではない．例えば，イギリスの新保守主義者であるR・スクルートンは「自由市場への原理的な言質は保守主義内に存在する場を持っていない」と述べるように，ネオリベラリズムと新保守主義とが一致しない点がある．しかし他方において，ネオリベラリズムと新保守主義はしばしば一致点を見出すことがある．レーガン政権とサッチャー政権はニューライトのイデオロギーに影響を受けた．両政権は自由主義と保守主義の両方をニューライトとの立場で支持していた．もっとも，ネオリベラリズムと新保守主義は，よくレーガンとサッチャーの個人的な政治スタイルに適用されるためにその用語には誤解を招きやすい．

　ニューライトは様々な歴史的な所産である．戦後の長期的な経済繁栄が，1970年代前半の景気後退で終了した時点から考えなければならない．1970年代

の景気後退は，高インフレにともなう失業増大という「スタグレーション (stageration)」と呼ばれる現象であり，それから生じた景気後退は凋落気味の国々には打撃となった．例えば，当時，低調な経済状態のアメリカは，戦後急成長した日本や西ドイツから挑戦を受けた．イギリス経済はすでに衰退しており，1957年に創立された欧州共同体（EC）に参加した西ヨーロッパ諸国に比べて見劣りした．

経済成長が鈍化するにしたがって，経済を管理するケインズ主義政策は政治的右翼から相当な圧迫を受けた．ニューライトは社会的要因から影響された．とりわけ，自由主義的な社会哲学の広がりである．ニューライトは，経済の自由放任の実行，それに福祉依存からの脱却を声高に強調した．アメリカの保守主義陣営には，I・クリストル（1920-2009）などが中心的な指導者である．その陣営には，「大きな政府」批判者の元自由主義者から相当数が補充された．さらに，国際的要因が影響した．保守主義内のナショナリズム感情が強化され，共産主義の恐怖心が高揚したのである．アメリカのニューライトは，ソ連の軍事力増強，ベトナムとイランでの国家威信の喪失といった点で警告を発したのである．イギリスでは，国際社会での地位の低下，EC加盟での主権喪失の脅威に強い関心があった．次第に，ニューライトが保守主義の中心的な位置を占めた［中野，1982年］．

（2）　ネオリベラリズムの経済観

ネオリベラリズムとは，「自由市場経済と小さな政府の徹底化を要求する古典的政治経済の現代的な適用」である．

ニューライトの経済観は19世紀の古典的自由主義のそれである．特に「小さな政府」論の場合がそれに該当する．それは「私＝善，公＝悪」の立場から「反国家主義」的立場を採用する．国家は強制と不自由を個人に強いる．集団主義 (collectivism) は個人の意思を著しく制約し，個人の自尊心や自立心を損なう．政府は人間にダメージを与える効果しかない．それに対して，信頼は個人や市場におかれる．個人は独立独歩であること，自己の判断で合理的に選択することが奨励されるべきである．その根底には，個人の自由の絶対性への信奉がある［ハーヴェイ，2007年］．

ネオリベラリズムは経済において個人や市場に絶対的な信頼を置く．市場は個人の選択が進歩と利益を導き出すメカニズムとして尊重される．市場は商品

やサービスの供給と需要を調和させる．

　ケインズ主義は失業問題の対策を優先する．それに対して，ネオリベラリズムはインフレ対策に重点を置いている．市場の健全性は通貨が安定的，適切な価値をもつことを前提とする．それだけに，ニューライトは，保守主義内部において，温情的保守主義よりも自由主義的なイデオロギーの支配を確立しようとした．

　自由市場経済イデオロギーは20世紀前半にケインズ主義によって否定されたが，1970年代に信頼を取り戻した．石油危機以降，政府は経済安定と持続的成長を維持するのは次第に困難だと理解しだした．結果的に，政府負債が増加するにしたがい，経済問題を解決するのが政府の権限であるかどうかを議論された．例えば，ハイエクやフリードマンはソ連と東ヨーロッパ諸国の計画経済の非効率性を指摘しながら，管理経済や計画経済を批判した．資源配分は，錯綜する産業構造において，あまりに複雑すぎ，国家官僚には適切に処理できない．利益の集団化の必然的結果として，不可欠な商品や生活必需品の不足が目立ちだした．

　他方で，市場の長所が強調された．商品やサービスの供給と需要を調和させながら，市場が経済の中心として有効に活動できる．市場は最大限に有効に資源を配置するので，消費者は満足できる．1970年代の失業とインフレが再現する時点で，政府は積極的に国家介入が必要で望ましいと信じ，市場を無視したために，経済問題の治療よりその原因となった．

　ケインズは資本主義経済には自己規制力がないと考え，経済の「需要サイド (demand side)」に特に力を置いた．なぜなら，経済活動と失業が経済では，「総需要 (aggregate demand)」によって決定される．だから，ケインズの失業問題の解決法は，政府が赤字予算を運営することで，「需要を管理」すべきであり，課税よりも公的資金を市場に注入することであった．それに対して，フリードマンは，統治能力に影響する「失業の自然率 (natural rate of unemployment)」が存在するため，ケインズ的な政策の採用で失業を根絶する試みは赤字財政など別問題を引き起こす，と反論した．

　ハイエクやフリードマンは，「健全な貨幣 (sound money)」に重点をおく．政府の経済的責任は，インフレをいかに抑制するかどうか，市場経済の資金的安定をいかに確保できるかである．ケインズ主義政策を推進する政府は，インフレの進行に気づかずに，1970年代のスタグレーションを起こしてしまったので

ある．このことはマネタリズム（monetarism）によって説明された．

マネタリズムとは，「経済において資金量は物価によって決定されるマネーサプライ（money supply）の理論」である．貨幣供給が経済で商品・サービスの数量以上に急速に増加するなら，貨幣価値は低下し物価が上昇する．言い換えれば，インフレは「多すぎる貨幣がわずかな商品を追いかけ回す」現象の際に生じる．

マネタリストはケインズ主義政策の成果にも批判する．政府支出を税歳入より超えることを認める際，政府は紙幣を増刷する．つまり，貨幣量を増やし，それをもって故意にインフレを促進させる．その過程において失業への有益な対策は取れそうにない．1980年代レーガン政権，サッチャー政権の経済政策は，自由市場経済とマネタリスト理論によって指導された．両政権は市場が経済問題を解決できる考え，1980年代の失業の急上昇を容認していた．同様に，政府支出の縮小でインフレ削減に力点を置いた．アメリカでは，レーガン政権はフリードマンが提唱した「均衡予算修正（Balanced Budget Amendment）」案を採用した．

彼らは経済の「需要サイド」から「供給サイド（supply side）」へと転換することを主張した．ケインズ主義政策は高課税と複雑な規制で生産者に負担を強いた．課税は企業活動を萎縮させ，所有権も侵害する．「供給サイド」経済学はアメリカでは「レーガノミクス（Reganomics）」と呼ばれる．レーガンは所得税・法人税の大幅な減税政策を採用した．

(3) 「反」国家主義

ニューライトは混合経済体制も批判した．1945年以降，多くの西側諸国は経済の管理を容易にするために基幹産業の一部を国有化した．これは国家所有の「公的部門」の産業と個別に所有する「私的部門」の産業の混合である．ニューライトはそれ以前の状態に戻そうとした．イギリスではサッチャー，メージャーの両政権，フランスではシラク政権は，電信，水道，ガス，電気のような公営事業を民間企業に移転する民営化政策を実施した．国有産業は，民間企業と比べて利益への動機に切り続けられていないから非効率である．

アメリカでは，混合経済はもともと発展していないため，ニューライトは私的部門への規制緩和に圧力をかけた．公共の利益のために，民間企業に投資する意図で議会の承認のもと，独立した規制委員会は19世紀後半に設立され，

1960年代に増加した．レーガン政権は，そのような委員会が民間経済の効率性を妨げるとし，公共利益が政府の委員会より，むしろ市場メカニズム自身で保証される，と主張した．結局，これらの委員会数はレーガン時代に激減したのである．例えば，環境問題委員会はその予算の50％を削減され，さらに政府の規制緩和を支援する形に変容させられた．

ニューライトは経済的な効率性に共感する理由だけでなく，政治原理，特に「個人の自由」への関わりの理由でも，「反国家主義（antistatism）」であった．自由はネオリベラリズムな点から繰り返されるテーマである．例えば，ハイエクは国家権力の増大を批判するし［ハイエク，1992年］，またフリードマンは自由主義経済を擁護した［フリードマン，1980年］．ニューライトの主張には，「忍び寄る集団主義」に反対して自由を防衛する気概がある．極端な場合，このような考えはアナルコ資本主義（anarcho-capitalism）に進展する．これは，徹底的にあらゆる商品・サービスが市場だけに任せられるべきとする．政府は経済的役割だけでなく，古典的自由主義が必要と考えた「最小」機能も奪い取られる．ニューライトの自由主義的，リバタリアン的，アナーキスト的な意味での「自由」は，個人の外的制約の除去という「消極的な自由」を意味する．当然，政府の集団主義的権力行使は個人の自由への脅威なので，自由は「国家を社会への介入させる以前の水準に戻すこと」で保証される．

ところが20世紀において，国家は福祉国家を発展させた．ニューライトは個人の自由との関係において福祉制度を批判してきた．それはアメリカで最も急進的な形で登場する．例えば，R・ノーズィック(1938-2002)は，あらゆる福祉・分配政策を所有権の侵害である，と宣言する［ノーズィック，1974年］．Ch・マレーは，福祉政策が自立心，自己決定，進取の気性を喪失させたので，福祉が「依存文化（culture of dependency）」を生み出す，と論じる［Murray, 1984］[2]．福祉政策は，社会的損失の原因になっており，「受け取るに値しない貧者（undeserving poor）」と批判した．

この視点から，現在の福祉対象は個人の責任問題であって，国家のなすべき責任問題ではなくなる．つまり，福祉政策が念頭におく「社会のようなものは存在しない」（サッチャー）という言葉にニューライトの考えが表現される．マレーも，福祉政策が女性に「稼ぎ手」の男性への依存を軽減するけれど，そのことによって低所得層を生み出し，福祉政策を家庭崩壊の主原因とみなす．彼は，とりわけアメリカ黒人の劣等性を社会的剥奪の点から説明する［Murray,

1996].

　日本では1980年代の中曽根政権, 2000年初めの小泉政権が, 経済的に反国家主義, 反福祉主義の代表的な事例である.

（4）　新保守主義の価値観

　新保守主義とは,「秩序を回復し, 伝統と家族の価値に回帰し, ナショナリズムを再活性化することを擁護する現代的な保守主義の一形態」である.

　ノーズィックやアナルコ資本主義者のようなリバタリアンは, 旧来の保守主義には賛同しない. しかし, ニューライトを支持する人々には, 保守主義的な社会観がみられる. 彼らは自由を支持するが, あくまでも経済的条件でのみ「自由」を理解する. つまり, 市場の自由は, 厳格に個人の責任によって成立する. 経済的自由は社会秩序の安定を前提とするに, それゆえに, ニューライトにとって, 経済での自由の拡大と同時に, 社会生活での権威の確立を要することと矛盾しないし, 両立を可能と考える. この両立はイギリスのサッチャリズムが「自由経済と強い国家」への強いこだわりにみられた［ギャンブル, 1990年］.

　新保守主義は「寛大な1960年代」に対する反動でもある. 1960年代までに戦後の豊かさの実現によって, 人々は伝統的な道徳や社会的規準を疑問視, 批判, 否定してきた. 特に, その態度は若者の間では顕著であった. この価値観は若者の「対抗文化（counter-culture）」で開花していた. 人々は, 道徳や生活様式の問題では旧弊から解放を求める（「生活の私化」）. また, この考えは学生や若者の急進的な変革志向, ベトナム戦争への抗議活動, 公民権獲得の要求, 反公害運動などの様々な社会運動の広がりの中で, 個々人の選択を最優先する. それに対して, ニューライトはこれらの運動を伝統的な道徳や秩序の原理を崩壊させるもの, とみなした. それまで「寛大さ」に反発して, 例えばサッチャーは「ビクトリア的価値観」を表明した. アメリカでは,「モラル・マジョリティ（Moral Majority）」のような組織が伝統的な「家族の価値」への回帰運動に乗り出していた.

　ニューライトの新保守主義部分は「自由」よりも「善」を優先した. 新保守主義者は「寛大さ」に2つの危険性をみた. 第1の危険性は, 自己の道徳や生活様式を選択する自由が不道徳や「邪悪」な考え方を身につけること, である. ニューライトは, とりわけアメリカにおいて, 1970年代, 1980年代に「伝統的価値」の凋落を危惧する様々な組織が設立されたが, その中でも宗教的な要素

が存在した．これらの多くが革新的なキリスト教原理運動と結びつき「キリスト教ニューライト」を成立させる．1979年にテレビ伝導師のJ・ファルエル (1933-2007) が創設した「モラル・マジョリティ」は，レーガンや南部の有力上院議員に支持されたニューライト運動の援助組織として活動した．1980年代から1990年代にかけて，アメリカのニューライト運動は反人工中絶運動にシフトする．1973年最高裁判所は人工中絶を合法化する判決を下した．これはニューライトの価値観からすれば認めがたい決定であった．同様の，いわゆる「妊娠中絶合法化反対グループ (pro-life)」の運動は，イギリスなどの他の西側諸国にも拡大する動きをみせる．中絶は道徳的に「悪」だから，女性は中絶する権利をもつべきではない．中絶は形を変えた「殺人」に等しい．この視点を敷衍すれば，同性愛，ポルノ，婚前性交渉，学校でのダーウィンの進化論の授業なども，ニューライトにとっては，道徳的な「悪」と譴責される．

　「寛大さ」の第2の危険性は，人々が誤った道徳や生活様式を採用するだけでなく，様々な道徳的な立場を選ぶかもしれないこと，である．自由主義者には道徳的多元主義は当然のことである．しかし，新保守主義者にとって，社会のまとまりを破壊する原因となるから，道徳的多元主義は脅威に感じることであり，「寛大な社会」は倫理的規範と統一的道徳基準を欠いた社会である．それは，「地図のない砂漠」をさまようことに相当する．その行く先は決して個人や家族を導いたり，支えたりはしない社会である．個人がその「寛大さ」がもたらす享楽だけを行うなら，文明化した行動基準は維持しがたくなる．

　社会の安全保障は権威の実行で保たれている．その権威は家族では父親，学校では教師，社会では「法と秩序」のシステムである．「寛大さ」は権威を疑問視し，権威を否定する．権威への尊厳が崩壊すると，無秩序と不安定がはびこるだけである．ゆえに，ニューライトは権威の回復を力説した．言い換えれば，「家族の価値」の回復と強化を必要とする．ここで述べられる「家族」は自然の階統制的なもの，つまり厳格に伝統的条件で理解される．夫は家庭の大黒柱であり，母は専業主婦として仕え，子供は親に従い，尊敬している．権威関係が弱体化すると，子供は道徳的な価値や年長者への敬意をもたずに育ってしまう．だからこそ，「寛大な社会」は反社会的な行動，怠惰，犯罪の温床を作り出す．

（5） 強い国家

社会秩序は刑罰をより厳しくすることで強化でき，犯罪防止に役立つ．アメリカでは，新保守主義者は1960年代に最高裁判所が「残酷で異常な刑罰」と宣告した死刑を復活させるキャンペーンを展開した．1980年代後半までに死刑は多数の州で復活した．同様に，アメリカのニューライトは，銃社会の危険性を指摘する声に対抗して，銃を所持する権利（憲法修正第2条）を維持する運動も行った．イギリスでは，1980年代に若者の犯罪に厳しい措置が採用された．

確信に基づく政策遂行とリーダーシップであるサッチャリズムは「権威主義的ポピュリズム（authoritarian populism）」と解釈される．それは社会における道徳基準の弛緩と権威の弱体化について幅広い国民的な不安感を反映する．その対処は，ニューライトの場合，「強い国家」に求める．社会の秩序と安定が脅威にさらされるとする考えが，ニューライトから登場するのは当然であった．1984年から1985年にかけての鉱山ストに際して，サッチャー政権は労働組合の急進勢力を「国民の敵（enemy within）」と非難した．新保守主義者は，犯罪，破壊，デモ，ストを公共の秩序を不安にするものと批判した．したがって，国民を保護するのは「強い政府」だけである．

同時に，ニューライトは「国外の敵（enemy without）」からの脅威の増加を認識した．1970年代，1980年代，この脅威はレーガンが「悪の帝国」と敵視したソ連であった．ニューライトは，特に英米の反共主義では防衛費増キャンペーンを展開した．これは別の見方からすれば，国民的な結束とアイデンティティの衰退へのニューライトからの危機意識でもあった．

レーガンは，1975年のベトナムからの撤退の屈辱，1979年のイランでのアメリカ人人質事件での不面目によるイメージ・ダウンから，アメリカの国家威信の回復を追求したかった．1980年代の軍事拡張は，世界舞台でのアメリカ優位の再確認でもある．アメリカ軍によるグラナダ侵攻，リビア爆撃がその意欲を表す事件である．

イギリスでは，サッチャー政権は復活したナショナリズムに結びついた．例えば，1982年フォークランド戦争での勝利にみられた．新保守主義の傾向は1980年代から1990年代にかけてユーロ懐疑論（Euroscepticism）の高揚にあった．ヨーロッパ連合（EU）に対する強烈な敵対意識が党内で拡大し，主権喪失の恐れの反映だけでなく，もっと深層部分において，国家的アイデンティティの危機への懸念もある．ユーロ懐疑論は偏狭な排外的な性格を兼ね備える．

表4-2 温情的保守主義とニューライトの対比

	温情的保守主義	ニューライト
基本姿勢	現実主義	原理・原則主義
思考様式	伝統主義	急進主義
社会との関係	社会的義務	利己主義
社会と個人	有機的社会・協調	個人主義・業績主義
あるべき社会像	階統制	実力社会・能力主義
秩序のあり方	自然に基づく秩序	市場に基づく秩序
経済観	「中道」経済	自由放任経済
福祉制度	資格認定に基づく福祉	反福祉・自助努力
国民の権利	積極的権利・社会権	消極的権利・基本的人権
国民の団結	1つの国民	2つの国民
政府形態	大きな政府	小さな国家

ところで,新保守主義はネオリベラリズムと両立可能な程度の議論は論争のネタになる.「自由市場」と「強い国家」の間の政治的連結に力点がある[ギャンブル,1990年].不平等の拡大と国家への忠誠心の弱体化の文脈において,市場秩序を維持し,社会と政治の権威を支える必要がある.ニューライトはネオリベラリズムと新保守主義とがイデオロギー・レベルにおいて両立可能と考える.経済生活では国家をもとに戻すことを要求するが,社会生活では法と秩序を維持し,国家的な理念を支え,治安・国防を強化するために社会への介入を推進する.

別の見方では,ニューライト内の明らかな緊張が指摘される.イデオロギーや政治の条件で完全に首尾一貫したものと判断するのは困難である.ネオリベラリズムは個人主義や自己信頼に重点をおく概念があり,自由・選択・権利・競争のような価値観を支持する.新保守主義は人間性の脆さ,欠陥,依頼心を指摘する概念に着目し,権威・規律・尊厳・義務のような価値観を強調する.新保守主義が期待する方向とネオリベラリズムの方向は明確に異なっている.例えば,規制のない資本主義は社会的結束を破壊する可能性があるし,既成の価値観と伝統的な制度に支えられる権威を弱体化させる.また,市場は国家を超えて拡大する.ネオリベラリズムは国家を否定する.

4.今後の保守主義のもつ意義

20世紀後半,保守主義は大きな変化がみられた.保守主義は,特に1945年以降を通じて,最大のライバルである社会主義に勝利した.資本主義に代わる経

済システムが存在しないので，社会民主主義者は市場の価値観を受容させざるをなかった．そのことは選挙での国民からの信頼で証明された．その劇的な出来事は，東ヨーロッパ諸国の共産主義体制の崩壊であり，この過程に保守主義が貢献し，イデオロギーとして保守主義が自己再生する能力を証明した．保守主義が有機体論，階統制など温情的立場を離れ，ニューライトの外観で保守主義を市場に基づく個人主義と権威主義とが提携する．サッチャーやレーガンのような「英雄」的人物に直結するニューライト政治が過ぎ去り，その人気が随分と低下したけれども，市場の価値観がニューライトの信念の範囲を超えて受容された．

計画経済や福祉資本主義である20世紀的な「社会民主主義」の行き詰まりが暴露されたので，21世紀の公共政策は自由市場と強い国家の「新たな保守的ブランド」が一般的となったかに思われる．

保守主義は歴史において多くの挑戦を受けた．保守主義はそこから多くを吸収した．保守主義が温情的な立場からニューライトへの立場へと移行し，市場に基づく個人の徹底した自由主義と国家の強い権威主義とが連携する．それは保守主義の再生を証明する．

社会主義も保守主義に影響を与える．実際，それがなければ，ニューライトは登場しなかった．もっとも，保守主義が中央統制経済や経済管理に批判し，それらが消滅した後，保守主義はどのような役割を担うのか．自由市場への信頼には歴史的，文化的に制約がある．規制のない資本主義への熱狂的な支持はほとんどアングロサクソン系諸国での現象である．それは古典的自由主義が19世紀に頂点を迎えたことと同じくニューライトの形で20世紀末に再現した．経済生活において，「国家をもとに引き戻すこと」は，社会に刺激を与え，競争を活発化し起業家精神を促進する．

しかし現実には，短期決済主義，不平等の拡大，格差社会，少数派排除の実情から，ニューライトの価値観への信頼が相当揺らいでいる［フォレステル，2003年参照］．それに彼らが信奉してやまない市場の絶対性に問題があったという事実からの反省が不可欠である［阿倍，2008年参照］．市場の失敗は公共財との関係で考えなければならない［北山・真渕・久米，1997年：第2章］．かつて現代的自由主義者は市場経済が袋小路にあることを認めたように，21世紀の保守主義者は同じ教訓を学ぶかもしれない．1990年代後半，新しい社会民主主義の登場後，ニューライトが政権を失ってその有効性が疑問視されている．その対応と

して，例えばイギリスでは「面倒見のよい保守主義（caring conservatism）」という動きがある．しかし，これはまだ明確ではない．

1) イギリスの保守主義者の中で，温情的な立場をとる人々を「ウェット派（wets）」，ニューライト的立場をとる人々を「ドライ派（dries）」と呼ぶことがある．
2) 例えばイギリスのサッチャー政権の政策については，森嶋，1988年：Ⅲ；豊永，1998年を参照．

設問
1．保守主義の成り立ちを説明せよ．
2．保守主義の中心要素を説明せよ．
3．保守主義の人間観を説明せよ．
4．温情的保守主義を説明せよ．
5．ニューライトを説明せよ．

第5章
社会主義のイデオロギー的基礎

> 哲学者は様々な方法で世界を解釈したが，問題は世界を変革することだ．
>
> （マルクス）

1．歴　　史

　社会主義（socialism）とは，「生産，分配，交換の手段の集団的，国家的な公的所有に基づいた政治と経済の理論あるいは社会システム」を指す．

　社会主義という用語はラテン語のsociareに由来し，「結合」や「共有」を意味する社会主義を表わす要素となっている．「社会主義」という語は1827年にイギリスで初めて使用された．1840年代までにフランス，ベルギー，ドイツ諸邦では，「社会主義」という語は一般的に使用される．社会主義の一種である共産主義（communisim）はcommunis（「共同」「共有」）に由来する．19世紀社会主義は自由主義・資本主義に対抗するイデオロギーとして成立した［Heywood, 2012：ch.4］．

　現在，社会主義の理論と伝統は政治イデオロギーの中で最も広義であり，1つの社会主義像でなく，複数の社会主義像がある．共産主義，西ヨーロッパ社会民主主義，アフリカ社会主義，アラブ社会主義，国民社会主義と称するナチズムやイタリアのファシズムのようなまったく異質なイデオロギーに「社会主義」という用語が使用される．これらの社会主義イデオロギーが「自らの社会主義」を確立する姿勢を示す．北アメリカを例外として，あらゆる地域でそれぞれの社会主義が一定の成功を収める．社会主義は，西ヨーロッパ，東ヨーロッパ，アフリカ，アジア，南米の諸国では，社会的，文化的，歴史的な条件によって発展，形成，変容してきた．

　社会主義は自由主義や保守主義と同様に19世紀に起源がある．つまり，社会

主義は産業資本主義の成長の中において，ヨーロッパで生まれた社会的，経済的な諸条件に対する反動として成立した．社会主義の誕生は初期産業化による貧困と悪条件を被る労働者の存在と密接に結びついた．初期社会主義は労働者が劣悪で非人間的な環境に対する素朴な抗議であった．19世紀初頭のレッセ・フェール政策は資本家に勝手な行動を許した．さらに，労働者は都市第1世代であり，都市生活や労働条件には不慣れであり，失業の脅威は常にあり，生活の安定や目的を保障する制度も整えられなかった．

　初期社会主義者は産業資本主義に対抗して急進的，革命的な選択を追求しがちであった．例えば，19世紀にフランスのCh・フーリエ (1772-1837) やイギリスのR・オーエン (1771-1858) らは協同と愛情に基づくユートピア共同体の樹立を提案した．これは空想的社会主義と呼ばれる．ドイツのマルクスやエンゲルスは「歴史の法則」を理論づけ，資本主義を暴力的に転覆する必然性があるとするマルクス主義 (Marxism) を展開した．

　19世紀後半，社会主義の性格は労働者の生活条件の改善で変容した．労働者のための労働組合，労働者政党，スポーツ・社交クラブの設立は，労働者を統合し，よりよい経済上の安全保障を提供した．西ヨーロッパ先進産業国において，労働者を革命勢力とみなすのが次第に困難となった．革命をめざした社会主義政党は労働者への参政権の普及で，合法的，体制内に取り込む戦術を使用する．その結果，第一次世界大戦までに社会主義陣営は分裂する．1つは選挙による合法的な政権奪取と改革・改良主義を説く穏健な立場である．もう1つはロシアのような資本主義の遅れた国々で暴力革命・プロレタリア独裁を持続的に要求する急進的な立場である．1917年ロシア革命は両方の社会主義勢力の分裂を決定づけた．ロシア革命の指導者であるレーニンは後者の立場から革命的な社会主義 (Bolshevik) を実現した．通常，これは「共産主義者」という名称を採用する．共産主義のボルシェヴィキ・モデルは，ソ連誕生後，モンゴル，中国，北朝鮮，ベトナム，キューバ，カンボジア，ラオスにまで拡大した．

　他方，改良主義・修正主義的な社会主義者は，社会主義者や社会民主主義者という名を使い続けた．社会民主主義とは，「資本主義の廃止より，むしろ市場と国家との間のバランスを支持する社会主義の穏健な改良主義的な社会主義の一種」である．

　20世紀には，社会主義は資本主義の経験のないアフリカ，アジア，中東，南アメリカの地域にも広がった．これらの地域の社会主義は反植民地闘争と結び

つく．階級搾取の関係は宗主国と植民地の抑圧や収奪の関係に置き換えられ，階級搾取の考えは植民地の抑圧・収奪のあり方に置き換えられたし，社会主義とナショナリズムとが融合する下地が存在した．例えば，伝統的な部族生活，イスラム教道徳原理などに影響され，特異な社会主義も発展する．また，アフリカ，アラブ，アジアの社会主義の特徴をもった形態も発展してきた．

　20世紀後半，社会主義圏は「社会主義の死」を宣告される事態に至った．最も劇的な出来事は，1989年から1991年にかけて，東ヨーロッパ諸国や旧ソ連での共産党政権の崩壊である．しかしながら，世界各国の社会民主主義は健在である．現在，各国の社会主義政党は自由主義や保守主義の諸要素を取り入れるが，「これが本来の社会主義か」という疑問も投げかけられる．

2．中心要素
　　　——私たちは孤独でない——

(1)　3つのアプローチ

　社会主義を分析する際の困難さに「社会主義」という用語が少なくとも3つの異なったアプローチで理解されたことにある．

　第1のアプローチでは社会主義は経済モデルと考えられる．それは通常，集団主義化 (collectivization) や計画化 (planning) と結びつく．集団主義化とは，「私的所有の廃止と，通常は国家のメカニズムを通じて共同や公の所有制の包括的システムの樹立」である．この意味では，社会主義は資本主義に代わる経済システムという認識がある．資本主義とは，「富が私人や私的な実業家が所有し，市場の指令に応じて財が交換のために生産される経済システム」のことである．2つの根本的に異なる生産システムの選択がすべての経済問題の中で最大の決定事項とみなす見解である．

　ところが，現実の選択は両システムの混合的な特徴を備える．現代の社会主義者は社会主義を資本主義に代わるシステムと考えていない．特に先進資本主義国の社会主義者は，社会目的のために資本主義を利用する手段と考える．

　第2のアプローチは社会主義を労働運動の手段として取り扱う．社会主義は労働者の利益を代表し，労働者が政治的，経済的な権力を獲得できるプログラムを準備する．したがって，社会主義は「労働主義 (labourism)」の形態を帯びる．

労働主義とは,「イデオロギー目標を遂行するより,組織的労働運動の利益に貢献する社会主義政党に提示された傾向」である.

社会主義は,労働者の運動の将来において,世界的規模の変革を期待する.しかし,社会主義と組織労働運動とは歴史的結びつくが,社会主義は熟練職人,労働者だけでなく,農民,社会主義政党の党職員とも結びついた.つまり,社会主義の労働者至上主義だけに限定できない.

第3のアプローチはもっと広義に社会主義を理解する.社会主義は政治的な信条やイデオロギーとして理解され,思想,価値観,理論の束なったイデオロギーである.

(2) 共同体

共同体 (community) とは,「特定の土地と一体化した価値で社会と関わる人々の集団」である.

社会主義は,社会的創造物として,人間の統一的ビジョンを表現する.これは個人的努力より,むしろ共同体を活用することで,社会的,経済的な課題を解決できることを意味する.協働で目標を達成する姿勢は,人間の意思や能力を評価し,かつ集団主義的なビジョンを遂行する.この姿勢の根底には,「人間は孤立した存在でなく,連帯を求める生き物である」という信念がある.

それゆえ,人々は「同胞」「同志」「兄弟」「姉妹」と共通する人間性の紐帯関係を認識する.人間は社会生活の経験と環境の中で自ら計画できる.人間の態度や行動を決定する際,教育によって影響させるか,出生に基づいて性格が形成されるのかの議論では,社会主義者は教育の効果を重視する.自由主義者は「個人」と「社会」を区別する.社会主義者は「個人」と「社会」を切り離して考えない.

人間は1人では生きていけない.だから,人間はバラバラの「個人」と考えられない.個人は所属する社会集団を通じて自分を理解できる.それゆえ,人間の行動は自らが生活してきた社会を語る.

自由主義者や保守主義者は,人間が自己追求的,自己中心的であると論じる.人間は社会的に条件づけられ,私利私欲的で物質主義的で,攻撃的な行動をとる生き物と見なされる.その考え方は自己中心的な,物欲的な行動を奨励し,それに報いる行動のみを選択する人間の性格を前提とする.結局,それは資本主義市場を促進し,利益追求のみの人間像しか描かない.ところが,人間は有

用性を最大化するだけの存在ではない．人間は共同体の一員として行動し，人類の解放を達成できる能力がある．

　西洋諸国では，フーリエやオーエンのような19世紀のユートピア社会主義者（utopian socialism）の目標は共同生活の組織化であった．フーリエは1800人程度の共同体モデルの建設を計画し，これを「フーリエ主義の共同体（phalanstery）」と呼んでいた．オーエンは多くの実験的な共同体の建設を試みていた．その事例は1824年から1829年までのインディアナ州の「ニュー・ハーモニー（New Harmony）」であった．これは第二次世界大戦後のイスラエルのキブツ・システム（Kibbutz System）に類似する．

　社会的，経済的な問題は個人の努力より共同体の力を利用することで克服される．人間の意思や能力は集団主義的な目標を遂行しようとする．この考えの根底には，「人間は孤立した存在でなく，社会的連帯を求める生き物である」という信念がある．人間の態度や行動は社会に影響される．つまり，個人は社会と切り離しては考えられない．

（3）協　　力

　協力（cooperation）とは，「共に働くことで，相互利益に到達することを目的とする集団的な努力」である．

　自由主義者や保守主義者は，競争が自然な現象であり，ある意味でそれは健全な状態とみなす．人間は自己利益を追求するので，だからこそ人間は懸命に努力するし，技術や能力を得ようとする．個人はその人間の業績で報われる．

　それに対して人間が社会的動物であるなら，人間関係は競争よりも協力を重視すべきである，と社会主義者は考える．個人同士の競争は，人間の社会的な存在を否定することを各個人に強要させる．結果的に，競争はわがままと他者への攻撃を助長させるだけである．しかし，協力は道徳的，経済的な意味を明確にする．ともに仕事をする個人には，共感，扶助，愛情などの紐帯関係を発展させる．さらに，1人の個人の力よりも共同体のそれのほうが大きく成果を生む．P・クロポトキン（1842-1921）が述べるように人類が生存し繁栄できた理由は，「相互扶助（mutual aid）」の能力のおかげである［クロポトキン，1996年］．

　人間は物質的な誘因ではなく，道徳的な誘因から動機づけられる生き物である．理論上，資本主義は個人の労働に報いるべきである．個人の技術・能力が向上すれば，その報酬は多くなるはずである．しかし，人間は物質的な欲求に

第5章　社会主義のイデオロギー的基礎　　75

動機づけられるが，それだけで努力するとは限らない．努力は道徳的誘因もある．つまり，個人が公共善に貢献する欲求がある．それは仲間との連帯感や責任感から発展する．現代の社会民主主義者は物質的誘因を否定しないが，物質的欲求と個人的道徳の均衡の必要性を強調する．例えば，経済成長を達成する主要因は，社会の最貧層や弱者を福祉政策で支援する制度を財政的に補うためである．

　協力への取り組み方は，資本主義のもと競争的，階級的な関係を変更しながら，協力的な企業を育成することである．生産者と消費者の協力は相互利益に役立つ集団の力の活用にみられる．19世紀初めにイギリスでは，大量に商品を購入し，労働者の組合員に安価で販売する生活協同組合（cooperative society）が発達した．労働者による所有と経営という自主運営に応じた組織・産業はスペイン北部，旧ユーゴスラビアでは一般的になった．旧ソ連の集団農場は協働的に工夫された．

（4）平　　等

　平等（equality）とは，「人間が同じ方法で取り扱われる価値をもった存在とみなし，また資格が与えられる原則」である．

　平等は社会主義の本質を表す．平等は，自由主義や保守主義と，社会主義を区別する政治的価値観である．保守主義者は社会的平等を不合理と拒絶する．自由主義者は個人が平等の価値観をもつので，権利と尊重の点では平等を肯定する．けれど，人間には能力や技術の差があり，人間の評価がちがう．よく働き努力し，それだけの技術や能力を所有する人々は，そうしない人々より豊かになるに値する．自由主義者は「機会の平等」を支持するが，社会的，経済的平等には理解を示さない［カー，1953年］．

　社会主義者は，個人の生来の能力差の条件で，富の不平等を拒否する．資本主義は，競争的な行動を促進するように，人間の不平等を映し出す．すべての人々が同じ才能や技術をもって生まれるという無邪気な考えを，社会主義者はもたない．例えば，平等主義社会の意味はすべての学生が数学の試験で同じ点を取る社会を指してはいない．人間の不平等の顕著な形態は，生まれながらの不平等であるより，むしろ社会による個人への不平等の取り扱いの結果である．学力差は存在する．ただ，学歴差は通常，社会的要因の反映である．個々人は完全就学できるか，教育内容の質はどうであろうか．家族の教育への支援はあ

るか，客観的な教育環境の整備が，どの程度達成されたかなどで個人間の差は生まれる．

　最終的に，自由主義のように「形式的な平等の機会」を設けるだけでは，実質的に個人に不平等を押しつける．社会主義者は，すべての個人が自己の潜在能力を開花させる，実質的な補償として社会的平等を要求する．社会によって個人の能力差が生み出されるなら，その対処の仕方次第で社会的平等は可能である．社会的不平等は競争相手への憤り，社会的分裂を促進する．平等は各人を協調的，調和的，協力的にする．平等は共同体の核心部分でもある．

　もちろん，平等主義の極端な行きすぎが不平等を生じる．社会主義者の間では，社会的，経済的平等について同意はあるが，平等の範囲についての同意はない．マルクス主義者の考えでは，不平等は私的所有から生じる．富を所有するブルジョアジーとそれをもたないプロレタリアートとの間に経済上の不平等がもたらされる．マルクスにとっての平等の達成は私的所有の完全な廃止であり，同時に無階級社会の成就を意味する．言い換えれば，これは絶対的平等を到達できることを意味する．

　社会民主主義者は，資本主義の廃止より，その制限を要求する．不平等は財の不平等な所有でなく，賃金や給料の条件において，財が社会において不平等に分配される事実を反映する．だから，私的所有権の廃止は必要なく，社会において平和的により平等に分配される必要がある．したがって，社会民主主義者は公正な分配上を主張する．この平等の実現は富者から貧者への富の再分配を通じて可能である（例：福祉国家の拡大，累進課税制度の徹底）．

　資本主義は不平等を構造化する．自由主義の言う「機会の平等」は一見正当なことと理解されやすいが，各自に事実上の不平等を容認させる．個々人の収入や地位などの格差は各人の能力や努力にすり替えられる．不平等は競争相手を憎悪させ，社会を分裂させる．平等は各人を協調，調和，協力を促す．だから，「結果の平等」が要求される [cf. Wilkinson and Pickett, 2009]．

（5）　欲求の満足

　欲求（needs）とは，「何かあることを行うか，またはある存在する状態を到達するために必要とされるものに注意を向けること」である．

　欲求は欠乏（wants）とは異なる．欠乏は社会的，文化的な要因から形成されるが，未だ履行されない個人的な欲望である．欲求は必要に基づく程度の満足

があればよく，人間が存在できる基本的な内容である．欲求はあらゆる人々に当てはまる客観的，普遍的な問題である．社会正義の観点から人間の欲求を保証されるべきである．

　社会主義の平等は社会における物質的・経済的な利益や報酬の適切な分配に関わる．自由主義者は報酬を個人の能力に応じて分配され，人が資格を与えられること，すなわち仕事への能力と意欲に反映されるべき，と考える．保守主義者は社会問題を「運」や出生に基づいて大部分が決定されるので，物資的・経済的な分配に道徳的原則を適応する．

　社会主義は社会正義を中心とするイデオロギーである．社会正義は社会において富や報酬の公正で正当な分配観念である．同時に正義は公平さと不偏の道徳的基準である．欲求は欠乏や選好（preference）とは異なる．欲求は必要性に基づく言葉であり，満足を要求する．その満足は人間の存在を基本とする．このため，社会主義者は人間の欲求を基本的とみなす．欲求はジェンダー，国籍，宗教，社会的背景などに関係なく，あらゆる人々に属する客観的，普遍的な問題である．欠乏は社会的，文化的な要因から形成される個人的な判断の問題である．

　「社会正義の欲求に基づく理論（needs-based theory of social justice）」は人間の生きる条件において根本的な要求を指摘する．自由主義とは対照的に，社会主義者は自由や平等を対立する原理とは考えない．社会主義の自由観によれば，人間の可能性や自己実現を意味する自由を採用するのに積極的な姿勢を示す．この場合，食料，水，安全のような基本的な物理的欲求の満足だけでなく，より行動的な欲求の範囲も意味する．それは仲間意識，他者への愛情，創造的労働からの喜びなどという人間関係から生まれる．したがって，社会主義の視点からすると，平等への誘因は自由を拡大する手段である．

　「社会正義の欲求に基づく理論」の代表はマルクス主義である．「自己の能力に応じて各自から，欲求に応じて各自に」という標語に表わされる．社会主義を単純な「欲求の満足理論」と考えてはいけない．例えば，マルクスは共産主義の分配原理を，それへの移行段階である「社会主義社会」での分配原理と区別する．マルクスは，資本主義をひと晩で一掃できないこと，物質的誘因のようなものも社会主義社会でも残存することを認識していた．それゆえ，マルクスは，社会主義のもとで労働が個々人の貢献に応じて報酬を受け取ることになる，と認識する．労働者の身体的，精神的能力に応じて多様化する．社会主義

の正義は,「自己の労働に応じて各自が報酬を受け取ること」である. 欲求の基準は共産主義の基礎でもある. もっとも, 現代の社会主義者は, 欲求の満足を物質的分配の目的だけだとし, 貧困を根絶させることだけに限定する[カー, 1953年：49].

「社会正義の欲求に基づく理論」は常に資源の平等な分配を導くとは限らない. というのは, 欲求そのものが時折, 不平等になるからである. 例えば, 欲求が基準であるなら, 健康管理の分配基準は病気であるかどうかである. 病人は健康な人よりも国家資源から大きな支援を受け取る. ただ, 社会資源が別の状況に使用され, それによって享受できない人々が飢餓, 欠乏, ホームレス, 病気, 恐怖にあると認められることは非道徳的である.

しかし, ある人物の欲求が他者に道徳的に指図する考え方は, 自由主義や保守主義によっては共有されない道徳的, 哲学的前提に基づく. 自由主義者は, 貧者の欲求を満足させる再分配は富者の権利を侵害する, と論じる. 保守主義者は, 貧者の欲求を人間の普遍的な権利意識と見なせば, 富者も貧者も対等に扱ってしまうので, 欲求をその社会での歴史的, 社会的, 文化的要因の条件で考慮すべきである, と主張する.

(6) 共同所有

所有関係とは,「人と物との法的関係を指し, 他者との法的関係の対象物」である.

その場合, 人は自然人でも法人でもかまわない. 対象物は生産手段, 財, 資本である. 所有は集団的, 共同的, 公共的な形態を採用する. つまり, 公共善のための共同体・集団などによる管理である.

集団(主義)化(collectivization)とは,「私的所有の廃止と国家メカニズムを通じた公的所有制の包括システム」を意味する.

社会主義者は私的所有制度における競争と不平等を批判し続けてきた. この場合, 衣服, 家具, 家のような個人的所有物より, むしろ生産的な富や資本を意味する. 私的所有権に対する社会主義の批判がある.

第1に, 所有は不正義である. 富は人間の集団の努力で生産されるので, 共同体が所有すべきである.

第2に, 所有は物欲本能を引き起こす. 私的所有は人々を物質主義的な志向を身につける. 人間の幸福や業績が富の取得を通じて獲得できる信念を植え付

ける.「持てる者」はさらに富を望む.反対に,「持てない者」は富の獲得を夢見る.そうすると,人間関係を崩壊させる.

第3に,所有は社会紛争を生じる.私的所有は社会的対立を激化させ,社会を分裂させる.例えば,有産者と無産者,雇用者と被雇用者,富者と貧者,資本家と労働者の対立をエスカレートさせる.

社会主義者は,私的所有制度の廃止か,共同所有制かのいずれかに置き換えられることを提案する.マルクスは私的所有権の廃止,資本主義に代わる共産主義社会の構築を考えた.しかし,マルクスはどのように目標に到達できるかはほとんど語っていない.1917年ロシア革命後,社会主義者は経済を直接に国有化を通じて建設できると信じた.実際には,この過程はスターリンの「第2革命」で中央計画経済が建設される1930年代まで完成しなかった.「共同所有」は「国家所有」を意味する.ソ連は国家社会主義(state socialism)の一形態を展開し,合理的計画化に基づきながら,その経済システムは資本主義よりも効率的である.その経済計画(例:生産目標,価格,交換などの設定)は政府高官と計画委員会によって指示された.

社会民主主義は富が集団的に所有され,経済を合理的に計画される手段として国家に統制権限をもたせるが,産業形態は私企業が混在し,その目的は混合経済を構築することにある.例えば,イギリスでは1945年から1951年までのC・アトリー(1883-1967)労働党政権が主要産業の石炭,鉄鋼,電気,ガスの国有化を実行した.これらの産業を通じて政府は包括的な集団化をせずに全経済活動を規制することができる,と期待された.

その後,共同所有や公的所有は選択的となった.さらに,1980年代,1990年代の「新」修正主義(new revisionism)の時代では,解釈が変更される.共同所有は非効率,無責任なイメージが定着する.その点で現在の社会民主主義は共同所有を不要と考え,代わって「ダイナミックな市場経済」へと方向を変更する(例:「第三の道(third way)」)[ギディンス,2000年].

別の社会主義は,共同所有の目標が社会正義を今も維持できる,と主張している.国家権力を拡大せずに共同所有が達成できる.社会主義は国家所有,国有化,計画化という用語に結びついたが,社会主義にはリバタリアン的な系譜も存続する.例えばマルクスによれば,共産主義社会では国家は消滅する.小規模で自主管理による共同体を国家より共同体を形成する無国家社会を考えた.クロポトキンのアナルコ・コミュニズム(anarco-communism)は自給自足

の共同体の無国家・無政府社会を考えた．その社会では，人々は協力的，調和的に労働に従事する．そのほかの社会主義者は1948年以降の旧ユーゴスラビアの中心的な特質であった「労働者の自主管理」の考え方を主張していた．

3．様々な社会主義

（1） 空想的社会主義

社会主義には様々な形態がある［関，1987年参照］．空想主義（ユートピアニズム）とは，「人間の発達の可能性を無制限と信じ，その典型は理想的な社会を具体化させること」である．

サン・シモン（1760-1825），フーリエ，オーエンといった初期社会主義者たちの考え方である．その特徴は，生産様式とか，家族性とか，共同社会の本性にかなった社会生活の有効な形態を実践することにある．人間性の自然な源泉と調和するように構造化された社会では，人々は十分に満足できて，幸福で有徳な人間の条件がもたらされる．彼らの理想とする社会は，人間の能力を十分開花させる創造的な共同体である．そのため，空想的社会主義は当時の社会の経済と所有の関係を根本的な変換を主張した．

（2） 革命的社会主義（マルクス主義）

マルクス主義は，唯物論，ヘーゲルの理想主義，自由主義政治経済，空想的社会主義などを批判的に吸収することで，社会主義理論において支配的な地位を占めた．その特徴は社会の歴史に経済を支配する階級と支配される階級の関係を解釈することである［マルクス，1971年］．

あらゆる社会は経済関係を司る下部構造，それに非経済関係を担当する上部構造の2つの上下の構造に分けられる．社会生活の物質的，経済的条件はすべての社会の上部構造の基礎をなす．生産関係は，法的・政治的上部構造の土台となる．国家は社会の経済から生じる階級闘争を反映する．社会の物質的条件，生産関係，交換様式が変更するとともに，階級・政治関係も変化する．生産様式の向上は，資本主義社会において，プロレタリアート（労働者階級）とブルジョアジー（資本家階級）という階級闘争をもたらす．この階級闘争の終止符は資本主義を革命で打破することである（本書第7章参照）．

（3） 改良主義的社会主義

E・ベルンシュタイン（1850-1932）の修正主義［ベルンシュタイン，1960年］，イギリスのフェビアン主義，1959年ドイツ社会民主党のバート・ゴーデスベルク綱領，イギリスのクロスランド流の社会主義［クロスランド，1953年］などが代表例である．その特徴は次の通りである．

第1に，マルクス主義的な社会主義を拒否したことである．第2に，民主的な漸進主義的な政治改革の提唱である．第3に，混合経済の枠内で市場経済の役割を認めたことである．第4に，資本主義を批判してきたことである．資本主義は非道徳的であるより，むしろ非効率的，浪費的である．第5に，効率，平等，社会正義，様々な権利のいっそうの拡充の達成には，国家の活用を唱えたことである．改良主義的社会主義は1945年以降，現実の政治で成果を上げ，ヨーロッパ各国の福祉国家の発展と不可分の関係にある．

（4） 倫理的社会主義

倫理的社会主義は改良主義的社会主義に類似する．ただ，改良主義には倫理的動機づけには二次的な重要性しか与えないが，倫理的社会主義は倫理的側面を強調する．社会主義にとって，正しい価値観が重要である．資本主義には倫理的に欠陥がある．諸改革だけでは決して十分ではない．福祉制度，社会保障，無料の保健・医療，失業保険といった物質的権利を確立するだけでは，本当の社会主義に到達できない．まず，市民1人ひとりの道徳的変革を必要とする．国家は，教育を通じて，道徳的変革を促すことができるが，それで十分ではない．19世紀，20世紀を通じて，イギリス，フランス，ドイツのキリスト教社会主義はこの立場である．20世紀の「解放の神学」の主唱者はこの指針を表明する．

（5） 多元主義的社会主義

この特徴は国家に社会主義の導入，もしくはそれを推進する装置とは想定しないことにある．社会主義は自己組織化された労働者集団の多元性から生じる．その集団は行政と福祉の機能すべてを引き継ぐ生産者の団体である．多元主義的社会主義は国家と関係せず，労働者集団の多元性を信頼する．これにはアナーキズムの主張と重なりあう．

この見解はイギリスのギルド社会主義運動に典型的にみられる［コール，1929

年]．多元主義の見解によると，国家は市場に代わる官僚制や中央集権行政の強制手段にほかならない．国家を社会主義を実現する媒介手段と考えず，集団の活動を支援する機関である．

（6） 市場社会主義

市場社会主義とは，「市場の競争との関係で活動する自己管理できる，協同的な企業に基礎を置く経済システム」である．

市場社会主義は1980年代に登場した．この見解は改良主義が失敗したとの認識をもとに成立した．

その特徴は資本主義から切り離された市場経済が存在できることである．市場社会主義によれば，資本主義は市場抜きでは考えられないが，市場は資本主義抜きでも十分に機能できる．市場は経済効率だけでなく，平等，福祉，倫理への関心を喚起し，市場を社会主義という目標達成に利用できる．市場社会主義者は国家に懐疑的であり，市場の活動を前提にした非中央集権的な経済的意思決定を選択する．

また，自由の価値を保証する有効な選択能力が必要である．市場社会主義は，選択能力を最大化することを重視している．市場は分配機構の1つである．統制計画経済は認められない．一定の制限を加えたうえで，労働者の協同組合を支持する考え方もある．他の社会主義者には，この見解は受容できない．

第6章
社会主義の分類

> どんな政治的自由があっても，それだけでは飢えたる大衆を満足させない．
>
> （レーニン）

1．社会主義への道

(1) 革命的社会主義

社会主義内部では競合的な伝統と傾向に関して，2つの問題がある．

第1の問題は社会主義者が起草する「目標」や「目的」に関係する．社会主義者による定義は様々であり，それぞれの構想が異なる．

第2の問題は社会主義者間で目的達成のための「手段」について不一致があることである．社会主義に至る「道」は多様である．「社会主義への道」の選択は重要である．それは社会主義運動の性格を決定し，達成する社会主義の形態に影響する．ところが，「目的」と「手段」を区別するのはむずかしい．20世紀の社会主義の性格は，達成方法で「革命」と「漸進・改良」のいずれを選ぶかで大きく変わる．

革命とは，「根本的，不可逆的なシステムの変革」である．初期社会主義者は，社会主義の社会の実現を暴力革命によって実現できる，と信じた．初期に革命を主張した1人のA・ブランキ（1805-1881）は，革命による権力奪取を計画，実行するには小集団の「陰謀家」だけで組織することを考えた．マルクスやエンゲルスは，階級意識ある労働者が資本主義を打倒するため決起するプロレタリア革命を想像した．

階級意識とは，「階級利益とそれを実現する意欲を強調するマルクス主義」の用語である．

ところが，1917年ロシア革命では，レーニンとボルシェヴィキが指導した規

律，訓練された革命家集団が大衆反乱よりもクーデタに近い方法で権力を奪取した．当然，ロシア革命はその後の社会主義革命をめざす革命モデルとなった［レーニン，1957年］．

なぜ，革命は社会主義者を魅了するのか．産業化の初期段階では，労働者が過酷な貧困と失業で苦しむように不正義がまかり通った．資本主義は抑圧と搾取のシステムと考えられた．だから，労働者は政治的影響力の手段をほとんど選択できなかった．参政権は通常，当初中産階級が設定する財産資格によって制限された．参政権のない労働者には，社会主義の導入は革命しか手段はなかった．

マルクス主義は国家を階級抑圧の機関としか考えなかった．政治権力は階級利益を反映する．すなわち，国家は必然的に資本側に立った「ブルジョア国家」である．だから，政治改革や漸進的改良は意味がない．プロレタリアートは選択の余地がない．プロレタリアートは，社会主義社会の建設のために，まず政治革命でブルジョア国家を転覆しなければならない．さらに，政治革命は「プロレタリアート独裁」と呼ばれる一時期を継続する．なぜなら，革命は残存するブルジョアによる反革命に対処しなければならない．結局，無階級の社会になるので階級抑圧を必要とせず国家は消滅する．

マルクス主義者は「ブルジョア国家」を政治的民主主義だけでは改革されない，と信じる．レーニンは永続革命の必要性を説いた．「ブルジョア議会制の真の本質は支配階級が議会を通じて人民を抑圧するために数年ごとに選挙で決定することである」［レーニン，1957年］．議会制民主主義は階級支配の現実を隠ぺいするだけに機能する．それが「ブルジョア民主主義」である．

現在のマルクス主義者は単純な国家理論を修正する．国家が階級システムから「相対的に自立」することを認識する．第1に，R・ミルバンド（1924-1994）が指摘するように，国家の官僚（例：公務員，裁判官，警察官など）は特権的な階級出身者であり，当然，資本主義を防衛する［ミルバンド，1970年］．第2に，政府はどの程度経済で成長・繁栄を維持できるかで判断される．つまり，政府は実業界や産業界の利益への奉仕を強制される．第3に，N・プーランザス（1936-1979）の見解のように，どの政党が政権に就こうが，資本主義を維持するので，現行の社会システムを支えるのが国家の役割となっている［プーランザス，1978年，1981年］．

20世紀後半，革命への期待は先進国でなく途上国の社会主義者では顕著に

なった.1945年以降,多くの民族解放運動は植民地支配が交渉も投票もできず,武装闘争を繰り返してきた.1949年中国革命,1959年キューバ革命,1975年ベトナム民族統一などがそうである.同様な武装闘争はアジア,アフリカ,南アメリカで起こった.

(2) 漸進的(改良的・修正)社会主義

改良主義とは,「革命や反動の両方に反対して,漸進的,平和的な改善を目指す信念.改良や改革は問題の除去,統治能力の回復を工夫すること」である.修正主義とは,「ある理論へ修正された見解を提示する試みの中で,初期の解釈とは別の政治理論への改定や補正」である.

19世紀末,西ヨーロッパ,中央ヨーロッパの資本主義国家では,都市労働者は革命精神を失い,かつブルジョア社会に統合された.経済的繁栄にともなって,賃金上昇や生活改善が進展した結果,労働者はクラブ,労働組合,政党など自らの組織を発展させ始めた.その組織は労働者の利益を保護し,産業社会において安全保障と所属を確保した.さらに,政治的民主主義が次第に進展し,労働者に参政権が拡大する.これらの要因から,社会主義者は暴力的な手段を否定し,漸進的,「民主的」な方法を採用する.例えば,マルクスは晩年では,西ヨーロッパの先進資本主義諸国での社会主義への平和的移行の可能性を熟慮するようになった.エンゲルスもドイツ社会民主党が承認した選挙戦術を肯定した.もちろん,革命的な精神が支配したロシアのような経済的,政治的な後進国では,まだ革命的な社会主義が主流であった[エンゲルス,1955年].

イギリスでは,マルクス主義はほとんど受け入れられていない.社会主義者は1884年に設立されたフェビアン協会に影響された.この見解では,社会主義は自由主義や資本主義から自然に平和的に発展するはずとする.それは暴力革命より議会政党の立場で政治権力を求める.それゆえ,中立的な仲介者として,国家の自由主義理論を採用することになった.フェビアン協会は国家を階級抑圧機関とみなさない.社会のあらゆるエリートを教育し社会主義者に転向させることが可能である.エリートは,社会主義が資本主義よりも優れるので,社会主義を身につける[名古,2005年].

第一次世界大戦前,ドイツ社会民主党はヨーロッパ最大の社会主義政党であった.1912年には,ドイツ帝国議会で第1党になった.同党はマルクス主義を看板に掲げるが,実際の行動では改良主義に影響された.国家は,政治的民

主主義の拡大によって，労働者の利益に応じるようになり，社会主義は社会改革の漸進的過程を通じて実現できる．ベルンシュタインは改良主義・修正主義を展開した．彼は，現実的立場から，マルクス主義理論を修正した．民主化の進展は革命を不要とし，労働者は社会主義を導入するには投票箱に社会民主党への一票を投じるだけでよかった．社会主義は資本主義の発展的な結果である［ベルンシュタイン，1960年］．

　社会主義の改良・修正主義は，19世紀末から20世紀初頭にかけて，各国の社会主義政党を支配した（例：1891年オーストリア労働党，1892年イタリア社会党，1900年イギリス労働党，1905年フランス社会党など）．その結果，20世紀初め，第2インターナショナルが分裂する．一方でレーニンに指導される革命的社会主義者（後の共産主義者），他方にK・カウツキー（1854-1938）のような改良主義者がおり，両者が対立した．第一次世界大戦終了までに，社会主義と共産主義の各運動の間に亀裂が生じた．社会主義政党は選挙による平和的，合法的な方針に転換した．それに対抗して，革命的社会主義者は共産党（Communist Party）を結成し，革命戦略に忠実な路線を堅持した．

　第二次世界大戦後，特に1970年代に漸進的社会主義と革命的社会主義の差は次第にあいまいになった．スペイン，フランス，イタリアなどの西ヨーロッパ共産党は暴力革命を放棄し，議会政党として再出発する．いわゆるユーロコミュニズム（Euro-communism）である［野地，1978年；ベルリンゲル，1997年］．ユーロコミュニズムとは，「自由民主主義原理にマルクス主義を混ぜ合わせようとする，脱急進化した共産主義の形態」である．

　さらに1989年，東ヨーロッパ諸国の共産主義体制の崩壊，それに続く多元主義と選挙民主主義の確立は，競争政党システムの導入と，ソ連，東ヨーロッパ諸国での旧共産党に漸進的社会主義を承認させる．

（3）　漸進的社会主義の必然性

　19世紀後半，20世紀前半，政治的民主主義の登場で「社会主義の楽観論」はその運動全体に拡大した．「漸進（改良・修正）主義の必然性」をフェビアン協会の人々が予言した．漸進的社会主義が必然的だとする考えは，とりわけ目新しいものではない．その楽観論はいくつかの前提にある．

　第1に，参政権の拡大は必然的に普通選挙権を確立し，それは政治的平等の構築につながる．第2に，政治的平等は選挙結果を決定するうえで多数の利益

を反映する機能となる．政治的民主主義が労働者に権力を付与する．第3に，社会主義は労働者の「故郷」である．資本主義が階級搾取システムなので，労働者は社会正義と，桎梏からの解放を提示する社会主義政党を支持する．それゆえ，社会主義政党の選挙での勝利は労働者の数的強みによって保証される．第4に，政権を獲得すると，社会主義政党は諸改革を通じて社会の根本的変容を実行できる．この点で，政治的民主主義の普及は，社会主義を平和裡に達成する可能性を拡げるだけでなく，この過程を必然的と考える．

この楽観的な期待は現実化しなかった．民主的な社会主義は矛盾のうえに基礎づける．なぜなら，選挙で勝利するために，社会主義者はイデオロギー的信念を修正するか，薄めなければならない．確かに，社会主義政党は，北アメリカ諸国を除き，自由民主主義国では政権を獲得した．1936年スウェーデン社会民主労働党は単独政権あるいは連合政権の中心をなしてきた．しかし，同党は過去の選挙で過半数の支持を獲得していない．イギリス労働党は1951年49％，スペイン社会労働党は1982年49％，ドイツ社会民主党は1972年46％，イタリア社会党と共産党の両党は1976年44％がそれぞれの最高の支持である．社会主義政党は政権時に社会改革を導入したが，通常は福祉規定と経済管理を盛り込んだ政策を実行するだけである．資本主義社会は廃止されず，あくまでも改革レベルに留まり，根本的な変革に及んでいない．

結局，社会主義は創立時に想定できない問題のいくつかに遭遇した．

第1は労働者が先進産業社会では有権者の多数を構成するのか，という問題である．社会主義政党は伝統的に資本主義に敵対するはずの肉体労働者に選挙でアピールした．しかし，現在の資本主義は第二次産業から第三，四次産業に移行した．人々の多くは肉体労働よりも技術労働に従事する．この「新しい労働者階級」は通常，新産業で高収入を得ている．労働者は新しいタイプに変化した．その事情から社会主義政党はいくつかの点を考慮せざるをえない．

第2は，第1に関連することだが，いわゆる労働者の減少である．J・K・ガルブレイス（1918-2000）は，『満足の文化』［ガルブレイス，1993年］において，現代社会で「満足した多数派」に注目する．その多数派は，物質的豊かさと経済的保障によって，政治的に保守的・現状維持的な志向をめざす．社会主義政党は，労働者が社会主義政党を選挙で支持しないなら，他の社会階層への支持を求めざるをえない．中間層の政党との連合パートナーとして権力を共有する場合には，主義主張をトーンダウンしなければならない．社会主義政党は全有

権者にアピールするために社会主義を改良・修正しなければならない．

第3は労働者が本当に社会主義者であるのか，という問題である．社会主義は労働者の利益になるのだろうか．社会主義政党は資本主義の能力を認めざるをえなかった．特に1945年以降，長期に持続した高度経済成長の期間中，西側資本主義社会では，あらゆる階級は次第に豊かさを享受できる．1950年代から，社会主義政党は，徐々に豊かになった労働者にアピールする試みから政策を修正する［cf.Bottomore, 1965］．

同様な事態は，1980年代，1990年でも異なる条件で生じてきた．その条件はグローバル化（globalization）である．グローバル化とは，「人々の生活が遠くで起こった決定や出来事によって徐々に形成される相互連結性のある複雑に入り組んだ関係」である．

社会主義政党は経済的なグローバル化からの圧力や，資本主義の階級構成と調和する．社会主義は積極的に市場経済を機能させようとする．その方針変更は社会主義の性格をいっそう体制よりになる．

第4は社会主義内の左派・急進派が原理的な社会主義を放棄することを認めないことである．むしろ，左派・急進派は労働者が自律した政治的な判断能力を奪われたことを問題視する．例えば，マルクス主義者には労働者が自己の搾取される現実を認知できないのは，「ブルジョア・イデオロギー」が社会に浸透したからだと説明する．イデオロギー操作によって資本主義が温存されている．レーニン流に解釈すれば，階級政党のリーダーシップがなければ，労働者は階級意識をもたず，資本主義内での労働条件の改善だけの「労働組合意識」をもつだけである．

グラムシの主張によれば，ブルジョアジーは経済権力を通じてだけでなく，「イデオロギー・ヘゲモニー」によっても資本主義を支配する．この主張によれば，国民の見解や価値を形成する際にマスメディアの役割が重要である．資本主義国家のメディアは通常，政府から形のうえで独立するが，それが真の意味で政治的に独立と公平を確保するかを疑問視する［グラムシ，2001年］．

第5は仮に政権に就任しても，社会主義政党は社会改革を実行できるのか，という問題である．社会主義政党は西側諸国で単独政権を担当することがある．しかしながら，政権に就いた社会主義政党は，国家と社会の両方の利害関係に関わらなければならない．ミルバンドによれば，選挙で選出された政府は行政，裁判所，警察，軍隊といった「国家システム」と呼ばれるものの中でしか活動

できない．

　国家の中枢部にいる官僚は国民から選挙されることはなく，経済界の実力者と同じ社会的背景がある．これらの集団は階級バイアスから，社会主義政策を阻止する．さらに，選挙で選ばれた政府は，どのようなイデオロギーに基づこうが，現実には経済界を尊重しなければならない．それは経済での主要な雇用者と投資家であり，時には政党への資金提供者でもある．言い換えれば，社会主義政党は選挙で政権を奪取しても，本当の意味において，必ずしも権力を獲得しておらず，単に公職を配するだけに留まる［ミルバンド，1979年］．

2．共産主義

（1）　3つのレベル

　共産主義とは，「富の共同所有の原理．共産主義はマルクス主義原理に基づく運動や体制を言及するのに使用される用語」でもある．

　共産主義という用語は，1830年代半ばパリの秘密結社で初めて使用された．共産主義は3つのレベルで解釈される．

　第1のレベルはイデオロギーの点である．共産主義は社会生活の共同体組織という，富の共同所有に基づく未来社会を実現するためのイデオロギーである．

　第2のレベルは運動の点である．共産主義は労働者の革命的能力を用いて共産主義社会の建設を目指す政治運動でもある．

　第3のレベルは体制の点である．共産主義という用語はソ連，東ヨーロッパ諸国，中国，キューバ，その他の国々共産党が樹立した体制を説明する．それらの共産党が正統派共産主義とみなされる．いわゆる「現存する社会主義」を意味する．

　マルクス主義を説明するのは困難な場合が多々ある．厳密に述べれば，マルクス主義は1883年にマルクスが死去した後，特にエンゲルス，カウツキー，G・プレハーノフ（1856-1918）によって整理されたイデオロギーである．つまり，マルクス主義とは「マルクスのイデオロギーや理論を体系的，包括的に要約する試みの所産」である．

　マルクス主義は「弁証法的唯物論」として説明される．弁証法とは，「2つの相反する勢力間の相互作用がさらなる高次段階に導く発展過程である．社会の内部矛盾から生じる歴史的変化」である．

弁証法的唯物論とは,「正統派共産主義国家において,知的生活を支配するマルクス主義の現実には未達成であるが,理論的には決定的な形態」である.正統派マルクス主義の継承者は1917年ロシア革命後にソビエト共産主義を築いた.

（２）　マルクスの思考形成

　マルクスの思想形成は,ヘーゲルのそれの克服過程でもある.ヘーゲルは「国家」と「市民社会」との分裂をフランス革命から学んだ［ヘーゲル,1967年］.フランス革命が身分制を撤廃して,経済的な分業関係や階級関係を政治的関係から分離した.ヘーゲルは「市民社会」を「欲望の体系」,労働の世界であること,そこでは個人が自己保存を目的として他人を手段としか考えない「世界」とみた.人間の本質である普遍性と共同性は「市民社会」では実現できず,人間の倫理性を代表する「国家」(彼の場合,プロイセン) が「市民」を止揚する.マルクスは「市民社会」と「国家」の分裂を認めながら,この関係を逆転させることから,つまりそれによって,ヘーゲルの方法の克服から開始した.市民社会こそが国家の前提であり,国家の基礎である,とマルクスは主張した.国家の学たる法学や政治学は,市民社会の学たる経済学によって基礎づけらる.

　マルクスは人間の本質を共同体との一体感に求める.マルクスの論じる「人間の解放」は人間にその本来の共同体との関係を取り戻すことである.だが,市民社会こそが国家の基礎だとすれば,「人間の解放」は市民社会に共同的関係を樹立することで可能となる.

　フランス革命は自由で平等な人間からなる国家を創造した.しかし,この政治革命は本当に人間の共同体的関係を取り戻したのか.フランス革命は人間のエゴイズムを解き放った.政治や国家の領域では,共同体を実現したが,市民社会の領域では利己的人間を創造した.「市民社会」は個別化し,個人主義化し,利己主義化した.すなわち「欲望と労働と私益の世界」である［マルクス,1974年］.

　マルクスは市民社会を分析する中で,市民社会の実態である労働の世界に到達する.マルクスはスミス流の市民社会を「疎外された労働の世界」と捉えた.人間解放のため,労働の世界に共同体を取り戻さなければならない.それらは共同体一般でなく,「労働共同体」の実現でなければならない［マルクス,1964年］.その状況では,労働者は,労働によるあらゆる富の源泉とその成果を奪われ,しかもそれは労働者に分配されずに資本に蓄積される.労働それ自体が人間ら

しい自由な創造的な活動でなくなる．人間と人間とが資本と労働の関係で対立する．マルクスは市民社会を資本と労働の対立する階級社会と把握する．

単純化した意味では，共産主義は財の集団所有を基礎とした社会主義の共同体組織である．理念として，共産主義はマルクスのイデオロギーと結びつく．マルクスにとって共産主義は富が共同所有する無階級社会を意味した．生産が人間の欲求に適合させる自主的な調和と自己実現を許容するので，国家は消滅する．正統派共産主義の中心特徴は次の通りである［Heywood, 1997：33］．

① マルクス・レーニン主義が「公式イデオロギー」である．
②「民主集中制」の原理で組織される共産党は政治権力を独占する．
③ 共産党支配は，国家機構を支配する意味で，国家と党の機構の融合を意味する．
④ 共産党は，経済，教育，文化，レクレーションなどの諸制度をコントロールするので，社会の「指導的な役割」を演じる．
⑤ 経済生活は国家集団化に基づき中央計画システムを通じて組織される．

3．古典的マルクス主義

(1) 哲　　学

古典的マルクス主義は資本主義が滅亡する理由と，社会主義が資本主義に取って代わる運命にある理由を説明する歴史哲学である．マルクスは，この考えを『フォイエルバッハ論』で提示した［エンゲルス，マルクス，2005年］．「哲学者は様々な方法で世界を解釈のみしたが，問題は世界を変革することだ」の言葉にあるように，社会理論の考察と社会主義への道程の両方を解明することを課題とした．

マルクスのアプローチが他のイデオローグと異なるのは，彼が「歴史の唯物

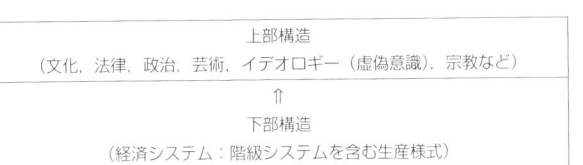

上部構造
(文化，法律，政治，芸術，イデオロギー（虚偽意識），宗教など)
⇑
下部構造
(経済システム：階級システムを含む生産様式)

図6-1　史的唯物論の社会構造

論的概念」や「史的唯物論 (historical materialism)」と呼ぶものを説明し，それを実践した点である．

史的唯物論とは，「経済という下部構造が法，政治，イデオロギー，文化，その他の社会の上部構造を最終的に規定し，それに応じて社会が歴史的な変遷を経て共産主義社会に到達する」，とするマルクス主義の歴史理論である．マルクスは社会の発展を「歴史の唯物論的概念」や「史的唯物論」から説明した．

まず，社会理論である．マルクスはヘーゲルの観念論 (idealism) を拒否した．ヘーゲルは，歴史がいわゆる「世界精神」を展開する，と信じた．これに対して，マルクスは社会的，歴史的発展の全形態の根本をなす物質的条件を考察した．これは存在・生計のための手段が全人類の活動の中で決定的だとする信念を反映した．人間は食料，水など生活の保障なしには生きられず，生産はすべての生活面を条件づける．要するに，「社会的存在が意識を規定する」と考え，マルクスは社会意識と法や政治などの「上部構造」が「経済的基礎」（社会の真の土台）に規定される，と示唆することで自己の理論を明確化した．「下部構造」は経済システムや生産様式から成立している．経済システムとは，封建制，資本主義，社会主義などを指している．マルクスは，上部構造にある政治，法，文化，芸術，生活，イデオロギーその他の側面が基礎にある経済要因との関連で説明される，と結論づける．

次に社会理論を歴史発展論的に考える．ヘーゲルは，新しい命題を順次構成するより高次レベルという命題を生み出すために，命題と対立する諸勢力（つまり反命題）間の葛藤を通じて自己実現に向かう「世界精神」の運動を説明した．マルクスはヘーゲルを批判し，歴史変動の原動力が弁証法的である，と批判した．それは発展を高度な段階にまで導く，競争を繰り返す諸勢力間の相互作用過程である．進歩は内部対立の帰結である．マルクスはヘーゲル的な弁証法に唯物論的解釈を付け加える．したがって，マルクスは私的所有の存在から生じる各生産様式内の内部矛盾と関連させて歴史変動を説明する．資本主義は，プロレタリアート（「資本主義の墓堀人」）という反命題を具体化するので破滅を運命づける．それゆえ，資本主義内の対立は社会主義社会，さらに共産主義社会の建設に向けてのより高次段階を導く［カー，1953年］．

全社会生活の総体的な基礎でなく，現在のブルジョア社会で想定される特定の歴史形態のみが問題である．その回答はブルジョア社会を構成する経済，階級，その他の関係を変更することである［Korsch, 1971：25］．

マルクスは歴史を4段階に区分した．各段階を経済構造と階級制度に特徴づける［マルクス，2002年］．

第1段階は無階級の原始共産主義社会である．第2段階は奴隷制社会である．奴隷主と奴隷の階級が対立する古代社会である．第3段階は封建制社会である．領主と農奴の敵対する階級で特徴づけられる．第4段階は資本主義社会である．ブルジョアジー（資本家階級）とプロレタリアート（労働者階級）との闘争を特徴とする．人類の歴史は抑圧階級と被抑圧階級との「闘争の歴史」でもある．被支配階級が革命を実行し，今度は労働者が支配階級に位置し，その進展によって階級が消滅し，無階級社会になる．つまり，社会主義革命から共産主義社会の実現によって階級闘争の歴史は終了する．それゆえ，人類の歴史は抑圧者と被抑圧者との「階級闘争の歴史」でもある．

マルクスは「歴史が終わる」と考えた．つまり，「歴史の終わり」は社会が内部矛盾や敵対関係を具体化しなくなる時に成立する．このことはマルクスにとって，生産による富の共同所有に基づいた無階級社会，つまり共産主義の樹立を意味し，そのことで「人類の前史」が解決される．

（2）経　　済

資本主義とは，「富が私人，実業界に所有される経済システム．市場の指示に従って交換のために生産される」ことである．

市場とは，「非個人的経済力」（＝市場の力）によってコントロールされながら，売り手と買い手の間の商業的交換システム」である．

共同体社会では，人間は直接，人格に結びついたのに，近代市民社会は，分業の視点からすれば，物と物の交換を媒介にして編成される．それは特殊な分業社会である．そこで人間を把握するためには，物と物の関係に成立する客観的な関係を考えなければならない．

資本主義は人間の性格を歪める傾向が備わる．本来の性格は自由で生産的な労働経験を通じて技術・才能・理解力を開発する自己能力である．だから，マルクスは，初期において，「疎外の観念」に基づき資本主義を批判した．

疎外（alienation）とは，「人間の純粋で本能的な性質を分離させること．資本主義のもとで労働が単なる商品に還元され，労働が創造的，実用的な人間よりも，脱人間化した行動となる過程を説明するマルクス主義用語」である．

資本主義は交換のための生産システムなので，人間を労働の生産物から切り

離す（「疎外」）．人間は利潤を求め「商品」を生産する．大部分の人間が監督者や経営者の監視のもとで労働を強いられるため，人間は労働過程から疎外される．さらに，労働が社会的でないから，個人は自己利益のみを追求し仲間を疎外する．最後に，労働者自らが自分を疎外する．

マルクス主義理論は，人間に自由な主体としての活動＝労働を回復することを求めた点で，共産主義の理論でもなく，財貨の共同体でもなく，自由な活動としての「労働の共同体」の実現を実行するイデオロギーを考案した．このイデオロギーや運動の担い手はプロレタリアートである．プロレタリアートは農奴とちがって自由な人格と自己の階級・生活条件との間に何ら必然性をもたない．プロレタリアートが人格を主張すれば，階級関係そのものを破棄しなければならない．ここからプロレタリアが階級を廃止し，人格的活動として自由な労働を取り戻す運動として共産主義が成立する．

マルクスの後期の著作において，資本主義社会は社会階級間の対立と搾取の条件で分析される．

社会階級（social class）とは，「経済的，社会的な諸要因に基づいた社会的区分である．社会階級は類似した社会経済的な立場を共有する人々の集団」である［cf. Bottmore, 1965］．

人々は労働体験と社会経験を共有する．もちろん，マルクスは労働者と中産階級を区別する地位や所得のような要因を基準とする意味では，階級という用語を使用しなかった．そうではなく，人々が「生産手段」「生産的な富」を所有する関係において，つまり経済力の条件で階級を定義した．

マルクスは，人々を「生産手段」や「生産的な財」を所有するか否かで，ブルジョアジーとプロレタリアートの2階級に区分した．ブルジョアジーは，生産的な富を所有（権）に頼って生活する資本家階級から構成される．プロレタリアートは自己の労働を売る（商品化する）ことで財産のない大衆から構成される．正確に述べれば，プロレタリアートは労働者（肉体労働者）と同義語ではない．

「これまでのあらゆる社会の歴史は，階級闘争の歴史である」［マルクス，1971年］の有名な一節が示すように，階級制度の分析は歴史の理解と，同時に将来の資本主義の発展を予測する．

変革の担い手は個人，政党，運動よりも階級である．階級関係が和解しがたい敵対関係である．従属階級は「支配階級」によって必然的，体系的に搾取さ

れるからである．プロレタリアートはブルジョアジーに搾取される．そのことは「剰余価値」理論で説明される．

　剰余価値（surplus value）とは，「資本主義において，プロレタリアートがその労働で得られる賃金の一部をブルジョアジーに搾取される価値」のことである．資本家は労働者に少ない賃金を支払い，本来支払うべき「残り分」をプロレタリアートから奪い取る．従来の経済学では，市場力が価値を決定する．しかし，マルクスは労働価値説を主張した．これは商品の価値が生産に費やす労働量を反映する．資本主義の利潤追求は労働者から「剰余価値」の抽出を通じて可能である．ゆえに，搾取は資本主義の生産様式には不可欠な要素であり，個々の雇用者とは関係なく機能する．[2]

　マルクスは，資本主義が不安定であるだけでなく，資本主義の発展も分析した．特に，周期的な過剰生産による経済危機の原因に注目した．現在の危機は利潤率が落ち込むので，その前の危機よりも厳しくなる，とマルクスは予測した．独占や少数の資本の集中によって，労働者以外の階級も没落する．ところが，生産を向上させるのは，労働者をもっと必要とする．搾取される大衆は資本主義社会ではますます圧倒的な多数を占める．

（3）政　　　治

　プロレタリアートは国家を廃絶する．国家は，市民社会で個別化された諸個人と，その諸個人を包摂する諸階級を，一見すると共同体のように表現する政治形態だからである．労働者は「労働＝商品」の所有者として自由な市民であることを一見保証される．しかし，生産の現場では，労働が商品として資本の支配下にある．確かに，労働者が労働の主人になることはなく，常に労働力を「商品」にするのが資本主義における国家の役割である．だからこそ，資本主義という階級社会を共同体に変革（＝社会革命）できるのはプロレタリアートだけということになる．

　社会革命（social revolution）とは，「マルクス主義にとって，社会革命は資本主義生産様式と私的所有制度の変革」を指す．社会革命はブルジョア革命を経験した資本主義国で生じる．

　マルクスの重要な予測は，資本主義がプロレタリア革命によって転覆すると運命づけられた点にある．それは単に統治エリートを移し替え，国家機構を変更する政治革命だけでなく，新しい生産様式を樹立し，完全な共産主義社会を

達成する社会革命でもある．社会革命はブルジョア革命を経験した成熟した資本主義国で起こるはず，とマルクスは期待した．

　生産力とは，「財貨を生産するために使われる自然物と自然力とに対する人間の関係」を表わす．労働者は人間社会のどの発展段階でも社会の基本的な生産力である．先進資本主義国では，生産力が資本主義システムの限界を超えるまで膨張する．けれども，革命は客観的，主観的の両条件が「整った」ときに生じる．主観的条件は「階級意識ある」プロレタリアートに準備される．プロレタリアートは搾取の事実を認識し，自覚的に革命勢力となる．革命は自然発生的な行為である．

　革命の最初の目標は，ブルジョア国家の廃絶である．国家の目的は，国内において生産手段の所有者の支配を保証する法律的原則を維持することである［ラスキ，1952年：211］．マルクスは国家への理解を彼の思想形成で前期と後期で分けている．前期では，「近代国家の行政はブルジョアジーの共通する問題を管理する委員会である」［マルクス，1971年］．国家は，経済的な支配階級のための抑圧手段である，と考えた．後期では，国家の主要な役割は対立する階級間を調停し，階級制度を維持するので，国家は支配階級から「相対的に自立した機関」である，と考えた［マルクス，1954年］．

　マルクスは国家機構を変革する2方法を考えた．1つはヨーロッパ大陸諸国での一挙に暴力的手段によってブルジョア国家を打ち砕く方法である．もう1つはイギリスなどの最先進国での平和的に目的を達成する漸進的な改革の方法である．

　もちろん，革命が成就しても，資本主義から共産主義への即時の移行はありえない．その発展の「社会主義段階」でも階級の敵対関係のために，「プロレタリアート革命独裁」が存続する．実際，過渡期のプロレタリア国家は残存するブルジョアジーによる反革命を防止することで革命の成果を守る．その後，完全な共産主義社会の登場する頃から，階級の敵対関係が次第になくなるにつれ，国家は「消滅」する．国家は，階級制度が廃絶されると，存在理由を失う．共産主義国家は商品生産システムを人間の欲求を満足させるシステムに取って代わる．共産主義社会では，階級も国家も存在しない．そこで初めて人間は自己の運命を決定し，自己の潜在能力を完全に実現できる．

　1）この予測は保守主義者からも出された［石田，1963年］．1962年当時の社会党穏健派

による「江田ビジョン」[江田, 1962年] が発表され, それに危機感を抱いた自民党からの社会状況分析であった.
2) 初期フランシスコ修道会士は, 所有権がなくても最低の生活物資を確保できるとして, 所有権を否定した. ローマ教皇から所有権を正当化する措置がとられた [アガンベン, 2014年]. ここまで徹底しなくても, のちのキリスト教民主主義には, 所有権の共有化, 再分配, 弱者救済などで「社会主義」的な性格がある.

第7章
2つの社会主義

> 鉄砲から政権が生まれる．
> (毛沢東)

> 自らの道を歩め．他人には好きに語らせよ．
> (マルクス)

> 理想主義のない現実主義は無意味である．現実主義のない理想主義は無血液である．
> (ロマン・ロラン)

> マルクス主義的社会主義もまた，墓穴の此方に天国を約束する宗教の一派に属する．
> (シュンペーター)

1. 正統派共産主義

(1) ロシア革命

　正統 (legitimacy) とは，「既存や伝統の見解に忠実なこと．通常は『正式』な承認や支持を享受すること」を指す．共産主義にも正統と異端が存在する．

　20世紀に発達した共産主義は，マルクスとエンゲルスの理論と信念にもとづく．しかし，共産党が政治権力を獲得，維持する過程でマルクス主義は改訂，拡大解釈された．共産党が政権を獲得した国は，マルクスの予測に反して経済的に遅れたロシアや中国のような未発達な資本主義国であった．したがって，ロシアで樹立された共産主義体制は，ソ連の歴史的条件や現実的要因によって他国に大きな影響を与えた．その結果，20世紀の共産主義はマルクスが描いた説明とは異なっている．

　20世紀の共産主義はロシア革命とその帰結に影響される．1917年10月ボルシェヴィキ（ロシア共産党）がクーデターで政権を奪取し，世界で初めて社会主

義革命を成功させた．「ボルシェヴィキ(Bolshvik)」という用語はロシア語で「多数派」を意味する．ボルシェヴィキは1903年第2回社会民主労働党大会での論争に勝利した一派閥であった．1918年ボルシェヴィキ共産党を正式の党名に採用した．1919年に結成された共産主義インターの「コミンテルン（Comintern）」を指導した．当時の共産党の性格は，改良主義の排除，中央集権的な「鉄の規律」の確立，コミンテルン（本部＝モスクワ）の決定優先によって特徴づけられた．その後，少なくとも1950年代までボルシェヴィキ指導者は共産主義の世界では権威をもっていた．

　第二次世界大戦後，共産主義体制は，1945年以降の東ヨーロッパ諸国，1949年中国，1959年キューバで次々と樹立した．なかでもソビエト共産主義は共産主義支配の正統なモデルとなった．つまり，マルクス・レーニン主義は共産主義の支配的イデオロギーとなった．

　ところが，ボルシェヴィキの共産主義モデルは，ロシアの特殊な歴史的条件に負っている．まず，ロシアは経済的に途上国であった．当時のロシアが封建的な発展段階にあり，ブルジョア革命以前の資本主義発展の途上にあるので，社会主義革命の前提条件にはほど遠い状態にあった．1906年L・トロツキー(1877-1940)が「永久革命（継続革命論）」を提案するまで，ロシアでの社会主義の達成は理論上，予想できなかった［トロツキー，2008年］．

　永久革命とは，「トロツキーが労働者による資本主義の打倒という，マルクスの予言を使いながら，農業国ロシアの後進的，半封建的な社会に社会主義革命を実行するために発展させた概念」である．

　トロツキーは，「経済的に遅れた国のプロレタリアートは資本主義が進歩する国よりも，早く権力を獲得できる」と述べる．ロシア革命では，プロレタリアートが主導権を握り，封建制と資本主義が引き続いて打倒され，プロレタリアート独裁が樹立される．革命は，プロレタリアートが国民の過半数になる以前に勝利するし，「権力を獲得したプロレタリアートは農民の解放者として，彼らの前に現われる」と．

　第1に，「永続革命」が必然である．資本主義とブルジョア革命が達成され，プロレタリア革命を西ヨーロッパ諸国において，社会主義者が革命を準備する間，ロシアの少数のプロレタリアートの任務は革命を展開し続ける．ロシアのブルジョアジーは安定した資本主義社会を確立するほどの存在ではない．したがって，ロシアは未熟な資本主義を社会主義革命まで一気に達成可能になる状

況にあった．

　ブルジョア革命と社会主義革命の2つの革命が一体として遂行される．農民は労働者には同盟者であるが，土地を手に入れると，社会主義に敵対的となる．そうなると，途上国ロシアのプロレタリアートは西ヨーロッパ諸国のプロレタリアートの支援なしには自立できない．だから，ロシアのプロレタリアートは，革命をヨーロッパ諸国全体に伝搬させないと自らを守れない．「ロシアの労働者は政治的解放を先導役になることによって……世界的規模の資本主義の清算者となる」．ただ，西側諸国の労働者が革命を決起しなかった．それがスターリンに永久革命を否定されることにもなった．

　第2に，ロシアの革命前の帝政ロシアは専制国家であった．その政治は抑圧的，専制的なツァー支配による半封建的な支配であり，立憲制度や議会主義が育っていなかった．ツァーは厳しい弾圧・抑圧を国民に加えた．ブルジョア革命を体験しなかったロシアは，自由主義や民主主義の根拠はなかった．

　第3に，ボルシェヴィキは政権に就いても国内外からの脅威と闘わなければならなかった．1921年までに反革命軍との内戦があり，それを支援する英仏米日の軍隊がソ連への内政干渉を行った．共産主義体制は国内外の政治的安定を保持し，「階級の敵」から体制を防衛する手段を講じざるをえない．

　政治的不安定と経済的後進性は「プロレタリアート国家」を次第に中央集権的，全体主義的な国家に変貌させる．

　全体主義（totalism）とは，「市民社会と『私的生活』を廃止するので，国家があらゆる社会制度に浸透し，管理する政治支配のあらゆるものを包み込む過程」である．

（2）　レーニン主義

　レーニン主義（Leninism）とは，「マルクス主義へのレーニンの理論的な貢献を指し，特にプロレタリアートに階級意識をもたせるまで指導する革命政党や前衛政党を不可欠とする考え」である．

　レーニンにとって，権力獲得理論の確立と共産主義支配の樹立という2つの問題をいかに実現するかが課題であった．議会政治が単にブルジョアの「ごまかし」にすぎない．

　ごまかしとは，政治権力が定期選挙によって実現されることである．議会政治はブルジョアジーがプロレタリアートを「ごまかす」懐柔策である．「ブルジョ

ア議会の本質は支配階級が議会を通じて人民を抑圧し，圧迫するため数年ごとに選挙で決定することにある」(レーニン)．国民は選挙の時だけ「主人公」であり，それ以外の機関は「観客」にすぎない．プロレタリアートは選挙で政権を獲得できない．だから，権力を武力で奪取しなければならない［レーニン，1957年］．

　レーニンは資本主義を打倒した後，「完全な共産主義」の到達までに，プロレタリアートが一時的に独裁を実行するというマルクスの主張を実行した．「階級の敵」から革命を保護しなければならない．したがって，革命後，プロレタリアート国家の構築は急がれなければならない［レーニン，1971年］．

　レーニンの理論によれば，資本主義が未発達の途上国では，社会主義への道が可能である．ブルジョアジーもプロレタリアートも弱体である．プロレタリアートはブルジョアジーでなく農民と同盟し，前衛政党のもとに指導される．革命はブルジョア革命を経ずに社会主義革命に進む．

　レーニンは，特にロシアのような遅れた国では，プロレタリアート自らが革命的な階級意識を身につけない．だから，労働者の「真の敵」が資本家とは認識できない．なぜなら，労働者はブルジョア思想に惑わされるからである．例えば，賃金上昇や労働条件の改善などで，労働者は反資本主義的にはならない．共産党が労働者を「労働組合意識」から解放され，革命的な階級意識を植え付ける．だから，共産党は専従革命家から構成され，労働者の真の利益を代表し，労働者に革命意識を目覚めさせ，「鉄の規律」をもった「プロレタリアの前衛」として活動する．共産党は民主集中制（democratic centralism）で組織される．

　レーニンが労働者に外部から革命理論の注入を重視する根拠は，先進国の労働組合にみられる社会主義運動の一般的な性格と，途上段階のロシアにおける特殊な性格との双方にある［水田，1971年：115-116］．

　民主集中制とは，「議論の自由と行動の厳格な統一性との想定されるバランスに基づくレーニン主義的な党組織の原理」である．民主集中制は，「少数」が「多数」の意見を受け入れ，党下級機関は上級機関の決定に従事すべきことを意味した．共産党はイデオロギーを指導する立場から党内を中央集権的に規律づけた．

　ところが実際の民主集中制では，党の下級機関は上級機関の指揮下に従属する．党は上の最高幹部から下の大衆レベルの各組織に至るまで連結する．軍隊的な指揮系統で構成される．制度上は党内の民主主義は党の各レベルで自由に

議論ができ，上級機関に進言できる代表を選出できるものである．

　1920年までに，ロシアは一党独裁国家となった．プロレタリアートの利益を代弁し，究極の目標（＝共産主義建設）に向けて始動する責任を唯一もつ，一党による独裁制が必要となる．さらに，共産党は，共産主義国家内の政治的権威の中核機関として，支配政党でなければならない．つまり，共産党は政府や全制度の中で指導的な役割を担う．ゆえに，正統派共産主義国家は政治権力とイデオロギーを独占した共産党を備える．

（3） スターリン主義

　スターリン主義（Stalinism）とは，「J・スターリン（1878-1953）が支配するそれの社会構造に基づいた，体系的で残酷な政治的弾圧によって支えられる中央集権計画経済」である．スターリズムは一党独裁を通じて批判勢力を一掃する全体主義体制の一形態である．

　ソビエト共産主義は，レーニンよりスターリンの支配に大きく影響された．1924年スターリンは「一国社会主義（Socialism in One Country）」を宣言した．国家による集団化，国家社会主義（state socialism）の採用である［カー，1987年］．

　国家社会主義とは，「国家が経済生活を管理，監督する社会主義の一形態であって，理論上は国民の利益に基づいて行動する」考え方である．トロッキーの永久革命は社会主義の祖国を守るにあたっては冒険主義の害悪をもたらす，とスターリンは考えた．スターリンは国際革命を求めず一国単位の社会主義の建設に着手した．

　1924年レーニン死後，スターリンは経済・政治の変革を開始した．1928年スターリンは最初の5カ年計画を発表し，翌年から実行に移した．農業は集団化し，それにともなって数百万の農民が自分の土地から国家や集団の農場に強制移動させられた．経済的なスターリン主義は国家集団化や国家社会主義の形態を採用する［スターリン，1953年］．

　国家社会主義とは，「国家が経済生活を管理，監督する社会主義の一形態であって，理論上は国民の利益に基づいて行動する」．資本主義の残滓は完全に除去され，中央計画経済システムに置き換えられ，モスクワの経済官僚による統制が実行された．

　スターリンによる一国社会主義の建設と防衛は，国内的には1928年の5カ年計画を通じて，「ソ連は国際プロレタリアートの唯一の祖国であり，……資本

主義諸国の攻撃から全力を挙げて守ることが，国際プロレタリアートの義務である」とする綱領（1928年9月コミンテルン第6回大会で採択）の方針を各国共産党に厳守させた．その過程で，ロシアを含めた各国共産党の粛清が続いた．それがスターリン体制を強固なものとした［水田，1971年：152-153］．

スターリンは共産党総書記の立場を利用した．総書記は党機構の影響力あるポストを指名する権限を保証される．党官僚は組織内の下部から選出されるよりも「ノーメンクラトゥーラ」として上から任命される．民主集中制は非民主的でより中央集権的である．だから，党幹部が情実や昇進を利用して権力を獲得した．1930年代スターリンは秘密警察（NKVD）を使って非忠誠的，批判的な分子を暴力的に粛清した．

(4) 共産主義世界の多様性とその崩壊

1953年スターリンが死去するまで，ソビエト共産主義は東側世界では絶対的な存在であった．ソ連は第二次世界大戦でファシズムに勝利した先進産業国であり，東ヨーロッパ諸国や中国などの共産党にまで影響を与えた．この時期までソビエト共産主義へのマルクス主義の立場からの批判者はトロツキーであった．トロツキーは，ソ連の「官僚的な堕落」と特権的な官僚層を打破し，本来の社会主義の道に引き戻す必要がある，と批判した[1]．

スターリン死後，ソ連の内外でスターリン批判が現われる．1956年N・S・フルシチョフ（1894-1971）は第20回ソ連共産党大会において「スターリン批判」［フルシチョフ，1977年］を行い，ある範囲に限定したとはいえ，「文化的雪どけ」や経済の脱中央集権化を試みた．1950年代ソ連批判を強めた中国共産党主席の毛沢東（1893-1976）は「大躍進」政策を採用し，ソ連共産党との政治路線の相違から中ソ論争，次いで中ソ武力衝突と，1960年代にソ連との関係を断絶した．共産主義世界は一枚岩でなくなる［小島，1987年］．

共産主義国家は改革を実施したことがある．東ヨーロッパ諸国では，1950年代にポーランド，ハンガリーで反ソ動乱が起こった．チェコスロバキアでは1968年の「プラハの春」において，「人間の顔をした社会主義」が叫ばれ，市民的，政治的自由の回復，秘密警察の制限，競争的政党システムが一時的に導入された．その指導者A・ドプチェク（1921-1992）は正統派共産主義とは異なった「人間の顔をした社会主義」を試みた．その内容は，市民的自由，政治的自由の回復，秘密警察の制限，競争政党システムの導入である．しかし，1968年

8月にワルシャワ条約機構軍が軍事介入し，その結果，親ソ連体制に戻った．

ユーゴスラビアでは，スターリン的な中央集権体制は当初から採用されていない．国土の85％以上が私的所有制を採用され，産業も労働者による自主管理で操業された．1968年以降，経済的な脱集権化はハンガリーの「新経済メカニズム」の一部として導入された．これらの改革はソ連型の中央集権化への対案である．これは市場社会主義と呼ばれた．このモデルは，資本主義の階級制や私的所有権の再導入なしに，市場の利点を活かそうとする．この経済的な実験は労働市場が存在しない「社会主義」，労働者の協同組織による支配の観点で，協同組織が市場で競争するので，中央集権経済とは異なる．

1970年代年イタリア，フランス，スペインの共産党は西ヨーロッパ型のユーロ・コミュニズムを宣言し，モスクワの指令から距離をおく姿勢を示した［安原，1978年：野地，1978年］．ユーロコミュニズムは，①自由民主主義への参加，②プロレタリア独裁の放棄（＝暴力革命の否定），③複数政党システムと民主的・平和的な政権交代の承認，を特徴とする．日本共産党もそれに類似する「先進国革命」を宣言した．西ヨーロッパ各国の共産党は漸進的，平和的な社会主義への移行をめざす［マルシェ，1977年］．

西側共産党は漸進的，平和的な社会主義への移行を目指してレーニン主義を削除した．それとともに西側共産党は自国の憲法や選挙に基づいた自由民主主義を遵守する議会政党への道を本格化し始めた．この理論によれば，国家が階級支配の手段である点を改め，国家は階級制度から「相対的に自立性」を備え，一部の支配階級を除くあらゆる社会階級に接近する．

また，現実の政治において，共産党は他党との連立政権にも参加する準備があるとし，前衛政党論を否定した．例えば，イタリア共産党は短期間(1977-1978)，キリスト教民主党と政権をともにした．いわゆる「歴史的妥協」である［ベルリングェル，1977年］．フランス共産党も1981年から1984年にかけて社会党首班の政権に参加した．

西側共産党はプロレタリア独裁を放棄する．つまり，政治的多元主義を受け入れることを意味する．西側共産党は根本的な思考では正統派共産主義と決別し，その実践活動においては社会民主主義政党と変わらなくなった．西側共産党は現実政治の経験からスターリン主義と反する「現実主義」を身につけるようなった．いわば，ユーロコミュニズムは，西側共産党が自由民主主義的方法を自ら部分的に「社会化」してきた戦後30年の中の表現形態のある部分でもあっ

た，と理解できる．モスクワ支配からの離脱は，正統派共産主義だけがイデオロギーの正統性を独占しないことを意味した．

　共産主義の変遷とともに，冷戦終結に至る1989年から1991年までの一連の出来事でさらに社会主義には激動の時代を迎えた．例えば，1989年イタリア共産党は正式に社会民主主義綱領を採用し，翌年には党名を左翼民主党（その後，左翼民主主義者）に変更した．この動きはマルクス主義の放棄や，民主化，フェミニズム，エコロジーなどの多様な形で路線変更を1990年代に採用する姿勢でもみられた．

　1989年は共産主義の歴史では劇的な分水嶺となる．世界の多くの共産主義国家において，反政府デモ・抗議運動が共産党支配を揺るがした．中国では，天安門事件が同年6月に起きた．同年秋から冬にかけて，東ヨーロッパ諸国で共産党政権が次々と崩壊した．ベルリンの壁は11月10日に崩され，同年末までにヨーロッパの東西を分断していた「鉄のカーテン」も消滅した．そこで露呈された現実は一党支配の権力構造の歪みと恣意性，中央統制計画経済の非効率性，人間の経済的動機に対する配慮のなさなどである．

　これらの劇的な出来事のきっかけは，ソ連の政治リーダーシップの変化で可能になった．1985年共産党総書記にM・ゴルバチョフ（1931-）が指名された．ソ連の経済の停滞と非効率性を公式に認めたうえで，彼は「政治権力をもつ上からの再建という『革命』」に着手した．3つの目標を決定した．

　第1はソ連にとって最重要課題であった「経済の再構造化」，つまり「ペレストロイカ（経済改革）」である．第2は政治に関係する情報公開，政治的意見の自由な表明であるグラスノスチ（情報公開・複数政党システム）である．第3は公的生活での国民での広範な参加を認める民主化である．

　改革を通じて共産主義体制の再建を図ったゴルバチョフの意図は，スターリン主義システムの矛盾をはっきりさせる結果となった．ペレストロイカは非効率な統制計画経済システムを解体することには成功したとはいえ，その代わりの経済システムを確立するのに失敗した．グラスノスチは，本来は西側のような体制内で意義申立てを行う穏健な勢力を想定したが，結果的に長期間抑圧された反共産主義者，とりわけ民族至上主義者，分離主義者を表舞台に登場させ，かえって政治的混乱を招いた．民主化は共産党幹部と軍事エリートの地位を脅かすことになった．1991年に軍人によるクーデタはゴルバチョフを失脚させ，その失敗後ソ連の解体を早める結果となった．もちろん，その中でもゴルバチョ

フ政権時代の外交政策の「新思考外交」は，従来の「制限主権論（ブレジネフ・ドクトリン）」を放棄させ，それによって東ヨーロッパ諸国の変革を引き起こした．

（5） 現代マルクス主義

マルクス主義は通常，マルクス・レーニン主義を指すが，それを東側陣営の共産主義者は「世俗宗教」に祭り上げてしまった．それに対して，西ヨーロッパ諸国ではより精巧で複雑なマルクス主義理論が展開された．西ヨーロッパ諸国では，新たなマルクス主義の解釈が展開中である．それは現代マルクス主義，ネオマルクス主義（neo-marxism）とも呼ばれる．

ネオマルクス主義とは，「経済を優先したプロレタリアートの特権的地位という決定論を拒否するマルクス主義の現代的，改訂的解釈」である．マルクス主義を現代的に解釈し直し，再構成する試みでもある．

現代マルクス主義はマルクス主義の原則やその方法論には忠実であるが，マルクスの古典的なイデオロギーを改訂，再構成する試みに関しては従来の視点と異にしている．このイデオロギーは2つのテーマに追究する．第1は，正統派マルクス主義の主張するプロレタリアートのもつ，ある種「特権的役割」を拒絶するので，従来のメカニックな決定論に代わる考えを準備しようとすることである．第2は，とりわけイデオロギーと国家権力の分析に注目しながら，マルクスの予言の失敗を説明するのに関心を示してきたことにある［Heywood, 1997：90］．

現代マルクス主義は2つの要因を強調する．

第1は階級分析の扱い方の変更である．資本主義はマルクスの予言どおりに破綻しなかった．現代マルクス主義は従来の階級分析を再検討する．特に，ヘーゲルの考えと初期マルクスの志向に関心がある．それは人間が非人格的な物質的な力による「操り人形」ではない．経済的環境と，自己の運命を創造する人間がもつ能力との関係に力点をおけば，「下部構造」と「上部構造」の視点に拘らなくなる．「人間の存在を決定するのは意識でなく，反対に社会的存在が自己の意識を決定する」［Brown, 1986：145］とする発想からの脱却である．要するに，階級闘争を社会分析の出発や目標としては取り扱わない．

第2は正統派共産主義やソ連型共産主義への不信感である．現代マルクス主義者は正統派共産主義，ボルシェヴィキ・モデルを拒否する．正統派やソ連型

は権威主義的,強権的な性格だけでなく,その考え方が機械論的であり,科学と自賛する姿勢も批判の対象となる.

グラムシは,階級制度が不平等な経済・政治の権力によってだけでなく,ブルジョア的な「ヘゲモニー (hegemony)」によっても支えられることを実証した［グラムシ,1999年,2001年,2008年］.

ヘゲモニーとは,「あるシステムの1つの要素による優位や支配」を意味し,マルクス主義者にとって,ヘゲモニーはイデオロギー支配を含む.ヘゲモニーは支配階級の精神と文化の優越性を表わし,市民社会,具体的にはメディア,教会,若者運動,労働組合などを媒介にブルジョア的な価値観と信念の拡張を通じて生じる.

ヘーゲル主義的なマルクス主義者であるG・ルカーチ (1885-1971) は,人道主義的哲学を根拠としてマルクス主義を提示した［ルカーチ,1962年］.彼は,資本主義が労働者を否定的客体あるいは市場での商品に還元することで,労働者を非人間化する「具体化」過程を強調した.

フランクフルト学派は,マルクス主義のヘーゲル的な色彩を通じて「批判理論」に基づいて展開した［マルクーゼ,1968年；ホルクマイヤー,2007年；アドルノ,ホルクマイヤー,2012年；細見,2014年］.その指導的理論家はTh・アドルノ (1903-1969)［アドルノ,2007年］,M・ホルクマイヤー (1895-1973)［ホルクイヤー,1975年,1987年,1994年］,H・マルクーゼ (1898-1979)［マルクーゼ,1968年,1974年,1975年］である.同学派は,マルクス主義の経済・政治学,ヘーゲル哲学,フロイト心理学を融合する.この理論は1960年代,1970年代の新左翼に衝撃を与えた.

ソビエト・スタイルの社会主義や脱急進化した西側諸国の社会（民主）主義の両方を拒絶し,新左翼は「若きマルクス」の著作,無政府主義,現象学,実存主義の新形態にも影響を受けている.その共通テーマは伝統的な社会やシステムの拒絶,労働者への不信感,「解放」の形で個人の自立と自己実現への関わり,脱中央集権化,直接的な参加民主主義への評価である.

これとは対照的な見解には,構造主義的マルクス主義がある.フランスのマルクス主義者のL・アルチュセール (1918-1990) の著述［アルチュセール,1993年,1994年,2010年］から登場した.この見解によれば,マルクスは人間を構造的配置から生じる機能の伝搬者と仮定する.マルクス主義は社会全体の構造を分析するのに関係する「新しい科学」になる.

マルクスは,ヘーゲルの「現象」と「本質」の関係を,単一の内的原理から

社会を説明する方法をひっくり返して説明した．さらに，そのことを経済的な「下部構造」による規定と「上部構造」による反作用という別の視点も提示した．「重層的決定」概念が社会の一元的に規定する原理を否定した．アルチュセールはマルクスの知的態度を「『無』歴史主義」と言い表し，さらにその発見を「歴史の科学化」と表現した．彼によれば，史的唯物論とはある社会をその歴史的変遷にそくして分析する科学にほかならない．

彼は，理論を一種の実践とみなし，「理論的実践」と定義する．だから，諸理論を統合する大理論が必要となる．科学は，「具体的なものではなく一般性に働きかけ，新たな概念を生み出す」とする一般理論を見出すのである．いわば，唯物弁証法は一般理論に基づくである．

以上とは異なるアプローチに，分析的マルクス主義がある．マルクス主義に自由主義と結合した方法論的個人主義を融合させる．歴史が集団的実体，この場合は階級によって形成されることを信じる代わりに，分析的マルクス主義者は，自己利益をもつ個人の合理的計算を条件に，集団行動を説明する．

分析的マルクス主義は現代の哲学や社会科学の方法や成果を取り入れ，マルクス主義の伝統的な方法や概念について修正，変更，それに見直しを行う［高増・松井編，1999年；ローマー，2001年；ライト，2002年；メイヤー，2005年；コーエン，2005年，2006年］．

マルクスの史的唯物論は技術的決定論であり，経済的な生産関係が物質的な生産力として，「上部構造」は「下部構造」の関係で説明される．ある生産様式は別の生産様式への移行によって生産力が発展する．この傾向は人間が発揮する合理性によって生産的な技術に適応し，労働の苦労を削減する．そのため，人間はより生産的な技術を採用する．人類の歴史は，人間の生産能力の段階的発展として理解することができる［コーエン，2005年］．

マルクス主義の重要な概念である「搾取」「階級」について説明するのに，労働価値の概念を不要とする見解が提示される．搾取と階級の概念は，生産の現場だけでなく，市場での交換においても適用する．

分析的マルクス主義者の1人であるG・コーエンは，伝統的マルクス主義と異なり，資本主義が労働者の疎外をもたらすがゆえに，労働者としての自己実現の機会を失うために不正である主張を否定する．伝統的マルクス主義者は，すべての人間が生産的な労働者になると規定するのは不正確だと論じる．労働者は，社会主義社会が達成できれば，その考えを克服できると考えるのが正し

いとはかぎらない．資本主義を不公平な搾取を行うシステムと論じる際に，労働者は雇用者に「盗まれている」がゆえに搾取されているのでなく，システムの「自律性」が侵害され，その結果，利益と苦役の配分が「不公平」となってしまう．伝統的な考え方には，労働者「自己所有権」をもつという仮定で説明される．そのために「搾取」が生じる，と考える．しかし，自己の所有権は「人の存在や力を超えた権利」が優先権を主張できない資源をどのように扱えるか．

その他にもマルクス主義を再活性化，再解釈化する課題を放棄した見解もある．例えば，「ポスト・マルクス主義」にみられる．歴史全体を把握しようとする理論として，マルクス主義はポスト・モダニズムの登場で不要になった，と主張する．

2．社会民主主義

(1) 社会民主主義の変遷

社会民主主義とは，「市場と国家（政治）のバランスを維持する社会主義の穏健な改良主義的，修正主義的な考え方」である．

社会民主主義は多種多様な定義がなされる．その起源において，正統派共産主義と同じであるが，その後それとは異なった政治的民主主義に限定した目標を設け，時代の推移や社会の変化に応じて，自らの社会主義像の対象を変更，工夫する．

政治的民主主義は，普通選挙権の達成によって，全国民に選挙時に平等の発言権（voice）を付与する．また，社会生活の平等原理を適応し，富の社会的な所有や管理も果たそうとする．社会民主主義は生産による富の集団所有と無階級社会の達成に関与した．その党名は，起源的な意味では，「社会民主主義」を採用する．例えば，1875年に創立されたドイツの社会民主党，1898年に創立されたロシアの社会民主労働党がその名を用いた．当時のヨーロッパ大陸の社会主義政党はマルクス主義の方針を正式に承認し，実際その方針に基づいて活動した．

しかし，この用語は社会民主党が採用した議会戦術の結果，本来とは異なった意味になる．特にドイツではカウツキーの指導下で，1875年社会主義への平和的移行を提案した「ゴータ綱領」はマルクスから批判された．その後，社会主義政党は実践では改良主義，理論では修正主義を歩む．

20世紀初頭, 社会民主主義は, 次第に革命的社会主義とは対照的な姿に変貌する. ロシア革命後, ボルシェヴィキに従って革命原理に忠実な社会主義者は, 改良主義的な社会民主党を批判し, 別組織の極左の「共産党」名を採用した. 社会民主主義という用語は社会民主主義政党の非革命的傾向を生じさせることになる. 単に議会選挙を重視するだけでなく, 社会主義そのものの目標を改訂した. 特に, 西ヨーロッパ諸国の社会民主主義政党は資本主義を改革または人道的な立場で修正を求め, 資本主義の廃止を求めなくなる. 社会民主主義は一方で市場経済を承認し, 他方で国家・政府の社会への公的介入を承認するという, 両者の間のバランスを取る方針を採用した. いわば, 社会民主主義の歴史は基本的原理を多種多様に変更した, いわば再定義の歴史である.

(2) 倫理的社会主義

20世紀, 社会民主主義の理論的基礎は科学的分析よりも道徳的, 宗教的信念によって準備された. マルクスの科学的方法は人間の考えや行動が経済的に条件づける史的唯物論に基づいた. それに対して, 社会民主主義はマルクスの唯物論的, 科学的な思考を必ずしも受け入れない. むしろ, 資本主義への道徳的批判の部分を展開する. 社会民主主義者は, 社会主義が資本主義より道徳的に優れている, と考えた. その根拠は, 愛情, 共感, 思いやりという人間と人間を結びつける点で, 人間が倫理的な生き物という点である. そのような志向は時折, 社会主義にユートピア的な性格を付着させた.

倫理的社会主義を基礎とする道徳的ビジョンは当初から, 人道主義的, 宗教的原理に依拠してきた. 特に, フランス, イギリス, イギリス連邦諸国の社会主義は, マルクスの科学的社会主義より, フーリエ, オーエン, W・モリス (1854-1896) のユートピア思想に強く影響された. また, 社会主義はキリスト教からも影響を受けた. 例えば, イギリスのキリスト教社会主義の伝統がそれである. これは典型的にイギリスのキリスト教社会主義者のR・H・トーニー (1880-1962) の著作にみられる [トーニー, 1967年].

トーニーは, 資本主義が「共通の人間性」の信義よりも, むしろ「強欲な罪 (sin of avarice)」を駆り立てるために, 資本主義を野放図な傲慢なシステムである, と宣告した. それに代えて, 富の獲得には社会的義務をともなった「機能社会」の建設を提唱した. そのイデオロギーを支えるのはキリスト教倫理観である. 彼は, 「イギリスの階級制度をとりわけキリスト教徒には憎悪すべきもの」

第7章 2つの社会主義 *111*

と社会にとっては忌避されるべきものとその一掃を主張した．同様にヨーロッパ大陸では，19世紀後半から資本主義の発展とともに，カトリシズムの連帯思想から，キリスト教社会主義（Chritliche Sozialismus）が登場してくる．

このような宗教に基づく社会主義倫理は，現在では，南アメリカ諸国においても大きな影響力をもつカトリック司祭による「解放の神学思想」にみられる．カトリック教会は南アメリカ諸国の抑圧体制を支持していたが，1968年にカトリック司祭がコロンビアで会議を開催し，一転して「貧者のための優先的選択（preferential opinion for the poor）」を宣言した．司祭の宗教的責任は精神に限定的せず，それを越えて拡大しなければならない．そのことは，人民側に立って南アメリカ諸国の司祭が社会的，政治的な闘争を支援する立場に転換することを意味する．当時のローマカトリック教会のヨハネ・パウロ二世法皇がバチカンからその行動を禁止する布告を発したにも関わらず，急進化した司祭は南アメリカ諸国の多くの地域で貧困や政治的抑圧に反対する運動を展開した．例えば，1979年ニカラグアのサンディスタ革命は急進的な司祭が積極的に支援した［グティエレス，1985年］．

同様なことは，北アフリカ，中東，アジアのイスラム教徒が多数の国々でも，イスラム教に影響された社会主義運動で生じた．イスラム教は社会主義と結びつく契機がある．社会正義，慈善，協力の原則を強く推し出し，とくに高利や暴利を禁止する点では社会的連帯を重視する姿勢がある．

道徳的，宗教的原理ばかりを強調すると，科学的分析が放置される結果となる．つまり，社会主義の経済・政治理論を希薄化する．社会民主主義は社会の富の公正な分配の観念と結合する．これが社会民主主義の原理・原則（＝社会主義）に具現化する．愛情，相互扶助，連帯，福祉などと同時に，より平等を徹底化できるかどうかである．つまり，平等の拡大や富の集団所有の徹底を主張する左翼的な立場から，現代的自由主義と区別できない市場の効率性を承認する立場まで，あるいは温情の保守主義と重なり合う保守的な立場までの広がりがある．

(3) 修正主義・改良主義

修正主義（revisionism）とは，「マルクス主義理論に改良や修正を施した理論」である．改良主義（reformism）とは，「革命や反動に反対して漸進的，平和的な改善をめざす信念．改良（改革）によって問題を除去し，統治能力を回復す

る工夫」である.

　本来の社会主義の基本目標は，生産により富がすべての人間で共同所有し，協同利益のために使われること，である．それは，私的所有の廃止と，資本主義の生産様式から社会主義のそれへと移行する「社会革命」である．マルクス主義は階級間搾取と抑圧手段の権化として資本主義を否定する．

　修正主義・改良主義は穏健な社会民主主義のイデオロギーである．労働者の生活向上，労働者のブルジョア化，政治・経済・社会の権利拡大，議会を通じた暫時的な改革を求める社会民主主義が基調となる．

　19世紀末から20世紀初めにかけて，マルクス主義を修正する動きが，ドイツ社会民主党内に台頭した．1891年エルフルト綱領の採択で，同党はマルクス主義政党となったが，その頃から労働者の生活水準が向上した．そして，社会主義鎮圧法の撤廃により，ドイツ帝国と社民党との政治的緊張も緩和された．マルクス主義の資本主義崩壊論と，これに基づく革命論とは非現実的な理論と映った．イギリスにに亡命した経験があるベルンシュタインは19世紀末の新情勢に着目し，窮乏化理論，そのほかのマルクス主義にある諸説を時代に合わないとし，1899年から党機関紙にマルクス主義の再検討を発表した［ベルンシュタイン, 1960年］．彼は，マルクス主義にある暴力革命的な傾向を否定し，社会民主党は議会制民主主義と改良主義的社会主義の政党であるべきことを説いた．彼はマルクス主義を信奉したが，カウツキーとともに改良主義・修正主義者と呼ばれた．

　ベルンシュタインの分析は大部分が経験に基づいており，資本主義は安定的で柔軟な存在と論じた．彼は資本主義が徐々に複雑化，機能分化することを示唆した．特に，富の所有は1人の産業資本家に代えて，多くの株主が所有する株式会社の導入の結果，資本主義は拡大した．中産階級は社会の機能分化に基づき，サラリーマン，技術者，公務員，専門家の数が増大し，資本家でも労働者でもない人々が登場する．彼の見解では，資本主義は剥き出しの階級抑圧システムではない．資本主義は，主要産業の国有化と，労働者のための法的保護や福祉手当の拡充で改革できる．そこで，平和的，民主的な社会主義の達成が可能である．

　社会民主主義は，現在の社会で安全な立場とより大きな成果を求め，未来社会を労働者の平和，安全，物質的豊富さのある福祉社会を見出そうとする．ベルンシュタインは暴力革命を認めず，社会主義への平和的な移行を訴えた．

20世紀に入ると,社会主義政党は資本主義市場の効率性と活力を認め,次第に経済計画化の考えを解消するようになった.例えば,スウェーデン社会民主労働党は1930年に正式に計画経済化を放棄した.ドイツ社民党は1959年バート・ゴーデスベルク大会で「可能なときに競争,必要なときに計画化」という原則を採用した.もちろん,そのような修正主義に抵抗する左派もいて,イギリスでは,1950年代後半に労働党党大会において,党綱領第4条「国有化」条項を廃止するゲイツケル案が拒否され,修正主義を正式に導入できなかった経緯がある.とはいえ,労働党が政権にあるときもすべての産業の国有化を実施しなかった.

計画経済の放棄は社会民主主義に3つの内容をもたらす.

第1に,混合経済は自由市場と公的な規制との間にある公的と私的の所有制度の混在である.国有化は,例外なく選択的で経済や産業の「指令的立場(commanding height)」を留保した.例えば,1945年から1951年までのイギリスのアトリー労働党政権は電気,ガス,石炭,鉄道などの主要産業を国有化したが,産業界は私有財産制度を維持した.

第2に,社会民主主義は経済成長を持続させ,失業を抑制するため,資本主義経済を規制・管理する.1945年以降,社会民主党は完全雇用を実行するために経済を管理し,ケインズ主義政策を実施した.

第3に,社会民主主義は改革主義的,人道主義的な立場から福祉国家を実現する.

福祉主義とは,「国家や共同体が市民の社会福祉を保証する責任があると考えであり,通常,福祉国家の登場で具体化する」ことである.福祉国家は社会的な「結果の平等」を促進し,貧困を根絶するのに役立つ再分配メカニズムと考える.

このような内容の理論化を試みた人物の1人に,イギリスの政治家,社会理論家であるA・クロスランド (1918-1977) がいる.彼は社会の現代的状況を踏まえて考察すべきだと主張した [クロスランド, 1959年].彼はJ・バーナム (1905-1987) の考えに影響された[バーナム, 1955年].戦後の資本主義の状況では,管理者,専門家,テクノクラートといった新たな階級(=新たな経営者)が資本家に代わって産業社会を支配する.その支配・経営と財の所有は分離される(「経営と所有の分離」) [バーリー,ミーンズ, 1986年].同一企業に関わる立場でも,一方で株主は利潤に関心をもち,他方で管理者は企業の公的イメージや産業的

な調和を維持する課題を担当する．資本主義が階級搾取システムとは考えられないので，マルクス主義の論拠は不適切になった．マルクス主義的な社会主義の国有化や計画化を目標とすることは時代遅れとなった．

クロスランドは富の平等な分配と社会的正義の目標の両方に熱心であった．彼の社会正義観によれば，富は協同で所有する必要はなく，累進課税制度などの財政的措置を通じて再分配（福祉政策）が実行される．累進課税制度は裕福な者や社会的に優位にある者が福祉費用分を負担する．福祉国家は貧者や社会的弱者の生活水準を向上される．だから，経済成長は社会民主主義では重要な意味がある．経済成長は福祉国家に必要な社会支出を財政的に支える歳入の根拠をなす．さらに，生活水準が経済成長で保証されるなら，富者は必要とする人々に援助すべきである．

（4） 社会民主主義のより体制内化

第二次世界大戦後，ケインズ主義的経済政策を基調とする社会民主主義が時代の潮流となった．戦後初期，ケインズ主義的な社会民主主義が時代の潮流になった．それは，不平等と不安定を必然的とするマルクス主義の資本主義論に与することなく，市場のダイナミズムを管理・統制することによる．その点では，自由主義は平等な機会に基づいた立場から，保守主義は温情的な理念や「一国保守主義」に基づいた立場からであったとしても，社会民主主義が展開する政策に呼応した．

この立場は，「機会の平等」の実質的な保障や「積極的自由」の徹底のような点では，現代的自由主義と変わらない．

もちろん，社会民主主義は妥協に重点をおいたことも確かである．一方で富を生産する唯一の手段として市場を受容したことは，市場に代わる案のない社会民主主義者には不承不承の転換であった．社会主義の計画化は資本主義自体を撤廃するのでなく，それを改革，改良する試みを意味する．

他方で，社会主義者の倫理が福祉手当などで道徳的に弁護できる．それは社会正義を公平な分配という形態で復活した．しかし，不平等は時代を経て減少する．社会民主主義者は徹底した社会変革の志を放棄したにもかかわらず，またその状況がかつてに比べて減少したにもかかわらず，彼らは社会構造の改革案に着手したがった．ただ，資本主義社会を改革する修正主義者にとっての目標はあいまいなままである．マルクス主義者の資本主義の廃絶という目標とは

大きな差がある．

　社会民主主義者は資本主義が社会正義の原則と一致するように修正されるべきことを考える．ところが，どのようにそれを達成すべきかは様々な見解が存在する．例えば，混合経済の公私間の均衡をどうするか．どの産業が国有化されるべきか．社会民主主義政権はインフレへの恐れがあるときに賃上げに応じるべきか．

　次第に，社会民主主義者は経済の社会主義化を考えず，「機会の平等」や「積極的自由」のような現代的自由主義と変わらない姿勢を考える．当然，社会民主主義と自由主義の境目はあいまいになる．

　ケインズ主義は経済効率と平等主義の矛盾を顕在化させる．ただ，戦後の「長期の好景気（long boom）」時代には両者の矛盾は表面化しなかった．なぜなら，持続的な経済成長，低失業率，低インフレなどは国民生活の水準を向上させ，かつ福祉基金の財政的基盤を保障できたからである．ところが，1970年代，1980年代の景気後退は社会民主主義陣営内に緊張を生じさせる．そのことは，社会主義のあり方を旧来の立場に固執する左派と，さらに市場原理を積極的に認めようとする右派とに分裂させた．この分裂は社会主義陣営に深い亀裂をもたらすけれど，1980年代，1990年代にはっきりしたのは，ケインズ主義的社会民主主義が明らかに適用できなくなったことである．

（5）　社会民主主義の新たな展開

　1980年代以降，社会民主主義は新たな変容を遂げる．特に，右派から主張された「新修正主義」の成長は選挙とグローバル化の2つの要因と結びつく［サスーン，1999年］．

　選挙の条件では，ケインズ主義政策は高レベルのインフレの危険を創り出す経済管理と考えられ，高い「課税と支出」の手法（＝「大きな政府」）と考えられた．福祉国家は，経済成長と国民への大きな負担とみなされた．国有産業は，経済への反応が鈍く，非効率な点が目立った．従来には肯定的に捉えられた社会民主主義は，有権者には否定的要素と判断されだした．

　社会民主主義は選挙では有利に働かなくなった．これは西側先進国ではっきりと示された．例えば，イギリスでは，労働党は1979年から1992年までの総選挙4回連続して敗北を喫した．特に1983年の選挙は，第一次世界大戦後，最悪の結果となる．1987年総選挙の敗北後，党首のN・キノック（1942-）は党政策

を穏健路線に転換した．1992年総選挙の敗北後，J・スミス（1938-1994）は党の「近代化」過程を導き，1994年以後，T・ブレア（1953-）は党改革を徹底した．その象徴は1995年党綱領の「国有化条項」である第4条の撤廃である．これは従来の社会民主主義の放棄でもある．

　同様な展開はどの国々でも見られた．ドイツ社会民主党は1982年から野党に転落後，徐々に穏健な非社会主義的な政治スタイルを採用した．フランスでは，1981年から1988年まで，F・ミッテラン（1916-1996）社会党大統領が政権を担当するが，1983年以降，社会党は社会主義化で変容させる試みを放棄した．オーストラリア労働党は1983年から1996年まで政権を担当したが，社会正義の拡大より実業界の信頼を得ることで政権を維持できた．ニュージーランド，スウェーデン，スペインの社会民主主義政党は同様な経験をした．

　もう1つの国際的要因も従来の社会民主主義からの撤退を促進した．まず，1980年代から著しくなった経済的なグローバル化は一国単位のケインズ主義政策を無効にした．ケインズ主義は高成長率と低失業率を保証するために，政府が国民経済を管理する前提に基づいた．ところが，グローバル・システムへの各国経済の統合は，経済的な主権性を切り崩しただけでなく，全体的な繁栄をもたらし（あるいはもたらすことを約束する）能力を社会民主主義から奪った．

　東ヨーロッパ諸国とソ連の共産主義体制の崩壊も西側社会民主主義に衝撃を与えた．社会民主主義が以前からソ連の権威主義的な体制批判を繰り返し，自ら経済の集団化と計画化を放棄した事実にもかかわらず，社会民主主義は「市場が勝利した新精神」に影響を受けざるをえなかった．資本主義を管理・改革する手段としての社会主義の観念も衰退した．社会主義が資本主義に替りうるとする発想の終焉である．したがって，社会民主主義は経済的個人主義を排除できず，それがニューライトに結びつく市場万能の「熱狂さ」にも左右させられた．この現象は，低課税，低インフレ，より活発な競争へ膨れ上がった期待に映し出された．イギリス労働党が党綱領第4条を「国有化」の規程を削除し「ダイナミックな市場経済」に書き直した事情は，現代の社会民主主義を考える際には，象徴的な出来事を表現する．

　もっとも，社会民主主義が社会正義から撤退すれば，社会民主主義は何に向かって撤退したのか．その回答は共同体の政治からの撤退である．もちろん，友愛や協力のように社会民主主義の本質的要素には，共同体は社会主義の一要素である．共同体を擁護する議論は，当時の状況に基づいてニューライトを批

判する．社会民主主義が描くのはコミュニタリアニズムである．

(6) コミュニタリアニズムからの示唆

コミュニタリアニズムとは，「個人が人々との結び付きのない事項は存在しない意味で，共同体を通じて個人が成立する志向」である．

これは自由主義的なバラバラの個人主義への批判が内在する．その理論家であるA・マッキンタイター (1929-)，M・サンデル (1953-) のような人々には，そうした議論が中心テーマとなる．個人主義は共同体より個人を優先し，共同体とは無関係な「外部」にいるかのごとく個人を考える．その考えは単に公共善を思考するレベルを低下させるだけでなく，自分勝手な利己主義的な行動を正当化するだけである［マッキンタイアー，1993年：サンデル，2010年，2011年］．

A・エチオーニ (1929-) の示唆によれば，社会が断片化し，崩壊した原因の大部分は，個人の権利への執念，相互義務や道徳的義務を認めたがらない風潮の結果である．社会民主主義が共同体に社会主義的な志向を移行するために，社会民主主義は「ステークホルダー (stakeholder) 資本主義」を肯定するまで変容する［Etizoni, 1998］．

ステークホルダーとは，「あらゆる集団 (管理者や株主から労働者や消費者まで) が経済で利害関係 (stake) をもつ」ことを意味し，資本主義のダイナミズムは公共善を尊重する認識の点で，「ステークホルダー資本主義」はニューライトの自由市場論者が好む「シェアホルダー (shareholder, 株主) 資本主義」とまったく対照的な考え方である．

ただ，コミュニタリアニズムが社会主義の目標を達成できるかどうか．例えば，様々な問題は社会主義理論を脱急進化させる事実から発生する．これは社会の全メンバーを結びつける紐帯を強めるが，階級的相違や経済的不平等を無視，隠ぺいする傾向が共同体にみられる．コミュニタリアンは社会正義や再分配の条件で語るより，義務や道徳的責任を採用するのに熱心である．また，彼ら彼女らは経済的解決より社会的解体への対処に文化的解決策を強調するだけである．この観点から社会を一新する課題を実行するより，むしろ家族のような現行制度など強化する試みと結びつく傾向があるので，コミュニタリアニズムが保守的な意味をもつと論じることも可能である［cf.S.Avineri and A.de-Shalit, 1992］．

この考え方が「新修正主義」としてもっとも展開されたイギリスでは，ブレ

表7-1　共産主義と社会民主主義の対比

	共産主義	社会民主主義
形態	科学的社会主義	倫理的社会主義
政治原則	原理主義	修正主義
政治手法	理想主義	改良主義
政治目標	資本主義の廃絶	漸進主義的改革
経済運営	共同所有	再分配
階級社会	無階級社会	階級対立の改良
平等観	絶対的平等	相対的平等
経済体制	国家による統制経済	混合経済
政党のあり方	前衛政党	議会政党
統治形態	プロレタリアート独裁	政治的多元主義
国家形態	プロレタリアート・人民国家	自由民主国家

アとニューレイバー (New Labour) は経済効率性と道徳的責任との間のバランスを基礎とする「一国社会（民主）」主義」的な志向にまで至る.

けれども，その内容と関わりなく，共同体，「ステークホルダー」，道徳的責任のようなイデオロギーは，自己がもつ権利を政治的に構成する実質を備えるかどうかについて，疑問の余地を残している．もしそれがないなら，一度放棄したケインズ主義的な社会民主主義の代案を探さなければならない．

社会民主主義による市民社会の自立性は国家に任され，中央官僚による社会の画一化，管理化の傾向が著しくなる（「大きな政府」）．当然，このことは市民社会から自立能力を奪い，さらには民主主義の基盤を揺るがしかねなくなる．経済的観点からは効率や費用の意識が希薄化し，かえって中央官僚制の肥大化，結果的には非効率や無駄が目立つようになった．

3. 西ヨーロッパ社会民主主義の新潮流

(1) 社会民主主義の新たな段階

1970年代半ばから景気後退は社会民主主義に打撃を与えた．その後の低経済成長はケインズ主義政策を無効にした．そのことは従来通りの社会民主主義に固執する左派の立場と市場原理をもっと積極的に活用しようとする新たな修正主義派・右派の立場に分極化させた．

しかし，忘れてならないのは，社会（民主）主義の本質である「平等」をいかに保障できるかである．市民の権利に基づく社会的平等の最も重要なイデオロギーは社会民主主義である．そして，現在の左翼政党への選択においては，

表7-2　3つの「道」のイデオロギーの特徴

第一の道：社会民主主義	第二の道：ニューライト	第三の道：新修正社会民主主義
① 社会・経済への国家介入	① 小さな政府	① 中道左翼政権
② 市民社会全体への国家支配	② 自立的市民社会	② 新民主主義
③ 集団主義	③ 市場経済至上主義	③ 積極的な市民社会
④ ケインズ主義的な需要管理	④ 道徳的権威主義と経済個人主義	④ 民主的な家族像
⑤ 市場の限定的役割（混合経済）	⑤ 労働市場の明確化	⑤ 新混合経済
⑥ 完全雇用	⑥ 不平等の容認	⑥ 徹底した平等主義
⑦ 平等主義の徹底	⑦ 安全ネットとしてのみ福祉容認	⑦ ポジティヴな福祉
⑧ 完全な福祉国家	⑧ 伝統的ナショナリズム	⑧ 社会投資国家
⑨ 経済成長主義	⑨ 経済成長至上主義	⑨ コスモポリタンな民主国家
⑩ 冷戦構造化の国際主義	⑩ 冷戦構造化の国際秩序の現実主義	

「第三の道」が適切と言われた［Broadbent, 2001：xvixxi；福田，2010年：第8章第2節参照］．

1990年代以降，社会民主主義は新たな段階に入った．特に右派が主張する「新修正主義（new revisionism）」は4つの要因と結びつく［高橋，2000年］．

第1の要因は選挙の条件である．ケインズ主義は高インフレを生み出す経済政策と考えられ，高い「課税と支出」（＝「大きな政府」）に直結する．つまり，福祉国家は国民の負担増とみなされ，選挙で支持を得られない．

第2の要因は市民の「自由の問題」である．市民社会への政府の介入はどのような意図と形態であろうと，市民の権利・自由・生活に制約を加える．政府による社会への保護・規制・干渉は個人の自由を奪うことになる．

第3の要因はグローバル化である．1980年代から顕著になった経済のグローバル化がケインズ主義政策を無意味にした．ケインズ主義は高成長と低失業率を確保するため，政府が国民経済を管理するが，グローバル化は経済的な主権を著しく害しただけでなく，一国単位の繁栄を維持する（あるいは約束する）能力を国家から奪った．

第4の要因は東側陣営の共産主義体制の崩壊である．その影響で改革する手段として社会主義の観念も衰退した．1980年代，ニューライトの市場万能への「熱狂」が社会主義のイメージダウンに拍車をかけた．

（2）「第三の道」の特徴

1990年代後半から，西ヨーロッパ諸国の社会民主主義政党が中道左翼政権に参画し，社会民主主義政党は新路線（新修正主義）を掲げる．その路線には様々

な議論がある．イギリス労働党では「第三の道」，ドイツ社民党では「新しい中道」，フランス社会党では「人間味ある政治」である．総称して「第三の道」と呼ばれる．

「第三の道」とは何か．「第一の道」は旧い社会民主主義の立場（戦後の福祉国家）である．これは「大きな政府」と福祉国家に中心を置いた考えである．「第二の道」はイギリスのサッチャー政権，アメリカのレーガン政権，日本の中曽根政権や小泉政権のような，ネオリベラリズムと新保守主義とが結びついたニューライトの立場である（「小さな政府」論）．この2つの「道」を克服するのが「第三の道」である．

では，何が「第三の道」の特徴なのか．まず，「第二の道」は「第一の道」の福祉国家が財政的赤字を招いたと厳しく批判した．1980年代に「小さな政府」をめざし，同時に市場競争原理を徹底した．ところが1990年代には，「第二の道」の魅力も色褪せてきた．市場競争原理は弱肉強食の傾向に拍車をかける結果となった．そのため，社会的平等の観点からニューライトへの批判が高まった．しかし，当時の野党の社会民主主義勢力は「第一の道」に回帰できない．1990年代に各国経済に影響するグローバル化した経済，福祉予算の負担，環境保護問題などにどう対応すればよいのか［cf.Giddens and Diamond, 2005］．

（3）「第三の道」の価値・理念

「第三の道」は4つの政策理念がある［高橋，2000年］．

第1は民主社会をさらに民主化することである．例えば，地方分権(devolution)の推進である．また，行政の透明化を図ることである．例えば，住民投票で市民が直接政治に参加できるようにする．

第2は市民社会をいっそう強化することである．市民が自立を高め，それに応じてコミュニティを強化されなければならない．市民1人ひとりが協力した行動を実行する．例えば，ボランティア活動がある．この活動を通じて新たなコミュニティを創造する．

第3は経済に関する事柄である．「新しい混合経済」を提唱する．国家が市場に介入するのではなく，公的セクターと私的セクターの双方を強化することを目的とする．ネオリベラリズムの主張する規制緩和・民営化を主張するだけでなく，規制と規制緩和を調整する．言い換えれば，国家が市場の活発化を支援する条件を整備するが，市場には直接介入をできるだけ回避する．

第4は福祉のあり方の再検討である．福祉を権利と同時に義務と考える．だから，従来の福祉政策はネガティヴな福祉とし，それに代えポジティヴな福祉を提案する．ポジティヴな福祉とは，人間の潜在能力を開発する立場から教育を重視し，自立した勤労者になるための施策である．これは社会投資国家と呼ばれる．

　「第三の道」は新しい社会民主主義やポスト社会主義のイデオロギーである．「第三の道」の政治主唱者はトップ・ダウンの国家介入（「伝統的な社会民主主義」：「第一の道」），個人主義を徹底する自由市場資本主義（サッチャリズムやレーガニズム：「第二の道」）の代案である．ポスト社会民主主義的な「第三の道」のイデオロギー的性格は不明確である．たいていの場合，市場とグローバル資本主義を受け入れて，社会的義務や権利・責任の相互的性格を強調するコミュニタリアニズムを採用する．

　「第三の道」への批判がある．第1は「第三の道」のイデオロギーが政治的，経済的な内容を欠いた，単なるスローガン的にものになっている．第2はこの主唱者が競争や市場個人主義を批判するにもかかわらず，実質的には経済組織の資本主義モデルを超えた視点を提示できていないことである［Heywood, 2000：78］．

4．今後の社会主義のもつ意義

　ある人々は，社会主義を議論するのが無意味だと述べる．1989年から1991年にかけて東欧革命と旧ソ連解体によって，「現存共産主義」は消滅したかに思われた［フクヤマ，1998年］．もちろん，中国，ベトナム，キューバ，北朝鮮のような社会主義体制の国々が存続する．しかし，それは市場経済に向けての改革に共産党が意欲的であってこそ共産主義体制が持続できる．西側諸国でも，社民党は市場原理を積極的に受け入れ，社会主義の伝統からますます離反する．それでは，社会主義は「歴史のゴミ箱」に捨て去られる運命にあるのか．20世紀末に宣告された「社会主義の死」は真実なのか．社会主義は資本主義の不備を糾弾する使命がある．社会主義の中心要素に戻れば，社会主義は21世紀でも有用なイデオロギーである［Cramme and Diamod, 2012］．

　19世紀末に社会主義の必然的な勝利についての予測が無効になったように，20世紀末に宣告された「社会主義の死」は信用できない．社会主義の復活への

希望は，資本主義の不完全さを糾弾することだ，と言える．正統派共産主義と社会民主主義の形でトップ・ダウン型の社会主義が崩壊した現在，社会主義とは何かを考える機会であり，今後も社会主義が存在する意義が証明される好機でもある．社会主義は，「人類が21世紀において直面する前例のない条件下で，人間の自由と正義の希望」である［伊藤，2009年］．

今後の社会主義はどのような形で存続するのか．もちろん，正統派共産主義は考えられない．もっとも，マルクスの知的遺産の再検証を必要とする．「各人の自由な発展がすべての人々の自由の発展の条件であるような協働社会が登場する」，とマルクスは『共産党宣言』で述べた．人々の権利や自由を抑圧していたソ連型共産主義が崩壊したとはいえ，他方で資本主義がグローバル化の進展で労働者の生活を脅かす階級社会が構成される現状では，マルクスの分析はその意義を失ってはいない．経済決定論者のマルクスであるより，ヒューマニストの社会主義者としてのマルクスをもっと採り上げるべきである．

社会民主主義に関するかぎり，ケインズ主義的な社会民主主義は修正を施して，市場万能主義への代案として再登場する可能性がある．社会民主主義はコミュニタリアニズムの考えを摂取する．コミュニタリアニズムは，「自己が他者と結びつかない関係はありえないので，人間は共同体を通じてのみ存在できる」，と考える．この考えは社会連帯を無視した自由主義・個人主義への批判に基づく［Vgl. Heinrichs, 2002］．

近年，「市民，企業，行政の協力」という表現が増えている．これは「公共を支える民」の存在を積極的に承認することがその背景にある．具体的には，地域政治の復権を意味する［寄本，2001年：福田，2010年：第8章第3節参照］．

表7-3　社会民主主義と「第三の道」の対比

	社会民主主義	「第三の道」
対応姿勢	理念的姿勢	現実的姿勢
国家観	国民国家	グローバル化
産業社会	第2次産業社会	第3・4次産業・情報社会
政治	階級政治	共同体
経済形態	混合経済	市場経済
雇用	完全雇用	完全雇用能力
社会のあり方	弱者対策社会	実力社会
弱者救済方法	貧困解消	包摂推進
国民の権利	社会権	権利と責任
福祉制度	揺り籠から墓場まで	労働のための福祉
国家形態	社会改革国家	競争・市場国家

共同体，社会への義務，道徳的責任のようなコミュニタリアニズムへの志向は，社会主義の再生を証明するよりも，社会主義の中での「新しい思考」を提供できる．新たな社会主義の理論的枠組みの探求と構築を必要とする．社会民主主義者は，共同体を重視する視点から，「ステークホルダー資本主義」を認めるまでになった．ステークホルダーは，「あらゆる集団（経営者や株主から労働者や消費者まで）が経済で利害関係（stake）をもつ」ことであり，資本主義と公共善を両立させる認識を必要とする．「ステーク・ホルダー資本主義」はニューライトが好む「シェアホルダー（shareholder，株主）資本主義」と対極に位置することを再確認しておく必要がある［山本，2014年参照］．

　　1）ウェーバーはすでに早い段階で共産主義体制を次の2点で批判した．第1は官僚制化の観点から，プロレタリア独裁が官僚独裁に置き換えられ，そのことは人間の解放どころか，人間を抑圧するする結果になることである．第2は生産手段の観点から，私的所有を解消すれば，人間の疎外や階級抑圧が撤廃されると主張することの誤りである［ウェーバー，1980年：Ⅲ，Ⅳ］．
　　2）日本国憲法第25条［生存権，国の社会的使命］をこの文脈で理解することができる．

設　問
1．なぜ社会主義は「平等」にこだわるのか．
2．なぜ社会主義者は集団主義を支持するのか．どのようにそれを促進するのか．
3．どのようにマルクス主義は資本主義の廃絶を説明するのか．
4．マルクス・レーニン主義は資本主義をどのように考えるのか．
5．社会民主主義の「第一の道」と「第三の道」の相違は何か．

補　論　福祉国家をめぐるイデオロギー
―― 保守主義，自由主義，社会主義の比較 ――

> もし自由社会が貧しい多数の人たちを助けることができなければ，
> 富める少数の人々を決して守り得ないであろう．
>
> 　　　　　　　　　　　　　　　　　　　　　（ケネディ）

（1）　福祉国家の3つの源流

前章まで説明した自由主義，保守主義，社会主義の各イデオロギーがある事象をどのように捉えているかを，福祉国家の理念から考えておきたい［バリー，2004年参照］．

福祉国家とは，「立法を通じて国家がすべてのメンバーの基本的福利を保護，増進する責任を引き受ける政府の形態」である．福祉の本質的要素は，職業上の事故，病気，疾患，高齢，失業の場合に当該個人とその家族の所属の維持とその他の支援を保障することである［cf.Plant, Lessey and Taylor-Gooby, 1980］．福祉国家は社会保障制度を通じて国民生活の安定を図ることだけでなく，財政政策や雇用政策を含められる場合もある．福祉国家への発展は3つの解釈がある［新川・井戸・宮本・眞柄，2004年参照］．

第1の解釈は資本主義の成長の結果とする「産業主義理論」である［ウィレンスキー，1984年］．福祉国家は資本主義の成長である．福祉への経済的充実には資本主義の発展が欠かせない．この説によれば，一国の人口構成や制度の成熟度のほかに支出を促すのは経済成長・工業化であり，政治的な党派性はこれに対して中立的である．この場合，福祉国家の発展のは政治的対立はあまり関係ないとする．

第2の解釈は大衆民主主義への移行にともなって，労働階級が左翼政党を介しての政治的成果が福祉国家を発展させた，とする「権力資源動員論」である［Kriesi, 2008］．労働者が自らの政治資源を活用し，経営者に対抗できる政治システムを構築することができた．その結果で福祉国家の規模や性格を決定づけている．

第3の解釈は第1と第2の中間形態である．福祉国家は，第二次世界大戦後の温情的な保守主義，現代的自由主義，穏健になった社会（民主）主義の「合意」

に基づいた発展の結果である．つまり，政治的合意の結果と理解される．例えば，「合意の政治（consensuss politics）論」である［Kavanagh, Morris, 1989；古田, 2008年：第8章］．この政治発展要因説は経済発展・工業化のもつ意味を認めるが，労働組合や社会民主主義政党の存在が福祉国家を発展させた，と考えられる．

（2） 福祉国家の類型
　福祉国家は，保守主義的福祉国家，自由主義的福祉国家，社会民主主義的福祉国家という3種類に類型化される［アンデルセン，2001年］．
　a　保守主義的福祉国家
　保守主義的福祉国家は福祉の主体を伝統的共同体とする．ヨーロッパでは，伝統的に福祉は家族，教会，ギルドなどの相互扶助組織に担われてきた．伝統的共同体は保守主義のイデオロギーの中核的な担い手である．
　公的福祉は相互扶助組織が供給できない福祉だけに限定する．社会保険制度は職業別，地位別に分かれており，必ずしも一本化されていない．福祉は現在の身分や地位の格差を維持することになる．公的福祉制度は恩恵的，温情的である．福祉国家は，職業別，地位別の相互扶助が中心となる．伝統的な家族形態，男性稼得者を中心の世帯単位とする．
　b　自由主義的福祉国家
　古典的自由主義の「国家からの自由」の観点に立てば，福祉は自助を原則とする．古典的自由主義の原則を徹底すれば，福祉政策や弱者救済の制度に基づいた福祉国家は否定される．ただ，現代的自由主義の場合，自助が困難な場合だけでは社会的な互恵や慈善活動による救済が期待され，国家は「機会の平等」に関わるときだけ社会生活に介入する．自由主義国家は民間保険会社などの市場を通じて私的福祉を奨励する．あくまでも公的福祉は貧困者を対象とし，その給付水準は低く，給付資格は厳格条件を課している．社会保障支出は少なく，給付を受ける者と受けない者との間に「溝」が生じやすい．このタイプの国は労働運動が弱いため，福祉国家を推進する勢力が欠如している．
　しかし今日では，最低限の社会保障が制度化されない先進資本主義国は存在しない．自由主義の伝統が強く，相対的に「小さな政府」を維持するアメリカやカナダといった国々でも，福祉国家に該当する．もっとも，福祉の正当性が弱いために，経済や財政の危機に際しては公的福祉制度の見直しの動きが生じる．

表補-1　福祉国家の3類型

	保守主義的福祉国家	自由主義的福祉国家	社会民主主義的福祉国家
目的	現役・退職労働者の社会的地位の安定	貧困の除去	平等化
給付形態	職業・地位に基づく特殊給付	選別による個別給付	普遍的な社会給付
社会保障支出	小	小	大
財源	社会保険	一般課税（直接税）	一般課税（間接税）
民間保険	小	大	小
特徴	職業・地位に基づく階層化	受給者と非受給者の間の二重化	階層間の平等化
女性の労働市場への参加度	高	高	高
家族福祉の充実度	高	低	高
事例	オーストリア，フランス，ドイツ，イタリア	アメリカ，カナダ，オーストラリア，1980年代以降のイギリス	スウェーデン，ノルウェー，1980年代以前のイギリス

c　社会民主主義的福祉国家

社会民主主義は，議会政治を通じて貧富の格差を是正する意味では，労働者の生活保障を実現する考えであり，福祉国家の最も重要な推進力となった政治イデオロギーである．このため福祉国家と社会民主主義は同義語とみなされてきた．したがって福祉制度に関しては，社会民主主義的福祉国家が最先端に位置づけられる．

公的福祉は社会権に基づいて編成される．すべての市民を対象として高水準の平等化を追求している．このタイプは労働運動や社会民主主義政党が福祉国家の推進役になる諸国では一般的である．北ヨーロッパ諸国では，高い組織率を誇る強力な労働組合を背景に社会民主主義政党が政権を獲得し，社会への政治的な介入による再分配政策を積極的に展開してきた．市民は労働市場からの退出後，平均的な生活水準の維持が社会権として保障されている．この社会保障政策は国民の支持を動員し，社会民主主義政党の長期政権を可能にしただけでなく，雇用・産業政策と結びついて資本蓄積を促進してきた．

（3）　福祉国家批判

1973年石油危機以後の低成長時代から，福祉国家への批判がある．景気が悪化し税収入が減少したが，失業給付などの福祉支出や不況対策用の公共投資な

表補-2　福祉を支持する見解と不支持の見解

福祉を支持とする見解	福祉を不支持とする見解
① 社会的凝集性と国民統合を促進する．社会において全市民に経済的利益を与え，祝なくとも基本的な社会的支援を保証する．	① 依存文化を生み出し，個人の責任と独立の意味で自由を制限する．
② 国民が自己の潜在能力を発揮，実現できる条件を準備し，国民を貧困から守る意味で自由を拡大する．	② 同意なしに努力した者から怠け者に資源を移転することで，結局は合法的な「窃盗」になり，結果的に経済的に損害をもたらす．
③ 社会的な剥奪の影響に対抗し，自分自身で自立できない人々を支援することで自らの選択を保証する．	③ 採算を度外視する．独占的な官僚制を通じて準備されるので，非効率的である．

どが増加したからである［ピアソン，1996年］．その後，ニューライトが台頭し，公的福祉への批判が始まる．福祉国家を支えた財政が破綻し，景気が悪化し税収入が減少したにもかかわらず，失業給付などの福祉支出や不況対策用の公共投資などが増加したからである［小峯，2010年：第5部参照］．

　ニューライトは公的福祉は貧困対策，つまりセーフティネットに限定し，あとは民間部門や家族などのインフォーマルな部門に委ねられるべきと主張した．この主張は福祉のよる負担・重税感をもつ国民，特に中間層から支持を受け，1970年代後半から福祉見直しの機運が世界的に拡がった．ニューライトは肥大化した福祉国家を市場経済の活性化のために削減することを主張した．イデオロギー論争で，福祉国家を支持する社会民主主義や現代的自由主義，それに対抗する反福祉国家のリバタリアンやニューライトに分かれる．

（4）　福祉国家の現状

　福祉見直し論が各国に等しく生じたわけではない．社会民主主義型の国では，社会保障支出や負担が相当大きいにもかかわらず，福祉政策がすべての国民を対象とするため，福祉制度への批判は生じにくい．自由主義型の福祉国家においては社会保障支出や負担が低い水準にあるにもかかわらず，福祉の重点が貧困対策の公共扶助におかれ，その便益を受けるのが少数の貧困層であるために，福祉国家批判が中間層を中心に多数派を形成しやすくなったからである．ところが実際には，自由主義型において福祉国家批判が激しかったが，社会保障支出を大幅に削減できたわけではなく，福祉国家を解体させることをできなかった［岡沢・宮本，1997年；Steinmo, 2010：ch.5］．

　今日，福祉国家論との関係で注目されるのが，ジェンダー論からのアプローチである．福祉国家は「男は仕事，女は家庭」という性的役割の分業に基づく

家族観を前提にしていた．それは家父長制的な家族像である．当然，福祉国家はジェンダー問題と関わってくる．

とはいえ，福祉国家が前提とする従来の家族像は近年大きく変わりつつある．それは，女性，特に既婚女性の労働市場への進出と共働き夫婦の増加，婚姻率の低下と離婚率の増加，そしてそれらにともなう出生率の低下と少子化の進行などによってである．

フェミニズムは，労働市場における男女の平等化を求めるとともに，これまで家事労働が女性の無償扶養者としてではなく，社会保険や社会福祉給付に対する独立の権利主体として位置づけることを求めている．また，育児や介護に関して，手当支給や休暇制度の確立，あるいは施設の充実によって，それらの労働の社会化を求めているからである．福祉国家の今後は，ニューライトが重視した経済問題とともに，フェミニズムが提起したジェンダー問題という視点抜きには考えられなくなった．

（5） 未来への投資としての福祉国家

現在，国家の変化する構造は，ガバナンスとその役割の視点で分析されなければならない．ガバナンスの条件では，今後の国家は，それまでのニューライト政権から受け継いだ部分的遺産である「権限を有する，管理された相互関係の国家」と特徴づけられる．役割の条件では，「社会投資国家（social investment state）」が分析的，規範的に本質を表すことになる．社会投資国家の特徴は次の通りである．

 ① 人間と社会の「資本」に，とりわけ子供と共同体に投資すること．
 ② 子供を未来の働き手として優先すること．
 ③ 未来に焦点を合わせること．
 ④ 平等を促進する所得よりも，社会的包摂を推進する機会の分配をすること．
 ⑤ グローバルな競争を促進する個人と社会の適応力を養成すること．
 ⑥ 社会的，経済的政策を統合する．後者は前者の補佐役であること．

規範的，分析的の両視点から，たとえ私たちが福祉国家の枠組みを構成できたとしても，分析者・立案者と実行者・活動家は特定の政策配置内において複雑さと非調和性もあることにも認識しておくことを忘れてはならない［Lister,

2006：465-467].

　Th・ピケティ (1971-) は，民主化と平等化がともに発展した時期を第二次世界大戦後の福祉国家建設の時期に相当し，それが例外的な時期だとし，ポスト福祉国家における現在の資本主義が富の格差拡大と分配の不公平さをいっそう推進する，と説明している．それをどのように解消するかの処方箋(例：富裕税，累進課税の強化など)を提案している[ピケティ，2014年]．ますます多くの人々は福祉制度がもつジレンマを理解するようになった．けれども，福祉国家が一握りの「変人(crank)」の主張から始まったとしても，現在までの存続が社会的連帯の維持と社会的正義の促進のための闘いには有用であったことであり，その重要な「武器」になっていることは確かである [cf.Parijs, 2006：471].

設　問
1．保守主義，自由主義，社会主義から福祉国家のイデオロギーを説明せよ．
2．現在の福祉国家をめぐる論点を解説せよ．

第 8 章
アナーキズム

> アナキズムはこわい思想じゃなくて、いちばんやさしい思想なの。差別や搾取のない自由な社会、みんな助けあって生きていく。私の生きているうちにそんな世の中は来ないかもしれないけれど、そういう夢をもつ人間が少しでも増えればと思っているの。
>
> （望月百合子）

1. 歴　　史

　アナーキズム (anarchism) は「無政府」や「無秩序 (anarchy)」を意味し，ギリシア語に起源があり，元々は「支配のない (without rule)」ことを表した．同時に批判者からは，「文明化された秩序の崩壊」「不安定」「混沌」の代名詞とされた．人間にとって制約となる一切の外的権威，特に国家を否定し，自由で自律的な個々人の自発的結合に基礎を置く自由社会をめざす［Heywood, 2012：ch.5］．

　アナーキズムは国家，政府，法制度といった権力装置を否定し，個人の自由と共同体への尊重を徹底しようとするイデオロギーである．アナーキズムは自由主義と社会主義の両方に通じる考え方であり，個人主義者からコミュニタリアンまで様々な人々が関わる［勝田, 1966年参照］．

　19世紀後半，アナーキストは帝政ロシアと南ヨーロッパ諸国の小農民，労働者に浸透し，アナルコ・サンジカリズム (anarcho-syndicalism) の労働組合主義を採用した．フランスの労働総同盟 (CCT) は1914年まではアナーキストが支配していた．スペインの労働全国連合(CNT)は，1930年代後半スペイン内戦中，200万人以上のメンバーを集めることができた．20世紀前半アナルコ・サンジカリズムは南アメリカ諸国，とくにアルゼンチンやウルグアイにも支持者を拡げた．しかし，アナーキズムは1917年のロシア革命後に衰退する．マルクス主

義の影響が強まったからである．

2．中 心 要 素
——反権力への姿勢——

（1） 反国家主義（＝権威の否定）

　人間は相互に尊敬と共感で接することができる存在である．他者への権力行使は人間を奴隷化，抑圧，制約をもたらし，「恐怖生活」を生み出す．

　国家は法を使って人々に服従を強いる．法は公的行動や政治活動を規制し，経済生活を統制し，個人の道徳・生活・自由に介入する．E・ゴールドマン (1869-1940) は政府を「名士クラブ，銃，手錠，刑務所」で象徴化された存在だ，と断言する [Goldman, 1994]．国家は個人の所有権，自由，生活，時に生命さえも奪うことができる．個人は祖国を守るという美名のもとに敵国国民の殺戮さえ強制される．また，国家は税制度を使って個人から財産を「盗む」搾取装置でもある．国家は富者や特権層と同盟し，貧者や弱者を抑圧する．ゆえに，国家は主権，強制，命令の権威の独占体としての「悪」そのものである．

（2） 自然の秩序

　Th・ホッブズ (1588-1679) は国家のない社会（＝自然状態）を「万人による万人の闘争」となると論拠づけた．人間はわがまま，強欲，攻撃的な生き物である．だから，社会秩序は法・強制手段なしには成立しないとする見解である．これに対して，国家は人間社会の秩序ある生活を不可能にする，とアナーキストは反論する．W・ゴドウィン (1756-1836) は人間の本質を理性と強調する．人間は調和や平和の形で自分の生活を安全にする能力を元々備える．つまり，権力の影響が不正義，強欲，凶暴の人間の悪性を創り出す．権力は秩序や安定への解決策でなく混乱となる．

　アナーキズムには「自然の善」への信念がある．社会秩序は慈善と自主性に依存するので，「法と秩序」を必要としない．自然の秩序は完全であり，人為的に造り直し，再構築される必要性はなく，人間が自然の秩序に干渉しなければ，自然との調和が生まれる．この考えは現在，「社会的アナーキズム (social anarchism)」や「エコ・アナーキズム (eco-anarchism)」に継承される．

(3) 反教権主義

アナーキズムは国家とともに教会を批判してきた．例えば，スペイン，フランス，イタリア，南アメリカ諸国では，アナーキズムは反教権主義(anticlericalism)の一翼を担う．「教会と国家の廃止は社会を真に解放する不可欠な条件である」，とM・K・バクーニン（1814-1876）は述べる．教会は国家を支える柱の1つであり，精神と世俗の指導の両方の点で人々に追随と服従を強要する．宗教は社会の「善」と「悪」という基準を司祭，僧侶，法王のような宗教的権威者に定義，義務づけられ監督される．結局，個人の自治と判断の能力は教会に奪われる．

とはいえ，アナーキストは宗教そのものを否定しない．アナーキズムは人間の無限の発展可能性を信じる．そこには調和と統一の絆となる「ユートピア」的ともいえる信念がある．現在のアナーキズムは寛容・尊敬・自然の調和を説く道教や仏教のような宗教にも影響される．

(4) 2つの経済観

私的所有権と市場経済をめぐって，アナーキズム内部には2つの相反する立場がある．そのうちの1つの集団的アナーキズム（collective anarchism）は共同社会と集団所有に基づく経済を主張する．これは共同体に重心をおく「アナルコ共産主義（anarcho-communisim）」とも呼ばれる．

もう1つの個人主義的アナーキズム（individialist anarchism）は自由市場と私的所有のより徹底化を図る立場である．公的介入は競争市場を悪化させ，私的所有権と個人の自由を侵害する．完全な自由経済システムは選択されるべきである．これは個人の自由を尊重する「アナルコ資本主義（anarcho-capitalism）」とも呼ばれる．

3．集団主義的アナーキズム

(1) 集団主義

集団主義（collectivism）とは，「人間の目的が協働と集団を通じて一番良好に達成されるとする信念」である．

集団主義的アナーキズムは自由よりも連帯や協調を優先する．集団主義は人間が社会的な動物だと考える．人間が公共善のためにともに働く潜在能力をもつ．

人々が共通の人間性で結びつくなら,政府による規制や管理は必要ではない.「社会的連帯は人間の最初の法であり,自由は第二番目の法である」(バクーニン).クロポトキンは,自著の『相互扶助論』[クロポトキン,1996年]において,社会的連帯の基礎を理論づけた.彼はダーウィンの進化論を修正,解釈し直した.生物は競争や闘争を好むのでなく,成功した種は集団エネルギーをコントロールし,進化は競争より協同という社会性を高める,と相互扶助や協働能力を証明する.この考えは自由主義者とはまったく異なる解釈である.

(2) アナーキズムとマルクス主義

集団主義的アナーキズムとマルクス主義には多くの類似点がある.資本主義と階級搾取を不正義のシステムとみなし,財産の集団的所有と社会生活の共同体的組織を選択し,完全な共産主義社会が「無政府状態」である.人間は政治的権威なしに課題や問題を自ら解決する能力をもつ.

しかし,アナーキズムはマルクス主義を次の点で批判する.

第1に,マルクス主義の史的唯物論が科学的社会主義だとは考えない.マルクス主義が経済という下部構造とその変化による社会変動を論証の中心に据えたのに対し,アナーキズムは物質的,階級的利益より,社会主義を協働利益の達成と大衆の理念に根拠をおく.マルクス主義の経済決定論は人間を「操り人形」とみなすと批判する.

第2に,アナーキズムは労働者を抑圧された唯一の存在や革命的な主体とは考えない.農民,少数民族,都市下層階級(例:ルンペンプロレタリアート),学生などが抑圧された社会層に含まれる.

第3に,マルクス主義の「前衛政党」論は権力関係を生み出すために認められず,大衆の自主性に信頼を置くべきである,とする.

第4に,マルクス主義が資本主義から共産主義までの移行に際し,「プロレタリアート独裁」を主張するが,アナーキズムはそれを認めない.どのような独裁も権力装置として否定される.

(3) 相互扶助論

相互扶助論(mutualism)とは,「任意的,相互利益的,不当利得や搾取なしに財やサービスを交換し,その関係において個人と集団と相互に協定する調和的な交換システム」である.この考えを徹底すれば,純粋な共産主義に近づく.

プルードンの考えはアナーキズムの個人主義と集団主義の両要素にまたがる．プルードンは「財産とは盗みである」という結論に達した［プルードン，1971年］．もっとも，プルードンは私的所有権すべてに反対しなかった．特に，彼は小農民，職人，熟練工など古い労働界にある人々の自治に根拠に求めた．彼は搾取を回避しつつも，社会的調和を促進する所有権の樹立を追求した．

　相互扶助論は個人や集団が暴利や搾取なしに財やサービスを交換するので，相互に協定が可能となる公正で平等な交換関係を示す．実際に，プルードンの後継者はフランスやスイスにおいて，この考えを実践しようとし，相互信用組合を設立した．

（4）　アナルコ共産主義

　アナルコ共産主義者は真の共産主義社会の樹立のために国家の廃絶を考えた．アナルコ共産主義社会は中世の都市国家や小農民協同体のような比較的小規模な自主管理されたコミューン（commune）の連合体から成立する．

　コミューンとは，「富と権力の共有にも基づいた小規模な集団的な組織であり，可能な限り個人間と組織内の協定を拡大すること」である．

　私的所有と政府を保護する法律は無益であるだけでなく有害である．資本主義は資本家が労働者を搾取するシステムである．経済的な不平等は個人に強欲，敵意，憤りを募らせ，社会を犯罪と無秩序の温床にする．投獄や刑罰は人間を堕落，性悪化させ，犯罪を増やす．したがって，政治的抑圧と経済的不平等が廃止されると，個人を「保護」する法律は不要となり，「自由と友愛」が無政府社会を効果的に実現させる．コミューンは規制や法律よりも愛情や連帯といった人々の絆から成立する．

（5）　アナルコ・サンジカリズム

　19世紀後半から20世紀前半にかけての社会主義運動において，アナーキズムはアナルコ・サンジカリズムの形で大衆運動を展開した．

　サンジカリズムとは，「階級戦争の観念に基づき，直接行動とゼネラル・ストライキを『武器』とする革命的労働組合主義の一形態」である．

　サンジカリズムはフランス語で組合や労働組合を意味するsyndicatに由来する．労働者，手工業者，専門職などは職能団体や労働組合を組織することで自己防衛を図り，同時に資本主義の転覆をめざした．

サンジカリズムには2つの特徴がある．第1は大衆が直接行動，ボイコット，サボタージュ，ゼネストを通じて堕落した政権を打破すべきことである．第2は組合が将来の分権的，非階級的な社会の中心となることである．

アナルコ・サンジカリズムはゼネスト理論を超えた政治戦術や革命理論にまで発展させなかった．また，労働組合に依存しすぎて，かえって改良主義に向かう結果となった．

(6) 急進的民主主義

自由民主主義は国民の合意と代表制の原理に基づき政府と国民との間を峻別する．アナーキズムはこの合意と代表制の両方を否定する．政府は個人の自治権を侵害するので，国民の代表者といえども，彼らは人々への抑圧の「共謀行為」に加担する．定期選挙は単なる儀式であるばかりか，憲法枠内で不満を伝えるだけの手続きでしかない．

アナーキストは急進的民主主義（radical democracy）の実現をめざしてきた．

急進的民主主義とは，「分権化と直接参加を基本とする民主主義の一形態であり，政治権力をできる限り拡散する考え方」である．

ルソーは自由を「人が自ら自身に定めた法への服従」という個人の自律性と定義したように，民主主義は人間が自由を獲得できる手段である，と主張した．言い換えれば，市民が自らの共同体を形成する際に直接的，継続的に参加するときだけ自由となる．民主主義は代表制だけでは成立しない．

とはいえ，アナーキストはルソーの考え方を全面的に支持するわけではない．アナーキストはルソーの「一般意思」概念を批判する．ルソーは「共通の利益だけを心掛ける全人民の意思」を「一般意思」と定義したが，「一般意思」は個人や集団の自治と和解できるとは限らず，結局，支配関係を正当化する結果になる．直接民主主義は分権化と結びつく限りにおいて，小規模なコミューンを前提とし，人々が直接自分たちを管理する．それは具体的には分権化，直接参加，政治的平等に基づいている．

もっとも，アナーキストの主張を集団レベルでは可能だが，集団間レベルではそれぞれの利害が衝突することがありうるのではないか．そうすると，ルソーが嫌った「全体意思（volonté de tous）」を招くことになる．

4．個人主義的アナーキズム

（1） 自由主義とのちがい

　個人主義的アナーキズムは自由主義よりもっと自由を徹底させる．自由主義と個人主義的アナーキズムとは親近性がある．だが，両者に相違も存在する．

　第1に，自由主義者は個人の自由を認めるが，無政府社会ではそれが保障できない，と考える．権力が人々に制約を加えないと，個人は盗み，脅迫，暴力，殺人など社会を無秩序にする．ところが，個人主義的アナーキズムは，社会を「監視」し，個人を「保護」する政府を必要とせず，個々人が自らを規制できる，と考えた．それは理性が働くからである．

　第2に，自由主義者は政府を自らのイデオロギーを制度化した．例えば，憲法や代表制・三権分立によって統制できる．憲法は政府の権力を制約し，様々な相互監視の機関を設ける．定期選挙は国民に政権をチェックできる制度である．しかし，アナーキストは権力分立，立憲主義，代表制による政治制度を一切否定する．

（2） 利己主義

　利己主義（egoism）とは，「自己の利害，福利，わがままへの関心，あるいは各個人が自己の道徳的領域の中心にある信念」である．この場合，利己主義には2つの意味がある．1つは個人の利益への関心，もう1つは個人による利益の追求である．

　個人は法律，社会的因習，宗教的・道徳的原理を考慮せずに，自己が選択できる単純な行動をすべきである．したがって，道徳的に人間は自律的に機能する資格がある．しかし，それは逆効果となる．というのも，自己利益は個人間の対立を生じさせ，他者との調和，濫用の抑制装置である国家という存在を正当化するからである．しかし，自己の自由を絶対化させたい人々は既存のあらゆる手段を破壊したい．その結果，人々は虚無主義（nihilism）にまで行き着く．虚無主義とは，「あらゆる価値や道徳的な心理さえも否定する態度や見解」である．

（3） リバタリアニズム

　個人主義的な見解はアメリカのリバタリアン（libertarian，自由至上主義者）によって展開された．個人を取り巻く内外の制約を除去し，自由を最大限に享受すべきと考える．

　リバタリアニズムとは，「個人の最大限の自由を享受する信念，個人について内と外の両方の強制要素を除去すること」を意味する．「政府が最小に統治するのが最善である」とする「自由至上主義」を評価する．

　個人主義は政府への市民的不服従の方向で考えるべきであり，個人は自己の良心に忠実であり，政府が制定する法律や社会の要求でなく，各自が「正当」と信じたものを実行しなければならない．個人の良心は政府が課す義務よりも優先する．

　個人が紛争や無秩序の危険なしに生活できるのか．2つの解決策がある．第1は人間の理性を強調し，対立や不同意を理性的な議論で解決することである．第2は自由な個人が相互に調和に至る一種のメカニズムを整備することである．極端な個人主義者はこれらの解決策を市場の交換システムを通じて達成できる，と主張する．市場の「見えざる手」が社会の全秩序を維持できる手段である．

（4） アナルコ資本主義

　1980年代から自由市場経済への関心が復活する．ニューライトは自由放任経済を要求した．ノーズックのような右翼リバタリアンは「最小国家」イデオロギーを復活させた．M・ロスバンド（1926-1995），D・フリードマン（1945-）らは自由市場を拡大し，いわばアナルコ資本主義（anarco-capitalism）を主張した．政府活動を極小化すること，市場を規制のまったくない完全競争に置き換えること，財産は個人に無条件に所有されるべきことなどが要求される．人々は自己責任に基づき自己利益を追求し，他者と任意の契約を結ぶ．

　アナルコ資本主義は自由主義を超えて展開した．市場はほとんどの財を供給する効率的，効果的メカニズムであり，それは無限の有効性がある．欲求が市場によって満たされる．無政府社会においても，個人は相互に保護を求めることが認められるが，その保護は公的な警察や司法制度を必要とせず，私的な「保護団体」や「裁判所」によって保障される．

5．政府なき社会への道

(1) 直接行動

アナーキズムは非政治化したばかりか，積極的に反政治化する．例えば，アナーキストは選挙政治を拒絶し，政党も否定する．アナーキズムは現在の政治手段を利用しない．

アナーキズムは直接行動を採用する．直接行動は消極的な抵抗からテロリズムまでを含む．アナルコ・サンジカリズムは代表制民主主義に関わることを拒否し，ボイコット，サボタージュ，ストライキを組織することで資本家に直接圧力をかける．直接行動には2つの利点がある．

第1は政治手続きや政治制度に拘束されないことである．直接行動は政治的な不満や反対の表明を現存制度に頼る必要がない．

第2は分権化と直接参加による行動が大衆に直接説得できることである．これは現在の「新しい政治 (new politics)」の手法に影響する．

確かに，直接行動がマスコミや社会の関心を引くが，それは「アウトサイダー」と定義づけられるので，それへの評価は必ずしも好意的な支持があるとは限らない．

(2) 暴　　力

アナーキズムによる暴力は2つの時期で顕著であった．1つは1890年代，もう1つは1970年代の場合である．アナーキストはテロリズムを採用した．テロは社会に恐怖の雰囲気を拡散させる．

アナーキズムは暴力を復讐か報復かの一手段と考える．暴力は労働者を抑圧する政治家，資本家，裁判官，警察関係者に行使されるので，暴力は抑圧と搾取に関連する．つまり，権力側からの日々の暴力に対抗する暴力を実行する．だから，アナーキストの暴力は権力側の「罪ある人々」に対する「処刑」「制裁」である．それは「革命的な正義 (revolutionary justice)」の実行である．

ところが現実は，アナーキストの暴力は逆効果となった．大衆は，抑圧を自覚しないため，かえってテロは大衆の恐怖心と激怒を引き起こす．結果的には，マイナスの効果しか生まない．それにテロは世論を背景とした国家の抑圧機構を拡大，強化させる結果となった．

表8-1　個人主義的アナーキズムと集団主義的アナーキズムの対比

	個人主義的アナーキズム	集団主義的アナーキズム
基本姿勢	超自由主義	超社会主義
個人か集団か	極端な個人主義	極端な集団主義
社会的構成要素	主権をもつ個人	社会的連帯
社会変革	市民的不服従	社会革命
社会観	原子論	有機論
社会形態	自己本位	共同体主義
社会のあり方	市場関係	社会的義務
弱者救済方法	私的所有権	共同所有権
経済形態	アナルコ資本主義	アナルコ共産主義
福祉制度	自己救済	共同体による福祉
国家の否定形態	無政府主義は競争・市場を中心	無政府主義は共同体に基づく

(3) 平和主義

アナーキズムには暴力を否定する考え方もある．その考えはL・N・トルストイ（1828-1910）やM・ガンジー（1828-1910）のような非暴力主義と平和主義に影響を受けた．トルストイは腐敗し，堕落し，誤った近代文明を嫌悪した．そこからの救済は非暴力を原理としたロシア農民の伝統的な生活様式や農村生活への回帰である．ガンジーは反人種差別運動とインド独立を指導した．ガンジーの考えは非暴力による抵抗であった．彼は人々の愛情に基づいた生活を信じた．そして，インドの伝統的な村を理想の共同体と想定した．

非暴力の原則は2つの理由で重要である．

第1に，あらゆる人間の生き方の高潔さを表す．愛情によって規律づけられた社会は思いやりと尊敬に基づかなければならない．

第2に，政治的戦術の点である．非暴力的な抵抗は人間の道徳的な強靭さを証明する．非暴力の抵抗運動は強力な武器となり，結果的にインド国内，さらに世界からインド独立の支持を獲得できた．この戦術は1960年代のアメリカの公民権運動の指導者であったL・キング（1929-1968）も採用し，その後1980年代の様々な大衆運動・平和運動にも継承されることになった．もっとも，アナーキストは共同体を優先するので，大衆運動から遊離することもある．

6．今後のアナーキズムのもつ意義

アナーキズムは3点の問題を抱える．

第1は政治権力の否定がいかに非現実的であるかである．

第2は政治制度や政治組織に反対することである．アナーキストは大組織（例：政党結成，選挙への立候補，公職追求など）を拒絶してきた．

　第3はアナーキズムが一貫したイデオロギーや運動を完成できなかったことである．

　アナーキズムは政治権力が強制的，破壊的な性格をもつことを暴露し，人間の自由のあり方にこだわる．例えば，現在，そのことをニューレフトとニューライトが個人の自由を中心としたリバタリアン的な特徴として継承する．ニューレフトは個人の自己実現の可能性を意味する「解放」を目標とする．それは抗議運動と直接行動に基づく政治スタイルに映し出される．ニューライトは個人に基づく経済活動の最大の自由を尊重する．これは市場の自由競争によって保障できる．

　現在，アナーキズムは環境保護，消費者保護，都市再開発などの諸問題，ニューテクノロジーの適用，性関係の再検証などの諸争点に中心課題の関心を移す．今後，社会はより複雑化，断片化する「分衆社会」となる．大衆社会そのものが解体するかもしれない．アナーキズムが個人主義，政治参加，分権制，平等，連帯，協力のような価値観と結びつく点を考慮すると，当然，これはこれからのイデオロギーの1つとなる．

　ネオリベラリズムやグローバル化，それに反発する民族主義や原理主義などが現代世界で席巻する中で，現在，わたしたちは国家の「横暴」と資本主義の「非道」にどう対応すべきを問われている．その中にあって，自らの「自由への本性」や「自らの意識」を育むことができるか．市場経済主義や統制経済計画，ナショナリズムとグローバリズムなど20世紀のイデオロギーが機能しなくなった，と言われる．それへの対応を考えるうえで，アナーキズムの再考は今後わたしたちが将来の可能性を考える道標を考える手掛かりになる［チョムスキー，2009］．

設　問
1．アナーキズムの中心要素とは何か．
2．アナーキズムと自由主義の相違を説明せよ．
3．アナーキズムは政府なき社会をどのように描くのか．

第9章
ナショナリズム

　　　　　　　国家とともに，というこころざしがないなら，人ではない．
　　　　　　　　　　　　　　　　　　　　　　　　　　（吉田松陰）

1．歴　　史

　ナショナリズム（nationalism）とは，「所属と共有する価値で人々を共通に運命づける文化的，歴史的，言語的，心理的，社会的な諸力の総体」を表わす用語である．この用語はラテン語の，「誕生する」「生まれる」を意味するnasciに由来する．また，natioの形で誕生や出生地による団結した人々の集団の意味で使用されたこともある［Heywood, 2012：ch.6, 1999：ch.4］．

　イデオロギーとしてのナショナリズムは，1789年フランス革命に起源がある．フランス革命とナポレオン戦争（1804-1815）によって，ナショナリズムはヨーロッパ大陸に伝搬した．19世紀初期には南アメリカ諸国に飛び火する．本来，ナショナリズムは自由主義と結びつくが，19世紀後半から徐々に保守的，反動的な色彩も帯びる．19世紀末までにナショナリズムは，国旗，国歌，詩，文学，儀式，祝日といったシンボルの拡がりとともに，国民的な運動，大衆政治の用語となった．それは初等教育，大衆文学，大衆新聞などの普及とともに可能となった．

　ナショナリズムは，1870年代から20世紀初めにかけて，帝国主義を大衆的基盤で支えるイデオロギーとなる．このイデオロギーは自民族・自国民の膨張主義・侵略主義を正当化し，その結果1914年に第一次世界大戦を引き起こした．第一次世界大戦後，パリ和平会議でアメリカ大統領のT・W・ウィルソン（1856-1924）は新興国家の「民族自決（national self-determination）」を擁護した．しかし，その後も対外的な侵略や膨張を追求するナショナリズムは解消されなかった．

1945年以降，第三世界では，民族解放闘争を担うナショナリズムが生まれる．中国，ベトナム，アフリカの一部では，ナショナリズムはマルクス主義と融合し，「民族解放」は単に政治目標でなく社会革命の一部とみなされる．反西側的ナショナリズムは第三世界の自己表現となった．

　ナショナリズムを考える場合，3つの問題に留意しなければならない．第1はナショナリズムがイデオロギーというより政治的教義と分類されることである．第2はナショナリズムが自民族への忠誠や他民族への嫌悪といった心理的現象とみなされることである．第3はナショナリズムが時代ごとに異なる解釈がなされることである [Birch, 1993 : ch.1, 2, 6 ; cf.Hall, 1998 ; cf.Gellner, 1997]．

2．中心要素
――国を愛するために――

（1）民　　族
　民族（nation）とは，「共通の言語，宗教，人種，歴史など共通する価値や伝統によってお互いに結びついた人々の集合体」である．

　言語は親密と所属の意識を表わす態度，価値，形態を具体化した記号である．例えば，19世紀までのドイツのナショナリズムは国家統一前にはドイツ語を使用する人々に共通するものであった．文化的統一の意味を基本とした歴史的経緯を表現する．

　宗教は共通する道徳的価値と超世俗的な民族の信念を表わす．北アイルランドでは，人々は英語を話すが，宗教では分断される．イスラム教は北アフリカと中東地域の大部分で民族意識を形成する中心要素である．ところが，宗教と民族とが一致するとはかぎらない．アメリカは宗教的には多彩であるが国民を分け隔てることはない．

　エスニシティ（ethnicity）とは，「特定の住民，文化集団，一地域への忠誠の感情を共有した人々の集合体であり，その国民も小規模で，その関係性が密であるがゆえに他のエスニシティには排他的な態度をとることが多い集団」である．もちろん，エスニシティは国民（nation）の基礎となるとはかぎらない．アメリカ人は各出自の民族的誇りを損なわずに文化的多様性を温存する．

　人種（race）とは，「共通の発生的，遺伝的な体質を共有し，生物学的要因によって他と区別される人間集団」である．人種主義（racism）とは，「人種ごと

表9-1　市民的ナショナリズムとエスニック・ナショナリズムの対比

	市民的ナショナリズム	エスニック・ナショナリズム
基本姿勢	政治的国民	文化的・歴史的民族
他者への認知	包摂的	排他的
社会的構成要素	普遍主義	特殊主義
他民族との関係	諸民族を平等に扱う	諸民族を唯一無二とみなす
紐帯形態	合理的・原則的	神話的・情緒的
民族の存在論拠	国民的な主権	民族の「精神」
個人と社会	任意的関係	有機的関係
結合	シチズンシップに基づく	血統に基づく
経済形態	市民的忠誠	エスニシティへの忠義
福祉制度	文化的相違性	文化的単一体
国家形態	1国民に基づく国民国家	民族ごとの分離主義・連邦制

に別々に生活するべきとする理由や，異なった能力をもち，そのため異なった社会的役割をもつ理由で，人種の区別が政治的に重要だとする考え」である．しかし，ナショナリズムは通常，生物学よりむしろ文化を基礎とする場合が多い．

　民族は共通の歴史と伝統を共有する．民族は過去の栄光，独立記念日，民族指導者の誕生日，軍事的勝利などで人々を一体化できる．とはいえ，ナショナリズムの感情は共有する記憶や共通する過去よりも，実は未来への期待に基づき成立するかもしれない．そのことは民族自決と関連する．

　自決（self-determinism）とは，「個人やその他の行動や選択が外的要因でなく，自己によって完全に条件づける考え」である．

　ナショナリズムは民族共同体が国民主権（national sovereignty）をめざすときに登場する．民族的一体感は民族自決で表現される．それは民族独立を達成し，それを維持する民族の願望と言い換えてもよい．したがって，ナショナリズムの目標は国民国家の建設と独立，その維持，存続，繁栄である．

　もっとも，ある民族は独立国家や民族自立の条件を欠くため，政治的自治権の保証で満足することもある．イギリスのウェールズ人，フランスのブリュターニュ人，スペインのバスク人の分離主義（separatism）運動の場合がそうである．

　分離主義とは，「独立国家を樹立する見解をもって政治的構成体から分離する要求」である．

　ところが，ナショナリズムが既存国家からの離脱を求めるとは限らない．それに替えて連邦制（federalism）や地方分権（devolution）を通じて自民族の利益を表明することもある．

（2） 有機的共同体

民族は外に独自性を示し，内に固有のアイデンティティでまとまる有機的共同体である．有機体は，「全体が構成する個々の部分以上の存在であるので，社会が有機物や生きている実体のごとく活動する」，と考えられる．

E・ゲルナーによれば，ナショナリズムの成立は近代社会の成立を前提とする［ゲルナー，2001年］．前近代社会が封建的な紐帯と忠誠で構造化されたが，産業社会は社会移動，自己努力，競争原理を増進させた．だから，文化的凝集性の新たな源泉を必要とする．前近代的な忠誠とアイデンティティへの回帰が不可能なので，民族が近代社会の条件と環境に一致するとき，ナショナリズムが成立する．

B・アンダーソンは「民族性とナショナリズムを人工的，文化的な創造物」とし，それらは18世紀末に自然に形成されるモジュール（規格化され独自の機能をもつ交換可能な構成要素）となって様々な社会に移植してきた，と説明する［アンダーソン，1997年，2007年］．民族とはイメージとして心に描かれた「想像の政治的共同体」であるとし，「ナショナリズムは国民の自意識の覚醒ではない．ナショナリズムとは，元々存在しないところに国民を発明することだ」とし，民族意識やナショナリズムの虚構性を指摘した．そこで民族が存在するなら，教育，マスメディア，社会化などを通じて構築された「想像上（の人工的な）民族」が存在する．もっとも，国民国家は虚構性の存在ではない．実際に存在するからである．

A・スミスは前近代のエスニック共同体（エスニー，ethny）から現代の国民までの連続性を強調する［スミス，1999年］．民族は国家建設と民族独立に先行して存在した．だから，ナショナリズムは近代特有の創造物ではない．前近代から存続する，強力なエスニーが国民形成の中核になった．エスニーは，①集団の名前，②共通の神話，③歴史的記憶の共有，④集団文化，⑤「故国」との心的結びつき，⑥集団の連帯感，という6つの属性をもつ文化共同体である．

エスニーが民族と異なる点は領土の有無に関係しないこと，いまだ法的一元性，経済的一体性をもたないことである．

民族は複数のエスニーから構成される．支配的なエスニーが領土を支配し，他のエスニーを自己の領土や統治構造に取り込む．この過程で政治的，経済的一体性を実現したエスニーが国民国家を形成する．その媒介物が文化共同体と

いう要素であり，国民として帰属意識を形作る中核となる．1880年代以降，歴史的記憶の制度化が図られた．記憶の動員には，歴史体験の共有や文化的類似性という「受け皿」が必要である．それには合理的根拠を必要としない．情緒的一体感がナショナリズムの根源である［谷川，1999年］．

　アイデンティティ (identity「自己同一性」) は，個人が主体以外の対象 (例：人物，状況，事物など) と情緒的な紐帯関係をもち，個人は他者との同一化や識別化を通じて「自分がだれなのか」を認識できることを指す．国家は当該領域間の諸集団から均一の国民を長期間で創造する．これは国民形成 (nation-building) である．この過程は公教育・公用語，中央集権的な共通行政を通じて支配的なエスニシティへの同化という形を採用する［古田，2008年］

　ナショナリズムには，領土，宗教，言語のような「客観的な部分」と同様，意思，記憶，愛国，忠誠のような「主観的な部分」を欠かせない．ナショナリズムは人々に共有する歴史を認識させ，集団的な結束や精神を意識させ，個々の存在よりも民族やエスニック集団の運命を優先させる．少数派が多数派に圧迫されると，民族自治や民族文化の保存が強まる［ケドゥーリー，2000年；ゲルナー，2001年；スミス，1978年，1998年］．

(3) エスニシティ

　エスニシティは，社会が分裂し敵対することで，人種，文化，歴史の特徴の複雑な組み合わせで言及される．もっとも，誤解を恐れずに単純化すると，その特質は文化共同体を分ける，人種的なグループ化によって例示されるともいえる．もっと洗練された捉え方では，エスニック政治の種類で取り扱われる．例えば，ウェールズ，またはスコットランドのナショナリストがイングランドの支配者からエスニック的に分離したいというような現象である．「エスニシティの分割 (ethnic division)」を設けるために使用される．最も共通するものは，宗教と言語である．人種的な政治的分割は，それ自身が存在するところでは常に不可欠であるが，他の形態のエスニック政治 (ethnic politics) が不可欠になってきたのは戦後数十年間のみである．

　現実の分割が長く確立されてこなかったけれど，完全に膨張したエスニック政治を，例えば具体的な言語上の相違が具体的な政策争点を生じさせる，単なる投票の亀裂が存在するのと混同しないことが重要である．例えば，ベルギーやカナダのエスニシティの問題では，主に言語紛争であるとしても，宗教的な

分裂とも結びついている．イギリスでは，言語政治に関して対立した歴史的，文化的な分割があるが，宗教的な結びつきもそこには存在する．北ヨーロッパ諸国においての同様の分割（主に言語）はごく小さな事例でしか過ぎない．

　エスニシティはナショナルなアイデンティティ問題を生じさせることもある．エスニック政治が第三世界やその他の国々では最も重要である．それは地理的な区分がヨーロッパの帝国主義者によって建設されたからである．共産主義の権力が崩壊すると，1990年代前半，旧ユーゴスラビア，旧ソ連での紛争となった問題は人工的な国境を維持してきたことに起因する．

　先進民主国の政治と，第三世界やポスト共産主義ブロックの国々のエスニシティの政治を区別することは必要である．前者にはナショナル・アイデンティティの強さがすでにあり，後者にはエスニシティの分割が政治システムを維持する問題への中心的な課題であるからである［竹沢，2010年：第四章］．

　言語集団は政治において重要な位置を占める．人が話す言語あるいは社会的昇進のために話すことを強いられる言語は非常に重要だが，言語の認知はある文化や歴史の正統化の主要な側面である．言語が政治的に有意なところでは，1つの言語集団は外国の征服者または抑圧するエリートによって弾圧される．それはエスニック・マイノリティとなる．そのような場所では，支配言語を使用しなければならない．言語上のマイノリティには，支配言語は現実的な困難さだけでなく，不自由という暴力や抑圧を課すシンボルでもある．多くの事例で，言語は他の社会的シンボルと相関関係する．そのうち，宗教とエスニシティは最も強力である．

　階級と宗教とともに，言語の亀裂は現代政治において重要な紛争源となる．ベルギー，独立国家共同体（CIS），ルーマニア，スペイン，イギリス，旧ユーゴスラビアなどがその事例である．政治運動や紛争は言語集団に基づくことが多々ある．

　第三世界では，言語が国民の統合では不可欠な要素である．もちろん，西洋列強による「外国語」の共通使用に同意することで，統合は期待される．例えば，インドは地方語の多様さのため英語を必要とする．

　言語は政治的な意義をもつ．なぜなら，私たちのイデオロギーや概念の蓄積，自己イメージが言語を介して反映，制約されるからである．それは言語集団を単位とする政治のむずかしさを説明できる．しかし，現代社会では，言語政策はある住民に敵意を抱かせる．住民は，一方において支配言語の使用者との政

治的同化を受け入れるが，他方では先祖がえりや郷愁として固有言語を支持するからである．

エスニック・ナショナリズムとは，「エスニシティのもつ特異な感情やそれを保存する欲望によって刺激されるナショナリズムの一形態」である．

エスニック集団は，「統合的な親族集団であり，文化的条件では深い情緒レベルで機能し，その独自性に固執する」．

グローバル化や多国籍企業など超国家的な枠組みが拡大すると，国民国家への帰属意識が薄れるが，かえって小単位のエスニシティや伝統的な共同体に自己の一体感を求める動きが活発化する．その典型が旧東ヨーロッパ圏でのエスニック・ナショナリズムの噴出である（例：旧ユーゴスラビアの民族問題）［石川，1994年］．

3．多様な形態をとるナショナリズム

（1）　自由主義的ナショナリズム

アメリカ大統領のW・ウィルソンは第一次世界大戦後，「14条（Fourteen Points）」を宣言した．そこには各民族の独立の保障，主権の回復，民族自治などが列記されていた．これらは自由主義的ナショナリズムを映し出したものである．

このナショナリズムは2つの意味で自由主義的である．第1に，平等主義の点で外国の支配と抑圧に反対する．第2に，立憲主義と代表制の考えから自治の理念を表現する．ウィルソンはその立場を支持した．それはアメリカをモデルとする．それに各民族が平等である世界を理想とした．

民族自決の達成は平和的，安定的な国際秩序を確立する手段でもある．ナショナリズムは各民族の権利と特性を相互に尊重し，民族の統一を可能にする力と考え，他国の民族自決を尊重し，他民族に侵略や支配を行わない．

（2）　保守主義的ナショナリズム

19世紀後半，イギリスのディズレーリ，ドイツのビスマルク，ロシアのアレクサンドル三世のような保守的政治家は，社会の秩序維持や伝統的制度の防衛のため，ナショナリズムを利用し始めた．その結果，現代ではナショナリズムは保守主義の一要素にもなっている．

保守主義者は祖国愛や愛国心を具体化した社会的な凝集性と公的秩序に注目している．民族は同じ思考様式，習慣・慣習，容姿をもつ同胞と暮らす願望から成立する．保守主義的ナショナリズムは愛国的忠誠や「民族への誇り」で国民的な統合を図り，特に国際主義（internationalism）に警戒心をあらわにする．ナショナリズムは過去の民族の栄光を誇張する．だから，民族が脅威にあり，危機に瀕したと感じるとき，保守的な性格や感情が露骨に登場する（例：フランスのブーランジュ事件，ドルフュス事件）．
　多文化や多民族の共存は社会を不安定にさせる．社会的な一体感を欠くからである．したがって，移民の受け入れを抑制するか，あるいは自民族に同化するかしないと，民族の一体性は確保されない．民族概念は自民族アイデンティティの保護に限定される．

（3）　膨張主義的ナショナリズム
　ナショナリズムは攻撃的，軍国主義的なイメージを付随させる．それは民族自決の原則と対極に位置づける．ある民族は他民族に優越する特徴や特質を所持する．19世紀の欧州やアメリカでは，白人がアフリカ，アジアの有色人種より知的，道徳的に優れる，と信じられた．
　排外主義は強烈な，ヒステリックな民族感情から生まれ，攻撃，膨張，戦争を賛美する形で表現する．これは「統合的ナショナリズム（integral nationalism）」とも呼ばれる．このナショナリズムは「個人のアイデンティティを民族のアイデンティティに吸収する，侵略的な，民族至上主義的な狂信さ」を表わす．
　軍事的な栄光や征服などは民族の偉大さの証明であり，民族感情を生み出した．事実，個々の国民は絶対的な忠誠，徹底した献身，積極的な自己犠牲などの価値を帯びる場合がある．

（4）　反植民地ナショナリズム
　植民地主義（colonialism）とは，「通常，入植や経済支配によって外国の領土支配を確立する理論と実践」である．植民地時代のアジア，アフリカの人々は，植民地主義に対抗して，民族解放と国家独立を要求し，ナショナリズムに反植民地主義の要素を追加した．
　植民地独立・解放運動の指導者の多くは欧米諸国で教育を受けている．反植

←包摂的　　　　　　　　　　　　　　　　　　　　　　　　　排他的→

多文化主義　　　　　　自由主義　　　　　保守主義　　　　　ファシズム

図9-1　ナショナリズムの位置づけ

表9-2　自由主義的ナショナリズムと膨張主義的ナショナリズムの対比

	自由主義的ナショナリズム	膨張主義的ナショナリズム
民族的自立	民族自決	民族的排外主義
他の民族への対応	包摂的	排他的
個人と国家	任意主義	有機論的
歴史的発展	進歩主義	反動主義
基本姿勢	合理主義／原則論	情緒主義／本能論
利益	人権	国益
諸国民の関係	平等な諸国民	諸国民の階統制
権威の根拠	立憲主義	権威主義
民族／文化	民族／文化多元主義	民族／文化純粋性
国際関係観	コスモポリタニズム	帝国主義／軍国主義
国際政治観	集団的安全保障	権力政治
国際社会観	超ナショナリズム	国際的アナーキー

民地闘争が時折，自由主義的ナショナリズムの言葉で自己目標を語られる．しかし，独立したアフリカ，アジアの民族は19世紀，20世紀初期の欧米諸国のそれとは異なる．アフリカやアジアの民族独立の要求は，経済的な停滞と先進国への従属からの決別を意味する．当然，反植民地主義は真の民族解放である．

　また，反植民地主義運動の指導者は社会主義からも影響された．ナショナリストにはガンジー，ネルー（1859-1964）のような穏健で非暴力主義者からホー・チ・ミン（1890-1969），ゲバラ（1928-1969）のような革命家まで，彼らは社会主義的な志向で共通する．その社会主義は前近代社会における共同体を基礎とした協力，連帯，平等などが具体化される場合もあれば，マルクス主義の階級支配関係の視点で植民地支配に対抗する理論づけする場合もある．反植民地主義のナショナリズムは第三世界から第一世界に向けて抗議を表現する，と述べてよい．

　ただ，注意すべきは，アジア，アフリカでは，国民国家という枠組みが設けられ，国民形成を短期間で推進する事情があり，そのため当然，マイノリティの反発から国民の一体性の破壊や崩壊につながる場合がある．

4．エスニック・ナショナリズム

（1） エスニック・ナショナリズム

エスニック・ナショナリズム (ethnic nationalism) は，自治，統一，アイデンティティに基づくイデオロギー運動である．顕在的にも潜在的にも「ネイション」としてのメンバーの一部によって表現される．「国民国家という領域単位でのナショナリズム (territorial nationalism)」と異なって，現実のあるいは推定上のエスニック文化の条件において，国家，政体 (polity)，政府に対して自らの地理的，政治的，経済的，文化的，自治的な単位の保障を要求する．エスニック・ナショナリズムは，共通の文化的特性と歴史的経験の条件で，ネイションと表現される人口の福祉と自治とは別の自らの所属と願望を訴えている．エスニック・ナショナリズムの自治，統一，アイデンティティのためのエスニーの遺産を保証する条件において，ネイションの定義は，大衆文化 (popular culture) や民衆文化 (folk culture) にほぼ依存している．

ナショナリズムの立場から，時折，国民の一部，国家指導者，インテリや官僚は，エスニック・ナショナリズムを非難することがある．特にサハラ砂漠以南のアフリカ諸国，南アジアでは国家を基礎とするナショナリズム (state-based nationalism) は新興国家内のエスニック・コミュニティ (エスニー) のイデオロギー的な野心，運動，思考様式と理解しなければならない．事実，新興国家が初期のエスニック・ナショナリズムから自由であり，それを展開する．

西側の産業民主国家では，エスニック・ナショナリズムはこれまで無縁なものと考えられてきた．1960年代，1970年代，西側や第三世界で「エスニック・リバイバル (ethnic revival)」があり，その中でエスニックな運動・政党が登場してきた．エスニック・コミュニティと団結を無視，抑圧されるため，自らの権力や機会を拡大しようとした．オクタシー，フリージアからエリトレアやフィリピンのモロまで，その出来事や政治的衝撃において，エスニシティの多様なナショナリズムは明らかに重要になった．多数の多頭制的な国家や，属性的結合と歴史的文化のアピールがあった．ナショナリズムの「展開」の運動と程度の目標の条件において，ナショナリズムのカテゴリーを細分化することを可能にした．現実にあるエスニック・ナショナリズムが1つの下位カテゴリーから別のそれに移動するかもしれないけれど，一方で原基的なエスニック・ナショ

ナリズムや発展したエスニック・ナショナリズムを説明するし，他方で分離主義的な主張や運動を説明している．イラクのクルド人は分離を望む一方で，イラン，トルコ，シリアのクルド人と結びつくことを望んでいる．これは，下位共同体(sub-community)と下位範疇(sub-category)の類似と相違のためのエスニック・ナショナリズムのあり方を図式化する．特定の歴史的経験によって裏打ちされた中で，変化する政治的，イデオロギー的な状況に適合するために，新たな自己の定義と文化を表現しようとする．

エスニック・ナショナリズムは，2つのグループに分けて説明される．1つは「原初主義者(primodialist)」である．これはエスニシティを人間の条件を所与のものとして理解し，エスニシティによる自治の確立に努力する．もう1つは「手段主義者(instrumentalist)」であり，これはエスニック・コミュニティやネイションに適応できる構築物や，エスニックな認識と国民感情と見なすものである．所属や対立は認識者の状況で変化する．原初主義者は，エスニック文化を人間の経験と記憶の持続的な容器と見なし，エスニーやネイションが永続する，と考える．手段主義者にとってエスニック文化は流動的で操作可能である．富や権力を求める競争において，エリートが使用するために集団感情を動員する手段である．多くの手段主義者はネイションやナショナリズムを世俗的，産業的な近代化，またはフランス革命で生まれた政治的な「救世主義信仰(messianism)」の所産と見なす．

イデオロギー的な運動として，ナショナリズムは明らかに18世紀に起源がある．しかし，民族的相違はそれ以前から存在する．エスニーは古代に起源がある．古いエスニーの現象をもつエスニック・ナショナリズムは近代的な現象と結びつくこともある．ところが，近代的条件，とりわけ官僚国家や国内システムにおいて，エスニシティとの結合や記憶が維持され，共同体のルーツを求めるインテリによって再構成されることがある．それはエスニック・ナショナリズムを再燃させることになる．または，ネイションがエスニシティの排除と差別を誇張し，かえって神話や記憶に基づくエスニシティのアイデンティティを強めることになる．後者の場合，いったんナショナリズムの勢いが衰えると，そのようなエスニシティの再生が生じる．

エスニック・ナショナリズムには経済的，政治的，文化的な不均衡があるので，グローバルなエスニー間，国家間において，安定した世界秩序の概念では破壊的な勢力として出現する．西側世界では，エスニシティがいくつか重要な

争点の1つとなっているし，エスニック・ナショナリズムが野心的な分離主義者というよりも，国家内での自治主義者である傾向がある．スペインの集中と団結（Euzkadi Ta Askasuma）のようなマイノリティ政党，イギリスのスコットランド民族党（Scotish National Party）やウェールズ党（Plaid Cymru）のような，全国的にはあまり支持を得られない政党を除外するとしても，国民国家の枠組みや領域を決定的に脅かすものではない．同じことが旧ユーゴスラビア，インド，旧ソ連のような場合，それらは中央集権化されるが，文化的に連邦国家であることも事実である．そこではエスニーの多くの野望は様々な政治的な制限内に遭遇する．スリランカ，ビルマ（ミャンマー）からエチオピアとザンジバルまでのアジアとアフリカの多くの地域において，分離主義的なエスニック・ナショナリズムは明らかである．国際条件と分離主義的な混合のため，エスニック・ナショナリズムは分離にまで至ることはない．例外はバングラデッシュ，シンガポールである．エスニシティによる「バルカン化（Balkanization）」の恐れがある．国際的な協力の失敗は，かえって分離主義を成功させる．新興国家はエスニック・ナショナリズムに遭遇する．官僚制的な国家システムとエスニック・ナショナリズムの運動との対立は，アジアとアフリカの混乱した地域にみられる現象である［Smith, 1987：208-209］．

（2） 西ヨーロッパの地域（民族）政党

　地域（民族）政党（ethnic party）は，「エスニシティの復活（survival of ethnicity）」の形で多種多様に登場してきた．この現象の要因は様々であり，一般的な説明は困難であるが，その成立要因は2つに要約できる．まず，地域（民族）主義は特定地域の自己の防衛・主張を通じて，そのイデオロギーを地域に根ざした問題に「包括的」に対応する性格を持っている．次に，そのイデオロギーは特定の文化的帰属意識に基づき，社会・経済構造の変動に影響されて活性化する．

　1950年代までは，この種の運動は過去への郷愁的や伝統的，しばしば反動的な性格であったが，時代とともに地域（民族）主義的運動はより急進的，時に左翼的，極左的な言動をともなうことがある．地域や民族からの抗議の形をとった現象は政党の形で表現される．もちろん，地域主義政党はあっても休眠状態のところもあれば（例：フランスのアルザス，ブルターニュのキリスト教民主党），地域ごとに組織化されているところもある（例：ベルギーのワロニーとフランデレンに各政党は別組織を持つ）．地域主義政党は特定地域において全国政党に対峙できる

立場（例：スペインのバスク民族主義政党，イタリアの南チロル人民党など）にあるか，少なくとも競争上の立場（例：イギリスのスコットランド民族党，イタリアの北部同盟）にある．全般的に見れば，地域主義政党は選挙ではまだ弱い「マイノリティ政党」である．とはいえ，これら地域主義の活動は，憲法において，自治権，分権制，連邦制を促進させていることも事実である．

5．今後のナショナリズムのもつ意義

1848年マルクスは，「人々にある民族的な差異と敵対は日々消滅しつつある」，と述べた［マルクス，1971年］．社会主義インターナショナルの立場からすると，プロレタリア革命が成功すれば，ナショナリズムは一掃される．第一次世界大戦後，民族自決の原則によるヨーロッパ再建が一応完成したのち，「ナショナリズムの死」が宣告されたことがある．第二次世界大戦後，アフリカ，アジア，その他の地域の脱植民地化の結果，「ナショナリズムの役割は終了した」という声がささやかれた．さらに21世紀には，グローバル化はナショナリズムを消滅させる，という見方もある［Ohmae, 2000］．ただ，2つの要因がナショナリズムを存続させる．

第1の要因はグローバル化への反動から出現する．市民や民族の伝統的な紐帯関係が弱体化する中で，グローバル化はかえって民族を基盤とする攻撃的ナショナリズムを準備する．国民国家がもはや国民的一体感を強化する能力をもたないなら，それに替えて地域，宗教，エスニシティ，人種に基づく排他的なナショナリズムが伸張する．それは旧ソ連圏，旧東ヨーロッパ諸国，第三世界での民族紛争において実証済みである［月村，2009年］．

第2の要因はグローバル化に適応するナショナリズムが用意される点である．グローバル化し，相互依存する世界にあって，民族の将来を構想する動きである．グローバル化は民族を不適切にするのでなく，社会的な凝集性と一体性の源泉を社会に供給し続けながら，しかし同時に徐々に流動的，競争的な過程の中で国家を再生させることにもなる．シンガポール，マレーシア，オーストラリア，ニュージーランド，カナダのような国々では，指導者（例：リークヮンユー，マハティール）は独特の経済発展と特有のナショナリズムを欧米諸国に対抗する手段に利用する［Zolo, 2001］．

「国家の真の目的は共同の繁栄と消長をともにする」意思があるかぎりにお

いて，ナショナリズムは存続する［ラスキ，1952年：211］．

[設 問]
1．ナショナリズムの中心要素とは何か．
2．ナショナリズムの種類を説明せよ．
3．ナショナリズムの今後はどのようなものか．

第10章
ファシズム

> ファシズムは20世紀の大規模な政治的革新であった．そして，それはその苦痛の大部分の源泉であった．
>
> （R・O・パクトン）

1．歴　　史

　「ファシズム（fascism）」という用語はイタリア語のfascesに由来し，元々は古代ローマ帝国の執政官がもつ木々を束ねた指揮棒を意味していた．1890年代までイタリアでは，fasciaという言葉は政治集団（ただしこの時代では通常，革命をめざす社会主義集団）に使用されていた．第一次世界大戦後，B・ムッソリーニ(1883-1945)が結成した極右主義的な疑似武装集団を指すようになる［Heywood, 2012：ch.7］．

　ファシズムは20世紀のイデオロギーである［馬場，1998年参照］．もちろん，その思想・教義は19世紀にまで遡るが，はっきりした形としては第一次世界大戦と戦後の混乱と革命の中から形成される．イタリアでは，ムッソリーニを中心に1919年国家ファシスタ党（Partito Nazionale Fascista）が創設され，1922年にはムソリーニは首相に任命された．1926年頃には一党独裁体制が樹立される．ドイツでは，1919年に国民社会主義ドイツ労働者党（ナチス，NSDAP）の母体が組織され，その党首A・ヒトラー(1889-1945)は1933年に首相となり，ドイツのナチズム体制を完成した．

　戦間期のヨーロッパ各国では，民主主義体制は崩壊するか，危機に瀕しており，右翼，権威主義，ファシズムが次々と政権を奪った．ヨーロッパ以外でも類似するものとして，例えば1930年代以降の天皇制ファシズムの日本，1945年から1955年までのペロン治下のアルゼンチンなどが同様か，それに類似する政治体制であった［ラカー，1997年：第1部；ドラッカー，2007年参照］．

2. 中心要素
　　——団結を通じての強さ——

（1）　イデオロギーの混在
　ファシズムは様々なイデオロギーを混在させる［cf.Eatwell, 1996：Part1］.
　第1に，ファシズムはフランス革命以降の各イデオロギーへの反動や反抗として登場した．つまり，ファシズムは反合理主義，反自由主義，反保守主義，反ブルジョアジー，反共主義などを前面に押し出す「反」の哲学的な性格がある．ファシズムは従来のイデオロギーを拒絶するのではなく，その変容や反対解釈でもある．例えばファシズムでは，「自由」は完全な服従を意味し，「民主主義」は独裁制と同義であり，「進歩」は闘争と戦争に置き換える．ファシズムは，自らが主張する「創造的破壊」を通じて新しい文明を構築する手段を準備し，その創造力を自己そのものとみなす．
　第2に，ファシズムはイデオロギーより行動・運動に力点が置かれる．ヒトラーやムッソリーニは扇動家である．ヒトラー自身は体系的なイデオロギーより，むしろその世界観を主張することを好んだ．この意味では，その世界観は理性的な分析と論争と関連するのでなく，「メシア」的と言える革新的な態度とみなされる．

（2）　反合理主義
　ファシズムが行動や運動を強調するのは，人間の理性と知性に不信感があるからである．人間の理性には限界があり，他の動機や衝撃に影響されると考えられる．
　ファシズムの主張する「意思の政治」は，逞しさ，感情，本能に力点をおく反合理的，反理性的な性格をもつ．ところが，ファシズムは単純な反合理主義・反理性主義ではない．単に反合理的・反理性的な動機や感情に訴えるだけでなく，特定の考えを政治的な行動にまで駆り立てる信念，価値，感情，情熱でもある．
　理性と知性への不信感は，合理的な「学としての哲学」を拒む「生の哲学」と関係する．生命は飛躍する創造的進化とし，「生の活力」から説明される．したがって，人間の目的は魂のない熟慮や冷酷な理性よりも，躍動感ある生命

力による表現のほうが効果的である．例えば，スポーツの精神と肉体の活動に見受けられる姿である．この思考は自然回帰の発想と結びつた「血と地（Blut und Boden）」のイデオロギーとなる．自然の精神や生命力を信奉する志向はファシズムに組み込まれる．

（3） 指導者原理

ファシズムの指導者原理（Führerprinzip）は1人の超人（Übermensch）が社会全体を指導する超エリート主義である．人間を三種類に区別する．

第1は超人的資質をもった指導者である．彼は無比の権威をもつ指導者である．第2はエリートである．これは英雄，展望，自己犠牲の能力をもつ指導的な男性である．ナチス・ドイツでは，親衛隊（SS）がそれに該当する．第3は大衆である．人々は無条件の従属を前提に指導者に命令，監督される．

指導者原理は憲法など従来の法体系に拘束されない「主権独裁」に基づく．つまり，「ヒトラーはドイツ，ドイツはヒトラー」「ムッソリーニは常に正しい」といったファシズムのスローガンに表れる．指導者の権威は絶対的，無条件の存在である．指導者は人々の利益と方針を決定し，人々の運命を覚醒させる．

指導者は権力と権威を保つため大衆集会，デモ，人民投票などを組織し，人民と直接的な接触を図ろうとする．だから，選挙，議会，政党のような代表制度は否定される．「真」の民主主義は完ぺきな独裁制であり，ファシズムは独裁制に人民主権を融合させた「全体主義的民主主義（totalitarian democracy）」である．これは「イデオロギーを1人の指導者に独占させて，一見民主主義を装った絶対主義的な独裁制」となる．

（4） 精神革命と闘争精神

ファシズムは「精神革命」を論じた．つまり，人間の新たなタイプ（常に男性中心）の「新しい男性」「ファシスト的な男性」を創造することを集団的な目的とした．その内容は義務，名誉，自己犠牲に動機づけられ，自己の民族・人種の栄光のために死を賭するまでに至る．このような極端な集団主義はナチズムが「団結を通じた強さ」を公言したように，危機，解体，無秩序の時代にあって，民族統一のアピールは無私の立場からの社会的な献身を強要するものであった．

これは道徳的な崩壊と文化的な変更による，「灰の中から不死鳥のごとく復

活する」民族像を力説する．もっとも，ファシズムは単純な伝統と反動の復古でない面もある．民族の復活は未来像（「新しい人間」）と融合させるからである．

社会ダーウィニズムはファシズムにも影響した．第1に，ファシストは闘争を社会的，国際的な生活の場では不可避な条件と考える．競争と対立は人間の進歩を保証し，より優秀で強い民族が繁栄することを実証している．ナチスは自己流の優生学的な生殖計画を実行し，1939年から1941年まで精神的，身体的な障がい者を社会から排除し，1941年からヨーロッパの多くのユダヤ人を殺害した．

人間の能力を試すのが競争と闘争であるなら，その究極的な試練は戦争である．その点では，ファシズムは戦争を「善」とみなす．強者が賞賛され，力と強さは崇拝される．弱者は忌み嫌われ排除され，強者のために犠牲にならなければならない（優勝劣敗，弱肉強食）．民族的な資質は生存競争や適者生存を通じて育成され，征服と勝利によって証明される．具体的には，東ヨーロッパに自民族の「生存圏（Lebensraum）」を確保すること，最終的には世界支配の野望をかなえることを目標とした．

（5）「社会主義」

ファシズムは一種の「社会主義」の方針を看板に掲げる．その意味だけでは，「反資本主義」の立場を示す．特に，中間層出身などでは顕著であった［Vgl. Schweiter, 1970］．この社会主義は反個人主義的，反ブルジョア的であり，資本を国家の支配下に置くことを主張した．それはイタリアではコーポラティズム（corporatism）を通じて成立した．ファシズムは国有化と経済統制によって大企業を支配した．ナチス左派はヒトラー政権誕生後に「第二革命」を要求した（ナチスの25ヵ条綱領の9条以下）[1]．1936年以降，ドイツの資本主義はH・ゲーリング（1893-1946）の「戦争経済」を創設する四カ年計画に再組織化された．

しかし，ファシズム体制は大企業の支援を必要とするし，実際に1930年代にはドイツ資本主義は戦争を準備する再軍備政策で繁栄できた．また，ナチスは資本・財界・旧勢力との調和を求めて党内左派（例：ストラッサー兄弟，レームら）を粛清した．ファシズムは労働者階級からマルクス主義の影響を排除させ，国際的な労働者階級の連帯を分断し，表面上だけの「協力と平等」の概念を採用する．ファシストは社会階級より人種・民族への忠誠を画策し，国民的・民族的な統一と統合をめざす反共主義者でしかなかった．

(6) 戦闘的ナショナリズム

　戦闘的ナショナリズム (militant nationalism) は, 第一次世界大戦後の政治的な混乱や不平等の条件を利用して高揚を図られた. イタリアは第一次世界大戦後のヴェルサイユ会議で戦勝国にもかかわらず, 領土を獲得できなかった. ドイツ国民は敗戦国として賠償と領土喪失の屈辱感, ヴェルサイユ条約の「戦争犯罪条項」などで戦勝国・連合国に憎悪を募らせた.

　ファシズムは自国への愛着以上のものを要求し, 強烈で戦闘的な民族感情を煽り立てた. これは「統合的ナショナリズム」である. 大衆向けのアピールはほとんど民族的な偉大さに基づいていた. ファシズムの神話的な復活 (palingenesis) とウルトラ・ナショナリズムの2つの側面と結びく. 民族の復活は他民族への支配を意味する. ナチス・ドイツは東ヨーロッパに「生存圏」の建設をもくろんだ. イタリアは1934年にエチオピアに侵入し, 古代ローマ帝国の再現をめざした. 日本はアジアにおいて大東亜共栄圏を建設する手がかりとして1931年に満州 (中国東北部) を侵略した.

3. イタリア・ファシズムと国家主義

(1) 国　家　主　義

　ファシズムのイタリアとナチス・ドイツはファシズムの代表例であるが, 両者のもつイデオロギーの性格が著しく異なる. それは国家と民族への捉え方の相違である. 1つはイタリアのファシズムの主張する国家の役割を絶対視する見解である [高橋, 1997年参照]. もう1つはドイツの国民社会主義 (ナチズム) の人種主義 (racism) を優先する見解である [山口, 1978年, 1980年, 1991年参照].

　国家主義(statism)とは, 「国家が諸問題を解決する最適手段であり, 経済的, 社会的な発展を保障する最適手段」でもある.

　イタリアの国家統一は1861年に完成するが, その後国民は分断されたままであった. 人々は地方や地域への忠誠を優先し, その典型として工業化した北部と農業中心で後進的な南部との長い対立が存在した. ムッソリーニはイタリア国民を創造する願望があった. そのための手段が国家主義であった. ムッソリーニは, 「国民は国家によって創造され, 道徳的統合を意識しない人々に1つの意思を与え, 効果的な存在にする」, と主張した. 国家への無条件の従属や一貫した献身は市民の不可欠な義務であり, 個人は国益に奉仕するために存在する.

また，国家は近代化の推進機関とみなす．イタリアはヨーロッパ諸国で経済発展に取り残された国家であった．経済的近代化は民族の復活と密接に関係する．ファシズムは民族の偉大さが失われた時代にその栄光を誇張する点では，反動的な姿勢を示す．ところがイタリアのファシズムの場合，近代的技術と先進的な工業化を称賛する点では，回顧主義というよりも社会発展に積極的な姿勢もみられた．

（2）　コーポラティズム

　ファシズムの経済体制の特徴は資本主義と社会主義に対する「第三の道」である．それは国家コーポラティズム（state corporatism）や権威主義的コーポラティズム（authoritarian corporatism）と呼ばれる政治体制である．

　コーポラティズムとは，「自由市場経済と中央統制経済の両方に反対し，実業界と労働界を有機的に統合させた経済体制」である．

　資本と労働の社会的調和は道徳と経済の両方の再生を提示する．階級関係はあくまでも国家が媒介すべき問題である．国家は一部の利益を超えた国益を完遂する責務がある．1939年に組合国家（corporate state）は成立した．ただ，コーポラティズム体制は初期に計画・予定されたほど完成されたものではなかった．

4．ナチス・ドイツの国民社会主義

（1）　人種の政治

　国民（民族）社会主義（Nationalsozialismus）とは，「ナチス・ドイツで実行され，全体主義体制下でテロ，大量殺戮，侵略的人種主義によって特徴づけられたファシズムの一形態」である．

　イタリアのファシズムと人種主義との結びつきは，ナチス・ドイツのそれほど明白な事例はない．もちろん，すべてのファシズムが人種主義を含むとは限らず，人種主義者が必ずしもファシストではない．ムッソリーニは1937年にユダヤ人法を施行した際，人種的な目的よりヒトラーとドイツとの協力を図る方便であった．とはいえ，戦闘的ナショナリズムを強調すると，あらゆるファシズムが人種主義的な色彩を帯びるか，人種主義的な教義を含むことになる〔石田，1998年参照〕．

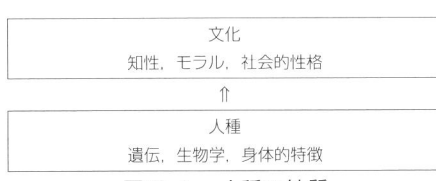

```
┌─────────────────────────┐
│         文化            │
│  知性,モラル,社会的性格  │
└─────────────────────────┘
            ⇑
┌─────────────────────────┐
│         人種            │
│   遺伝,生物学,身体的特徴 │
└─────────────────────────┘
```
図10-1　人種の性質

　人種的区別は人種が別々に生活すべきか,異質なために社会のどの役割に適しているか,のいずれかで政治的に重要だとする考えに根拠をおく.国籍(例:シチズンシップ,パスポート,言語,宗教など)は個人の選択に任されるが,人種の特質(例:皮膚の色,髪の色,血統など)は変更できない.
　人種的区別は文化的なステレオ・タイプから派生しており,科学的根拠がほとんどない.人種主義者は同人種とともに生活するのが自然で望ましいと考える.
　ヒトラーは「自然界の鉄則」として人種的純粋性を述べた[ヒトラー,1973年].「動物は自己の種類とのみ交わる」,とナチス流の優生学や選別的な繁殖の人種的計画を実行した.この見解では,生物学的純粋性は人種的な偉大さに基づく.だから,アーリア人種と他人種との雑婚は人種的な血統を汚すし,「精気ある体液」の脅威となる.1935年ニュルンベルク法はドイツ人とユダヤ人との結婚と性交渉を禁止した.人種主義的な優越性と劣等性は人種が生物学的に決定的な要素をもつ.その認識はある人種に知性,勇気,指導の能力を備える.当然,他人種は従属させられる.「人種の政治(politics of race)」はナチスのイデオロギーの重要な部分を構成する(例:民族共同体,「25カ条綱領」第1-19条).

(2) 人種主義的反ユダヤ主義
　ナチスのイデオロギーは人種主義的な反ユダヤ主義(anti-semitism)と社会ダーウィニズムの2つの部分を採用する.
　反ユダヤ主義は19世紀以降,疑似科学的な「人種学(science of race)」となり,宗教,経済,文化といった視点より人種としてのユダヤ人差別を発展させた.フランスの社会理論家J-A・ゴビノー(1816-1882)は人種論を自著『人種の不平等論』において「歴史の科学」であると正当化した.人種には,階統制が存在する.創造的な人種は「アーリア人種の白人」である.一方,ユダヤ人を非創造的な人種とみなした.

人種論はH・S・チェンバレン(1855-1929)に継承され，彼の『19世紀の基礎』はヒトラーとナチスに大きな影響を与えた．彼は最高の人種を「チュートン人」と指摘した．それはドイツ民族を意味する．あらゆる文化的な発展はドイツ民族の恩恵である．反対にユダヤ人は生物学的，文化的な劣化を引き起こす．彼はチュートン人とユダヤ人との闘争史を展開した．近代の反ユダヤ主義は人種を問題とし，極端な民族主義者の憎悪の触媒となっている[アーレント，1972年]．

(3) 社会ダーウィニズム

　ヒトラーは世界を3つに分類した．
　第1はアーリア人が「支配人種」の「支配民族(Herrnvolk)の世界である．アーリア人は美術，音楽，哲学，思想などで創造者として尊敬を受ける．
　第2は「文化の伝達者」のドイツ人の思想とは発明品を利用する人々の世界である．この人々は創造能力をもたない．
　第3は底辺にいるユダヤ人の世界であり，ヒトラーが「文化の破壊者」とみなす人々である．ヒトラーの世界観はアーリア人の世界支配か，ユダヤ人の財力の勝利か，という両者の人種闘争であった．だから，ナチスはテロ，大量虐殺，人種根絶の政策を当然視した．1941年ナチスはヨーロッパのユダヤ人を根絶する「最終的解決」に着手し，約600万人のユダヤ人を殺害した．ナチスの社会ダーウィニズムは人種主義と世界支配を図る侵略的な外交政策を導く結果となった．

(4) 農 本 主 義

　ナチズムの特徴の中には，反近代的な立場を推進した点がある．ファシズムは過去に回帰し，「黄金時代」の神話を掲げ，未来に向けて民族の復活を宣言した．ナチズムは退廃と腐敗とみなす近代文明を批判した．ナチスは小農民イデオロギー(peasant ideology)があり，だから土地に親しむ生活を称賛した．堕落した不健康な都会はドイツ精神を破壊し，人種を弱体化させる脅威があり，それはR・W・ダレ(1895-1953)の「血と地」の考え方に表れた．ナチス・ドイツは農本民族主義(agricultural nationalism)を実行する空間を獲得する予定であった．
　とはいえ，この考えは現実と矛盾していた．戦争と軍事力は近代産業の技術と発展でしか遂行されない．ナチスの目標は他国・他民族の征服と第三帝国の

建設である．それには軍需産業や戦争技術の発達を不可欠とする．ヒトラー時代には工業化と都市化が急成長した．もちろん，小農民イデオロギーはレトリックだけでしかない．確かに，軍国主義は経済や技術で変化を生じさせ，ナチスの宣伝技術は現代的なテクノロジーを発達させたとはいえ，ナチスのイデオロギーには小都市や農村のそれぞれの生活像と結びつく存在が矛盾しながら存続した．

5．全体主義体制

（1） 全体主義イデオロギー

全体主義とは，「全市民の積極的な（任意や強制の）参加で実行される専制政治による独裁支配」と定義される．

それは，第一次世界大戦後に生まれたファシスト体制を説明する概念でもある．全体主義という用語は，権威主義の形態と類似する点もあるが，別個の政治形態である．それはファシズムや共産主義の体制を特徴づけるために使用される［リンス，1995年参照］．

全体主義の理論は，全国民にある価値観を要求することを主張し，競争政党システムを容認しない，単一政党による支配である（一党独裁）．その単一政党はしばしば恣意的に支配し，その統治手段が法体系と司法制度を含む官僚支配によって管理される．さらに，権力のピラミッドの頂点には，判断が絶対に誤らないことを宣言し，その言葉が「法」である指導者（Führer）が存在する．単一政党はスポーツクラブ，切手収集団体から政党の補助機関まであらゆる組織と制度を形成しながら，その政治システムの構造，過程，政策を決定するだけに留まらず，社会の全共同生活を支配する．そのシステムのメンバーは単一政党のガイドラインの遵守を求められる．この絶対性を調整する行政装置は，巨大な，上部に過度の権限を付与された官僚組織である．国民は指揮系統どおりに行動しなければ，自己の存在は否定される．

単一政党はあらゆる真実の資源であり，それと対立する解釈は許されない．国民は党の教義を日々の言葉で使用と公的儀式の両方で承認されなければならない．全体主義体制は大衆を様々な形で動員するので，大衆からの支持とその熱狂性を劇場化する．ここでの政治は大衆参加の舞台に転換し，政治イベントは視覚的な好機となる．全体主義体制で使用される言語は，合法か不法（例：

テロ），あるいは両方に支えられて機能し，コントロールされる．その典型例は，超法規的な強制を担当する秘密警察である．その機能は，世論の動向を調査すること，反体制分子を見つけ出すこと，体制に不忠誠な人間を「予防的措置」として拘留し，罰を科すことである．要するに，全システムは全市民の中に恐怖と嫌疑を浸透させる工夫がなされる．

　全体主義のイデオロギーには，創造される社会の定義，育成される新しい人間像，目標への過程に障害となる「敵」への認識などに見られるように，人間の性格，歴史，政治の理論を含んでいる．これらのイデオロギーを伝達，教育するのは，体制を正当化するために考案される（例：学校，マスコミなど）．

　全体主義イデオロギーは，政府に反対する権利はなく，国家や民族に対する市民の義務を強調する．だから，市民は愛国主義，従順，規律をもって，英雄的な自己犠牲の準備まで強要される．その正当性の源泉は多様な形の事業を成就させることである．戦争，外交，経済成長，科学技術，運動競技での成功は正当性の証拠として引用される．もちろん，全体主義体制はそれに協力的な市民に報いることも忘れない．昇進の機会は存在し，権威，地位，豊かさのピラミッドの頂点に登りつめる手段が市民に提供される．場合によっては，下層出身の人間が急速な社会昇進を果たす可能性もある．全体主義は生活水準の最低線を保証する．例えば，消費生活，立身出世，福祉政策は体制の正当化を果たす重要な誘因となる．

　共産主義体制では全経済は国家に統括され，ファシスト体制では経済は多くの規制と制約はあるが，大部分私企業に運用を任される．どちらの体制でも，単一政党に提供され，支配された唯一の組織と団体はその存在だけが許容されるので，産業成長の重視，防衛産業中心の予算，自給自足経済への努力や強化は第一義となる．ただし，そのことは結果的に，地下経済などの不法と腐敗という「第二経済」を発展させる．

　結論的に述べれば，全体主義政治は衰退する．野党を形成できず，選択のない強制投票や強制的な参加形態は，本来の意味において，政治的行為ではない．それでも，現実の選択的な解釈や行動での「非協力的な国民の姿勢」は全体主義体制への不同意を証明することになる．党内派閥と恩顧主義的な集団は，それぞれの争点に関して利害をめぐって競争する．複雑な官僚政治においても，満場一致，団結，管理・監督の場面がある一方で，一見，一元主義的な体制でも多くの対立が全体主義体制内部に蔓延する．

それでも，全体主義体制は強固に構築，支配されるので，戦争という外部からの打撃で崩壊する．戦争はナチス・ドイツとムッソリーニのファシズムを排除した．しかし共産主義国家では，全体主義体制は政府指導の自己改革を果たしてきたし，支配政党内のエリートの対立や改革運動を含む出来事がそれに呼応しており，反体制分子を顕在化できた．しかしそれでも，反体制運動は禁止されても，体制批判は様々な市民組織に組織された．

（2） 全体主義体制の特徴

ファシズム独裁体制は1人の指導者や支配集団に政治権力を集中させる．ムッソリーニは伝統的な権威主義体制でなく，「全体主義国家（totalitarian state）を構築する」，と宣言した．

全体主義は国家があらゆる社会制度に浸透し，かつ統制する一元化された政治支配の包括的過程であり，そのため市民社会と私的生活が消滅することを意味する．

20世紀初め，ポピュリズム，デマゴーグ，外国人恐怖，ユダヤ人排斥などが全体主義の内容を構成した［トラヴェルソ，2010年：111］．

全体主義は19世紀のヨーロッパに普及した反ユダヤ主義，帝国主義，植民地主義，人種主義などのイデオロギーの混在した諸要素から成立した［アーレント，1972年，1973年，1974年］．専制君主や伝統勢力の権威主義体制は国民の政治活動を抑圧し，政治から大衆を排除することを求めた．全体主義体制は大衆集会，デモ，行進，宣伝，扇動などあらゆる機会を通じて大衆動員を行うことで社会を全体主義化しようとする．全体主義体制は人々の積極的参加と完全な従属を要求する．

全体主義体制は次の7つの特徴をもつ．① 公認のイデオロギー，② 一党独裁，③ 警察力によるテロリズム，④ マスコミと教育の独占，⑤ 武力の独占，⑥ 経済の国家統制，⑦ 強制的同質化（Gleichschaltung），である．これらの特徴はイタリア，特にドイツの場合では徹底された．この特徴の実行には，全体主義体制は極めて合理的，効率的な統制手段を必要とした．ドイツ・イタリア・ソ連の全体主義体制を比較すると，以下のように整理できる［ダーレンドルフ，1998年］．

全体主義体制は独特な人間像の完成をめざした．それは体制に忠誠，従順，服従に徹し，自己利益よりも民族や人種の「善」を最優先する「ファシスト的人間（fascist man）」の創造である．その点では，ナチス・ドイツ，そしてソ連（な

表10-1　ファシズムとナチズムの対比

	ファシズム	ナチズム
国家のとらえ方	国家主義・国家賛美	民族共同体としての国家
基本姿勢	排外主義的ナショナリズム	極端な人種主義
意思の重視	意思を知性のうえにおく	意思が本質と考える
優位性の根拠	国家的偉大さの顕示	生物学的優越性
社会観	有機的統一	人種的純粋性・優生学
反ユダヤ主義	現実的な反ユダヤ主義	大量殺戮を求める反ユダヤ主義
志向	未来派*・近代主義	小農民イデオロギー
経済体制	組合国家	戦時経済
対外侵略	植民地獲得	世界支配
全体主義体制	不完全な全体主義体制	完全に近い全体主義体制
中核的支持基盤	新中間層	旧中間層

＊1910年ごろイタリアで始まった芸術の新様式

いし旧東ヨーロッパ共産主義国）がその目標実現に一番近づいた．ナチスのイデオロギーは社会に完璧に浸透した．イタリアでは，いくつかの点で全体主義の特徴に徹しきれなかった．例えば，君主制はファシズム時代にも存在し，地方（特に南部）の指導者は従来の権限を保持していた．カトリック教会は特権と自立・独立を確保した．イタリアの全体主義体制はナチスのそれの完成度からすれば，一元化できず不完全なものであった．

　全体主義理論では，ナチスとソ連の両体制の類似性が指摘される．それは冷戦時代において反共イデオロギー，特にソ連を批判，攻撃する手段でもあった．しかし，全体主義体制という大ざっぱな説明では，ナチス時代には資本主義は存続し，大企業はナチスと緊密に協力しあった．さらに，ナチズムと共産主義はイデオロギー上の相違がある．ファシズムは闘争，指導者原理，統合的ナショナリズムの価値観を説くが，共産主義は協力，平等，連帯を推進する．両体制のイデオロギーの本質的な相違には注意すべきである．

6．今後のファシズムのもつ意義

　1945年以来，ファシズム運動は大きな成果をあげていない．ファシズムが戦間期のみの現象であり，その時期の特徴をある程度限定した時代に結びつける見解がある［ノルテ，1972年］．つまり，ファシズムは過去の出来事とみなす．ところが，ファシズムはいつの時代でも成立する見解がある．ファシズムの潜在的な発生源はいつの時代にもあり，人間の心理に根ざした危険なもの，とみ

なす立場である．現代社会は個人の自由を承認するようになったが，孤独と不安定ももたらした．危機の時代に全権力をもつ指導者や全体主義国家に服従するため，個人は自由のもつ重みに耐えかねて『自由から逃走』［フロム，1951年］するかもしれない．経済的後退，政治不安，ナショナリズムの再生といった，現在でもある事柄は過去と同様にファシズム運動の土壌を提供し，今のネオファシズム（neo-fascism）の台頭の可能性を示す．

どのようなファシズムのタイプの政党や集団が今後考えられるか［山口，1998年］．ヒトラーやムッソリーニに遡る戦闘的，革命的な運動をめざすようなファシズムが再生するのか，それとも，過去と決別した「ネオファシズム」タイプが成長するのか．後者の場合，現在の政治的多元主義と選挙民主主義を承認するので，過去のファシズムとは別物だとされる．言い換えれば，「民主的ファシズム（democratic fascism）」はカリスマ的指導者，全体主義，人種主義のような原理を鮮明に出さない「ファシズム」ということになる．新しいファシズムが自由民主主義に適合するとき，過去のファシズムの遺産とは無関係に民族や国家の有機的一体感と社会的凝集性を維持できるかどうか．それを（ネオ）ファシズムと呼ぶことが可能かどうかの検討を必要とする［cf.Eatwell, 1996：Part3；ラカー，1997年：第2部参照］．

1）ナチスの25カ条綱領は以下のように規定された．
　　第1条大ドイツ帝国の建設，第2条ヴェルサイユ条約の廃止，第3条過剰人口のために植民地獲得，第4条ドイツの血をもつ者がドイツ人，第5条ドイツ人以外の人間が客としてしか生活できず，第6条ドイツ国民のみに選挙資格あり，第7条国家の最大の任務は国民の福祉を実現すること，第8条1914年以降にドイツに入国した者を国外追放，第9条すべての国民は平等に権利義務をもつ，第10条国民の最大の義務は全体のために働くこと，第11条不労所得は廃止しなければならない，第12条戦時利得は拠出させる，第13条大企業は国有化する，第14条利潤の公正な配分，第15条老人年金，第16条健全な中産階級の維持，第17条土地改革，第18条不当利潤追求者は死刑，第19条ローマ法の廃止，第20条教育の改善，第21条母と子の保護，第22条強力な軍隊の再建，第23条虚偽の報道をする新聞を廃止，第24条宗教の自由，第25条強力な中央集権的政府の樹立．

設　問
1．ファシズムの中心要素を説明せよ．
2．イタリアとドイツのファシズムを説明せよ．
3．全体主義とは何か．

第11章
エコロジー主義

> 自然はけっしてわれわれを欺かない.われわれ自身を欺くのは,つねにわれわれである.
>
> (ルソー)
>
> 自然は,沈黙した.うす味悪い.鳥たちは,どこへ行ってしまったのか.みんな不思議に思い,不吉な予感におびえた.裏庭の餌箱は,からっぽだった.ああ鳥がいた,と思っても,死にかけていた.ぶるぶるからだをふるわせ,とぶこともできなかった.春がきたが,沈黙の春だった.
>
> (カーソン)

1. 歴　　史

エコロジー (ecology) とは,「生物相互間および生物とその生活環境との関係を研究する生物学の一部門」である.

エコロジー主義 (ecologism) とは,「自然環境と調和したライフスタイルをめざす社会運動とそのイデオロギー」である.

エコ・セントリズム (ecocentrism) とは,「人間の目的を達成するより,環境生態系バランスの維持を優先する志向」である.

「エコロジー」という用語は「家,住処」「生息環境」「生息地 (habitat)」を意味するギリシア語のoikosに語源があり,それに「ロゴス (logos, 理法, 言葉) をつないだ用語である [Heywood, 2012 : ch.9].

R・カーソン (1907-1964) の『沈黙の春』[カーソン,1974年] は環境危機に警告した最初の著書と言われる.殺虫剤,化学肥料の使用が野生動植物や人間に被害を与える,と彼女は論じた.その後,ローマクラブの『成長の限界』[メデウス,1972年] も経済成長の限界や環境問題を論じた.1960年代から先進国に

おいて，環境保護を訴える「緑の運動 (green movement)」，「グリーンピース」，「地球の友」などの環境保護を主張する団体が登場し，1970年代後半から西ヨーロッパ諸国において環境保護政党（最初はドイツの緑の党）が次々と結成された．

環境保護を求める人々は公害，種の保存，酸性雨，温室効果，地球温暖化のような環境破壊に注目した．この新しい社会運動 (new social movement) は，女性，少数派，防衛，非武装，平和，失業，原発など，これまで放置されてきた諸問題にも取り組んだ．エコロジー主義は従来のイデオロギーとは質的に異なった考え方を示した．それはこれまでの左翼と右翼の1次元的基準で理解することは困難である．ドイツの緑の党のスローガンは「左翼でも右翼でもなく，しかし前進せよ (neither left nor right, but ahead)」である．そして，将来の世代のために，わたしたちが今何をすべきかである [Doherty and de Geus, 1996]．

2．中心要素
──自然に帰れ──

(1) 環境保護

これまでのイデオロギーが人間や集団を中心に考えるのに対し，エコロジー主義は人間も含めた自然界との調和を求める意味では新しい考え方である．環境保護は生物と環境の関係の調和である．例えば，湖底の沈殿物は様々な種類の植物を養う栄養分を含む．そして，植物は酸素や食物を提供し，湖に生息する魚や虫など成長の養分となる．動植物が死ぬと，沈殿物として栄養物に戻る．このサイクルが続く．これは自動調整機能を果たすエコ・システム (eco-system) である．

ノルウェーの哲学者A・ネス (1912-2009) はエコロジーを「浅いエコロジー (shallow economy) と「深いエコロジー (deep ecology) とに区別する [ネス，1997年；エバーマン，トランベルト，1994年]．

「浅いエコロジー」は環境保護問題の重要性を認めるが，自然はあくまでも人間の欲求や目的のために活用されるべきである．言い換えれば，人間が自然界を大切にすれば，従来通りの物質的に豊かな生活を継続できる，と説明される．この見解は人口増加の抑制，資源の再利用，公害削減といった課題に関心をもって持続的経済成長の可能性を望む．

「深いエコロジー」は「浅いエコロジー」が主張する人間中心のエコロジー

表11-1 「浅いエコロジー」と「深いエコロジー」の対比

	「浅いエコロジー」	「深いエコロジー」
基本姿勢	人類の進展の環境保護	生物全体の環境保護
環境保護の中心	人間中心主義	動植物を含む環境全体
論拠	科学	神秘説
保護の対象	人類	自然
全体論	制限的な全体観	急進的な全体観
価値観	手段的価値	自然に内在する価値
人間か生物か	緩和された人道主義	生物学的平等
動物の対応	動物の福祉	動物の権利
経済成長	持続的成長主義	反成長主義
基準	人格的発展	環境保護意識
国家との関係	国家との調和	自然界を優先

を拒否する.「深いエコロジー」は人類よりも自然界を優先する考えである.「浅いエコロジー」や「人間中心のエコロジー」は「深いエコロジー」を非現実的であり,結局は環境破壊を解決できなくしている,と批判する.

　持続可能性 (sustainability) とは,「システムの健全さを維持し続けるシステムの能力」である.

　1987年国連のブラントラント報告書『地球の未来を守るために』において,「持続可能な（経済）発展 (sustainable development) と環境保護は相反するものではなく調和する」とし,「将来の世代の欲求を満たす能力を損なうことなく,現代の欲求を満たすような節度ある開発」が中心的なキーワードになった. 1992年6月リオデジャネイロで開催された国連環境開発会議（環境サミット,通称リオ・サミット）において,地球環境の荒廃を防ぐために国際社会が環境を保全しながら環境開発を推進する方針が採択された. 1997年国連気候変動枠組条約の第3回締約国会議(COP3)が京都で開かれた(「京都議定書」)[オーバーテュアー,オット,2001年].

　「浅いエコロジー」は持続可能な経済成長を是認する. 例えば,ドイツの緑の党内の「現実派(realos)」と呼ばれる立場である. 経済成長と環境の調和をゆっくりしたペースで追求する. 環境税で公害を抑制し,資源の無駄遣いを削減できる. 環境保護と経済成長は調和できる立場である. だが,「深いエコロジー」はその程度では不十分だと認識する. この立場は緑の党内では「原理派(fundis)」と呼ばれる人たちである. 持続可能な成長は環境への不安に対する言い逃れにすぎない,と批判的である. 環境への危機が常に物質主義,消費優先,経済成長至上主義と結びつくから,抜本的解決策は「ゼロ成長」と脱産業社会への転

換だけである.つまり,現代の産業と技術の完全な否定である,ということは,「自然に帰れ」を意味する.

(2) 環境をめぐる全体論と環境倫理

全体論 (holism) とは,「全体が部分より重要だとする考えである.全体論は各部分の関係を研究すること」を意味する.

近代科学は個々の部分を研究し,各部分を理解する.対照的に,全体論は「全体」が個々の部分よりも重要であると確信する.自然界はあくまでも全体として理解されなければならない.「母なる地球 (Earth Mother)」という言葉はエコロジストが人間と自然界との関係を表現している.これはガイア (Gaia) 思想である.ガイアはギリシア神話の地球の女神である「エコロジカル・イデオロギー」までになった.これは自然への畏敬の念をもたせる精神的エコロジー (spiritual ecology) の形を採用する.だが,「浅いエコロジー」は人間の生き残りを保障するために,環境への政策と態度を変更する.だから,ガイア思想と必ずしも一致しない.

環境倫理 (environment ethics) とは,「人間と社会しか扱えなかった旧来の倫理の枠組みを自然環境にまで拡大することによって,自然を搾取してきた(物質主義的な)文化のあり方を正そうとする理論と実践」である.

伝統的な倫理体系は人間を中心として構成される.例えば,功利主義は人間が経験する「快・不快」の条件で「善」や「悪」を判断した.人間の行動は「最大幸福と最小不幸」を追求する.あくまでも人間の目的を達成し,人間の利益を満足させる手段である.「浅いエコロジー」の認識する倫理は将来の世代への道徳的な責務に対してだけである.

「深いエコロジー」は人間だけでなく自然界も権利をもつ,と解釈する.環境倫理は自然そのものが倫理的共同体として描かれる.だから,その立場は「生物中心の平等 (biocentric equality) 観」を意味する.あらゆる生物が道徳的価値の中心であり,と同時にそれぞれ全体の一部として各自が相互に協力して構成される.

(3) 脱物質主義

脱物質主義 (post-materialism) とは,「物質的豊かさが拡大すると,物質的,経済的な『生活の量』という関心から,脱物質的な『生活の質』の問題や関心

に移行する傾向がある」とする理論である.

　エコロジーは利己主義と物質主義的な欲望を拒絶する. 社会での個人の精神的な自己実現と自然環境のバランスが保たれた考え方である. これはR・イングルハート (1934-) が説明する『静かな革命』[イングルハート, 1984年] で描かれた脱物質主義の現象である. 脱物質主義観は独特性, 社会正義, 公共善への関心があり, フェミニズム, 世界平和, 社会調和, 環境保護, 動物の権利などといった内容も含まれる. それは20世紀後半に登場した「新しい社会運動」である.

　「深いエコロジー」はこれまでの支配的なイデオロギーとは一線を画して質的に転換をめざす. 環境保護主義者はこれまでの物質主義的な「古い政治 (old politics)」から脱物質主義的な「新しい政治 (new politics)」への転換を求める.「深いエコロジスト」には,「環境保護意識の最高の到達点」という精神的な次元がある.

3. 環境保護をめぐる様々な立場

(1) 極右と保守のエコロジー

　現在の環境保護を主張する立場は左翼的なイデオロギーと考えられる. 分権化, 直接行動, 反階統制, 反物質主義をその要素とするからである. ところが, エコロジーは右翼的な色彩もある. ナチスの農業指導者であったダレは有機農業の主張者であり, 動物―土地―食料―人間の有機的な循環を信じた農本主義者であった.

　M・サッチャー (1925-2013) は1988年「緑の演説 (green speech)」においてイギリス保守党を「地球の擁護者と保管人」と自己規定した. エコ保守主義 (eco-conservatism) は農村生活へのロマンチックな, 郷愁的な愛着をもつが, エコロジストのように脱物質主義社会の構築まで考えない. つまり, 保守主義者の環境保護は自然という遺産を保存し, 次世代に手渡す責務に基づく. 自然の保存は伝統的な価値観や制度の防衛と結びつく. この点で, エコ保守主義は伝統の復活を主張する. イギリス環境保護の父と言われるE・ゴールドスミス (1928-2009) は, エコロジー社会が家族や共同体の中で伝統的秩序を回復し, 強力な権威主義的統治を樹立できる, と述べる.

（2） エコ社会主義

エコ社会主義（eco-socialism）の典型はドイツの緑の党の主張である．自然は資本主義の利潤追求の結果，破壊されてきた．資本主義は階級対立だけでなく，自然環境も損なった［エバーマン，トランペルト，1994年；第9章参照］．

環境保護は資本主義の廃絶か資本主義の制御かで取り組まざるをえない．したがってエコ社会主義からすれば，経済システムの変革・再構築に集中しなければならない．社会主義が環境生態系に配慮する点はある．財が共有されれば，すべての人間の利益となるはずである．それは人類の長期的な利益を意味する．

しかし，社会主義が「生産拡大（pro-production）」に傾きやすい価値観になることも事実である．社会主義政権が経済成長を優先したため，環境保護政策を遅らせたことも忘れてはいけない．これは旧ソ連や旧東ヨーロッパ諸国での共産主義体制の経験で証明される．その典型例は1986年ウクライナのチェルノブイリの原子力発電施設の爆発事故である［ゲイル，ハウザー，1988年］．

（3） エコ・アナーキズム

環境保護問題に敏感なイデオロギーはアナーキズムである．環境保護運動家は19世紀のアナルコ共産主義（anarco-communism）に影響を受ける場合がある．アナーキズムとエコロジーには一致する要素がある．それは「社会的エコロジー（social ecology）」で表現される．

社会的エコロジーとは，「人間社会が環境生態の原理に応じて生きるべき理論」である．エコ・アナーキズムは人間に対する抑圧が自然環境を破壊することを重視し，自然との調和，人類と自然とのバランスの必要性を信じる．したがって環境保護では，人間による環境支配を否定する点では「深いエコロジスト」と同じ視野に立つ．

アナーキストは分権化した協働社会の構築をめざす．共同体の生活は自然と一体化し，共同体は有機的な関係や環境生態系を推進する．人間と自然界との生態系的なバランスが促進される．現在の環境保護運動はアナーキズムから分権化，参加民主主義，直接行動の方法を受け継ぐ．

（4） エコ・フェミニズム

エコ・フェミニズム（eco-feminisim）はエコロジー主義では独特の立場にある．環境破壊は家父長制に起源があると考える．自然は男性中心からの脅威にあり，

男性の権力のもとにあることを意味する．男性が女性と自然界の「主人」である．家父長制が男性を育児，家事，私的関係から切り離したことで，男性の本能や感覚を鈍らせた．エコロジーの分野でも，男女間の根源的な，否定できない差別が影響する．したがって，家父長制は人間と自然との関係を悪化させた．

エコ・フェミニズムは女性の出産・育児という生物学的な部分を強調する．女性は自然のリズムと切り離して生きられず，政治，文化，社会において自然にそった生き方を実践する．女性の価値観は相互依存，協調・協力，養育である．女性は自然の創造物である．家父長制は自然を超えた文化の優位性を造り上げた．この発想から，自然は征服，搾取，超越される対象だけのものである．つまり，環境破壊はジェンダーの不平等に起源がある．エコ・フェミニズムは家父長制的な科学・知識・技術に持続可能な経済に向けてのパラダイムの転換を求める．すなわち，資本主義とそれに内在する「成長か否か」という二項対立的発想からの脱却を求める．

4．今後のエコロジー主義のもつ意義

21世紀のエコロジーは次の3つの困難さを予測する．

第1は途上国の関心が西側先進国に経済的に追いつくために大規模な工業化を実行し，その結果，資源の枯渇，公害，環境破壊を今後も継続することである．西側先進国も繁栄と豊かさを維持したく，エネルギーや資源を大量消費する．

表11-2　エコロジー主義の類型

←人間中心のエコロジー　　　　　　　　　　　　　　　　　　　　　　　　　　エコ中心主義→

	浅いエコロジー	社会的エコロジー			深いエコロジー
		エコ社会主義	エコ・アナーキズム	エコ・フェミニズム	
テーマ	・啓蒙的な人間中心主義 ・成長の限界 ・「弱い」持続性 ・未来の世代	・商品化の限界 ・集団的財 ・使用のための生産	・分権化 ・自己管理 ・消費主義批判	・男女間の本質的な性差 ・女性は「自然」と結びつく ・男性は「文化」と結びつく	・急進的な全体論 ・生物中心の平等 ・「強い」持続性
目標	エコロジーと資本主義近代化との均衡	社会革命：資本主義を社会主義に置き換える	政治的権威の構造を解体	家父長制と家母長制の撤廃	理論的枠組みの転換：機械論・原子論的な世界観を解体

第2は環境に配慮して低成長が人々の同意を得られるかどうかの問題である．人々は環境保護に賛成しても，豊かな生活を抑制してまで，実生活において環境保護を具体的に実践できるかどうかである．

　第3は環境保護が脱産業化した雰囲気の中で都会人の一時的な流行だけになる可能性があることである．その意識が若者や豊かな，余裕ある社会層に限定されがちである．つまり，エコロジーが今後も定着するかどうかである．

　エコロジー主義は他の政治イデオロギーよりも急進的，根源的である．環境保護を重視した，新たな社会が求められる．そうすると，これまでの価値観，哲学，生き方，世界観，行動は根底から覆される．ドイツの緑の党の綱領には，「われわれは既成政党に対する代替的な存在である．……次の四原則にある，すなわち，環境保護主義，社会公正，底辺民主主義，非暴力主義である」と明記する．

　カールソンの次の言葉はエコロジーを考える際には肝要である．「私たちの住んでいる地球は自分たち人間だけのものではない――この考えから出発する新しい，夢豊かな，創造的な努力には，《自分たちの扱っている相手は，生命あるものなのだ》という認識が終始光かがやいている」［カーソン，1974年］，と．

設　問
1．「浅いエコロジー」と「深いエコロジー」の相違を説明せよ．
2．エコロジーと結びついたイデオロギーのそれぞれの立場を説明せよ．
3．エコロジーの困難さは何か．

第12章
フェミニズム

> 人は女に生まれない，女になるのだ．文明の全体が人間と雄と，去勢物の中間のものを女性と呼んでいるのだ．
>
> （ボーヴォワール）

1．歴　　史

　フェミニズム（feminism，男女同権主義，女性権利拡張運動）とは，「女性の社会的役割を増進し，ジェンダー（gender）の平等をめざすイデオロギー」である．

　ジェンダー（gender）とは，「性（sex）とは異なる男性と女性の間の社会的，文化的な区別．男女間の本質的な相違を説明する」際に使用される用語である．

　フェミニズムという用語は1960年代から一般的になった．女性が性差のために不利益を被っており，この差別は克服されるべきである，という2つの信念と結びつく．フェミニズムは三段階で発展した [Heywood, 2012：ch.8]．

　第一段階は19世紀半ばから開始される．女性が男性と同等の法と政治のうえで権利をもつことを要求する運動である．女性の参政権があらゆる性差別や偏見を解消できる，と信じられた．女性参政権は1893年ニュージーランドにおいて世界で最初に導入され，1918年イギリスで女性参政権は承認（男性と同等になるのはその10年後）された．アメリカでは1920年にアメリカ憲法第19修正条項で承認された．

　1960年代からフェミニズムの第二段階を迎える．権利上の同等だけでは，女性は差別を解消できなかった．性差別はいかに社会に埋め込まれているかが問題視された．これは「女性解放運動（Women's Liberation Movement）」の形で登場した．女性への抑圧を個人的，心理的，性的な側面に焦点があてられた．

　1980年代から1990年代にかけて第三段階が開始する．「ポスト・フェミニズム（post-feminism）」の時代である．フェミニズムはいっそう多様化する．現在

まで，フェミニズムは伝統や対立する考えを吸収してきた．フェミニズムに「白人至上主義」を当然とすることに批判が集中し，また国境を超えた，国際的な女性同士の連帯は可能なのか，といったテーマが提起される[ワトキンズ，ルーダ，ロドリゲス，1994年参照]．

2．中心要素
——人格の政治学——

（1）公・私の区分の打破
ジェンダーは政治的，社会的な区分を表わす言葉であると同時に，男女間の「権力関係」を映し出す．フェミニズムは従来とは異なった政治概念を説明する．個人，男女，家族，性行為などの私生活が政治分析の対象になる際には，重要なテーマである．

伝統的な政治学は公的生活を対象とする．それに対して，政治があらゆる個人や社会集団で生じる現象だとすれば，雇用者と被雇用者の関係，家族内の夫と妻，親と子の関係も政治のはずである．

男性が政治，労働，芸術，文学などの公的領域で優越した存在と考えられた．女性が主婦と母親の家庭内の役割に限定されるなら，公的生活から排除される．それに対して，フェミニストは「公的な存在としての男性」と「私的な存在としての女性」の区分を打破することを目標とする．一言で述べれば，「人間生活すべてが政治である」という言葉に要約される．つまり，人間に関わる生活すべては政治である．現代のフェミニストは「日常生活の政治」を分析する．女性への抑圧は家庭から開始する．

（2）家父長制
家父長制（patriarchy）とは，「権威ある父親のよる支配体制を示す．家父長

```
┌─────────────────────────┐
│   男性の権力システム     │
│ 教育，労働，政治，公的生活 │
└─────────────────────────┘
            ⇑
┌─────────────────────────┐
│      家父長制家族        │
│ 一家の大黒柱の父親が妻と子供を支配 │
└─────────────────────────┘
```

図12-1　フェミニズムの家父長制観

制は社会において男性の支配と女性の服従を説明する」際に使われる用語である．

　フェミニズムは男女間の権力関係を説明する「家父長制」概念を糾弾する意図で使用される．家父長制は「父親による支配」であり，夫，父，家長，つまり男性の優越性を示す用語である．だから，妻・母と子供の従属も示す．家父長制は教育，労働，政治などのあらゆる生活においての男性支配を再生産し，それをあらゆる分野において，その概念が適用される．

　2つの原理が家父長制にある．第1は男性が女性を支配すること，第2は年長者が年少者を支配することである．家父長制社会はジェンダーに基づく抑圧を特徴とする階統制構造から成立する［竹信，2013年；橘木・迫田，2013年参照］．

（3）　ジェンダー

　S・ド・ボーヴォワール（1908-1986）は，「性」が「他者性」であって「男性ではない」ということを説明する．他者性は女性性と男性性という対照的な特徴づけにもとづく基準である．例えば，「ヒステリック」という語は特定のジェンダーに対する潜入感を示す［ボーヴォワール，1997年］．

　反フェミニズムは，ジェンダーの区別が自然であり，女性の身体や構造は社会において従属的，家庭的な役割に適する，と論じる．しかし，この論拠は説得的ではない．確かに，生物学的には，出産は女性しかできない．だからとはいえ，女性は母性の責任を引き受ける必要はない．育児は文化の問題である．家庭内の負担は夫にも責任があり，また負担は夫と妻とで共有できる．さらに，育児は共同体や国家，社会，親戚，近親者，近隣地域に引き受けられる．

　フェミニストは通常，性とジェンダーとを区別する．ジェンダーの相違は文化的なものであり，社会から各個人に課せられたものである．だから，なんら社会的，政治的，経済的な差別の根拠にならない．S・ファイアストーン（1946-）はジェンダー差が生活のすべてを構造化する，と論じる［ファイアストーン，1975年］．ジェンダーによる差別は社会が創造する．社会は女性に「女性らしいふるまい」を当然視する．男性は労働，政治，公的生活のために「男性らしさ」を強いられる．家父長制社会では，女性は男性の期待と必要性に応じて形づくられた．これは男性支配の身勝手な論理である．

　家庭の責任は，女性のみでなく，男性の責任でもあると考えるべきである．女性が政治に参加できるためには，「当人の努力」にあるだけでなく，「仕事の

質の点検」が必要である［岩本，2003年：39］．

（4） 平等と相違

女性は男性と平等・対等の立場を要求する．では，男性と女性はどの程度平等であればよいのか．自由主義的フェミニズムは，女性が男性と法的，政治的な平等を享受すべきであり，性差なく同条件で競争する平等な権利をもつべき，と主張する．社会主義的フェミニズムは，性的な抑圧だけでなく，階級的な抑圧構造を廃絶しないかぎり真の平等はありえない，と説明する．

男性と同等の立場を要求することは，女性が「男性と同じ扱いをうける」ことを必ずしも意味するのではない．フェミニストは男性の「女性擁護論（pro-woman）」を拒絶する．性差別そのものが政治的，社会的には重要な意味をもつと考えられる．女性は女性本来の価値を認識，賛美すべきであり，性差のない「人格」でなく，洗練された女性の存在として解放されるべきである．そのことは女性の技術，技能を評価し，女性独自がもつ意義を強調する文化的フェミニズムでもある．

3．性と政治

（1） 自由主義的フェミニズム

自由主義的フェミニズムはアメリカの女性解放運動を支配してきた．あらゆる個人は平等である．性，人種，皮膚の色，信条，宗教に関係なく，個人は平等に取り扱われる権利がある．すべての個人は公的生活に参加する権利をもつ．

表12-1　2つのフェミニズムの対比

	平等を求めるフェミニズム	性差を認めるフェミニズム
基本姿勢	男女両性の平等	性差の本質を明確化
根拠	人格化に基づく	性差に基づく
権利	人権	女性の権利
目標	ジェンダーの平等	性の解放
性差	性差の撤廃	性差の尊重
性とジェンダー	性・ジェンダーの区別	性はジェンダーと同じ
生理	生理の克服	生理の擁護
親近感	親人間	親女性
男性観	男性は救済可能である	男性は「問題」である
男性との関係	男性との協定	フェミニスト的な分離主義

この観点から，自由主義的フェミニズムは女性を差別する法律や偏見を解消しようとした．その成果はアメリカでは1970年代，1980年代「平等権への修正条項（Equal Rights Amendent）」に結実した．性差別の禁止，出産の自己選択，人工中絶の合法化を内容とする．

自由主義的フェミニズムには個人主義のもつ限界がある．

第1に，個人主義の視点だけでは，家父長制は問題視されなくなる．女性の社会的な抑圧が見過ごされる．

第2に，個人主義は女性のジェンダー・アイデンティティを基礎とする集団の思考や行動を著しく困難にする．

第3に，個人の能力だけを問題にすると，ジェンダーによる差別があいまいになる．個人が男女差でなく個人の能力と業績という名で性差別をすり替えられるおそれがある．

すべての女性がより良い教育と経済的な平等を獲得できる．当初，フェミニズムと女性参政権獲得運動の指導者は，教養ある中産階級の女性だけに限られた．彼女らは他の女性より公的生活に参加する機会と利益には恵まれる．女性解放が男女の平等な権利と機会の平等を意味するなら，他の差別（例：階級，人種）は無視される．したがって，自由主義的フェミニズムは白人の中産階級女性だけの主張になる．

（2） 社会主義的フェミニズム

社会主義的フェミニズムはフェミニズムを家父長的資本主義がもつ社会的，経済的な根拠から説明する．この主張は，エンゲルスの『家族，私的所有，国家の起源』［エンゲルス，1965年］において展開された実態まで遡る．社会における女性の地位は私的所有制と資本主義の発展に応じた結果であった．資本主義は男性中心による私的所有制に基づき，二流市民として女性への抑圧は，家族制を通じて機能する．女性抑圧の原因は資本主義システムに浸透する．

「ブルジョア家族」は財や地位を男子に受け継がせる．女性を家事と家庭に縛ることは資本主義には好都合である．女性は「労働予備軍」として生産活動に必要なとき，補充的な労働力として雇われ，不要になれば家庭に戻される．一時的な労働者として女性は低賃金，低地位を強いられる．また，出産と育児は将来の労働力を再生産し，現在の社会的志向を条件づけ，教育する．子供は将来，資本家にとって紀律ある従順な労働者に成長する．

女性は男性が仕事に集中できるように家事と育児の負担を担当する．その意味で，男女の役割分担は経済効率を増進する．男性労働者は妻と子供のために労働に従事する．実際に，夫＝父は大黒柱である地位に満足し，家庭を明日の労働のために今日の疲れを癒す場とし，そのために主婦＝妻・母は夫を支える．

女性は，男性でなく，私的所有制，つまり資本主義に抑圧されている．女性解放は階級対立を解消することでのみ達成される．

（3） 急進主義的フェミニズム

1960年代急進主義的フェミニズムは新左翼に影響されて登場する．K・ミレット（1934-）やファイアストーンらは性的抑圧が社会の本質であり，それ以外の階級搾取や人種差別などは副次的な問題であるとし，ジェンダーは階級，人種，民族より重要である，と主張する．現代社会の男女差別の原因は家父長制にある．

男女の異なる役割は社会化過程に起源がある．つまり，子供の頃から男・女それぞれのジェンダーにそくして教育された結果が性差を生んだのである．1960年代，1970年代には構造的な男女差別が認識される．女性解放には社会構造化された性的な抑圧が抜本的に解消されなければならない．

まず，女性が既成事実として女性の幸せとされる「イブのコース（日本流に述べれば，例えば『寿退社』）」を拒否するなら，女性解放の第一歩が実現できる．現代の科学技術の進歩によって出産と育児の負担を女性から解放し，性の平等が達成できる．妊娠は避妊や人工中絶で回避できる．今後の科学技術の進歩で

表12-2　自由主義的フェミニズムと急進主義的フェミニズムの対比

	自由主義的フェミニズム	急進主義的フェミニズム
基本姿勢	女性の解放	女性の自由化
問題点	ジェンダーの不平等	家父長制
主張の根拠	個人主義	同性への友愛
政治観	伝統的政治	人格に基づく政治
私的領域	公私の分離	私的領域の変容
対象	公的領域への接近	ジェンダーの平等
目標	平等な権利・機会	性に基づく政治
手段	改革・漸進主義	革命的変動
活動	政治的活動	意識の高揚
抑圧の解消	個々人の質的向上による解消	構造化した抑圧を解消
性的差別の根拠	法的・制度的差別	社会構造に基づく差別

試験管ベイビーでの出産を可能にするし，育児の責任を社会や共同体に転化できる．

4．今後のフェミニズムのもつ意義

　1960年代後半から1970年代前半にかけて，フェミニズムはある頂点を迎えた．その時点から，「ポスト・フェミニズム」の時代に入った．フェミニズムは現在，自由主義，社会主義，急進主義とそれぞれの立場に分かれる．現在の女性解放運動は統一的な視点を欠いている．確かに，女性の役割を積極的に評価する点では共通するが，フェミニズムが今後どうあるべきかで一致しない［江原・金井，1997年参照］．

　1970年代後半から保守陣営からフェミニズムへの批判がある．1980年代サッチャー，レーガン，ブッシュ（父），日本の自民党の超保守主義者たちは「伝統的な家族像」の復活を声高に叫び始め，「反フェミニズム」を看板に掲げた．社会的な秩序と安定を理由に，ニューライトは伝統的な家族擁護論や家父長制を再評価し，再強化しようとする．

　女性は人工中絶の合法化，男女平等賃金の法制化，反差別法，教育権，様々な社会参加の権利を獲得した．男性だけの伝統的な職業が衰退し，女性が自立できる時代にあって，男性は社会や家庭での中心的な地位を失いつつある．

　女性解放運動は1960年代，1970年代に急進的であった．それは，ある意味において，女性が被害者意識に基づくからである．しかし今後のフェミニズムを展望するなら，C・パーリア（1947-）は，「犠牲者の意識」から脱却し，女性も自立し，自己の性と個人の行為にもっと責任をもつべきだ，と力説する．したがって，フェミニストは女性にも自覚を促す．日本ではフェミニズムという言葉には，「女性に甘い態度」の意味合いを含みがちである．本来の意味からすれば，男女平等を目標とするフェミニズムは個人としても自己責任と自覚を求める．つまり，自由主義的な意味が備わる．

　もう1つの問題がある．近年女性の社会進出や権利・地位の向上でフェミニズムの目標が達成された，と誤解される風潮がある．「女性は法的な平等を獲得したので，フェミニズム運動はもはや必要とされない」，と論じられる際に用いられる．ポスト・フェミニズムという発想は性差別を一応克服した，とみられがちである．したがって，家父長制的な色彩を一掃したと誤解する危険性

表12-3　フェミニズムの類型

	自由主義フェミニズム	急進主義フェミニズム	社会主義フェミニズム	ブラック・フェミニズム	ポストモダン・フェミニズム
テーマ	・個人主義 ・権利 ・法的, 政治的平等	・家父長制 ・人格による政治 ・同性の友愛	・階級抑圧 ・ブルジョア家族 ・資本主義と家父長制が連携	・人種差別主義 ・多種の抑圧 ・女性間の差異	・反原理主義 ・言説 ・ジェンダー・アイデンティティの脱構築
目標	公的領域への男女のための平等な接近	全生活分野の急進的な変容	ジェンダーの平等他のための経済生活の再構造化	人種, ジェンダー, 階級の構造に内部連結されたものへの対抗	流動的, 自由に浮遊するジェンダー・アイデンティティを擁護

がある．性差別が消滅したと考える「神話」「まやかし」である．

　先進諸国では，既婚女性（未婚女性も含めて）は，職業や社会的地位をもつとはいえ，女性の低賃金，低地位，昇進差別，パートタイマー雇用などでは，まだまだ男女差別は残る．法的，政治的，社会的，経済的な改革がなされても，実質的な男女差別は解消されてはいない．家父長制は文化構造に根ざしたままである．ということは，フェミニストは，男女差別が存続するかぎり，家父長制を糾弾しなければならない．今後のフェミニズムの課題は，真の意味で「第三段階」（あるいは「第四段階」）を確立しなければならない．それが実現されて初めて，ポスト・フェミニズムの「神話」を解消できる．そのことは，別の視点から見れば，新たな人間関係の構築としてフェミニズムを考えなければならないことを意味する［高橋，2013年参照］．

設　問
1．フェミニズムの発展段階を説明せよ．
2．フェミニズムの構成要素とは何か．
3．今後のフェミニズムの動きはどのようなものか．

第13章
宗教原理主義

> 信仰を持つものが無神論者より幸せだという事実は，酔っ払いがし
> らふの人間より幸せなことに似ている．
>
> (バーナード・ショー)

1. 歴　　史

　原理主義 (fundamentalism) とは，「根源的な心情原理であり，しばしば激しい行動に結びつき，狂信的な熱意に時折，映し出される信念」である．

　原理主義という用語はラテン語のfundamentumに由来し，「基礎・土台」を意味する．現在，原理主義はキリスト教，イスラム教，ユダヤ教，ヒンドゥー教，シーク教，仏教などで宗教原理を社会に徹底する運動にみられる [Heywood, 2012：ch.10]．原理主義は20世紀末から異常な高まりをみせる．これは旧東側世界の共産主義体制の崩壊と時期を同じくする．原理主義の出現には4要因が考えられる．

　第1の要因に，世俗化 (secularization) という社会現象への対応がある．

　世俗化とは，「宗教的な心情体系と価値観の場に世俗的，合理的な考え方と価値観が拡がること」である．

　世俗化は「道徳的構造」の弱体化，伝統的な宗教の凋落を意味する．原理主義は世俗化に対する人々からの信念体系に基づく「道徳」からの抗議とも考えられる．

　第2の要因に，宗教原理主義には非(反)西洋的な，反近代的姿勢をみせる．1979年イランの「イスラム革命」以降，イスラム原理主義者はアメリカを「大悪魔」として敵意をむき出した．

　第3の要因に，宗教原理主義の登場以前の途上国の国民は社会主義から影響を受けたが，1980年代末の共産主義体制の崩壊でそれに代わる存在として勃興

←相対主義　　　　　　　　　　　　　　　　　　　　　原理主義→

ポスト近代主義　　自由主義　　保守主義　　社会民主主義　共産主義　　　ファシズム　宗教原理主義

図13-1　相対主義―原理主義の1次元モデル

した．
　第4の要因に，グローバル化はかえって原理主義を強める結果となった．グローバル化はナショナリズムを弱体化させた．ところが，民族的一体感が不安定なところでは，原理主義はエスニック・ナショナリズムの形をとって登場する．原理主義はグローバル化で制約を受けるとしても，反対にグローバル化による通信技術や交通手段の発展などで，原理主義を世界に拡大できる．

2．中心要素
―― 原理への回帰 ――

（1）宗教と政治
　宗教原理主義は2つの意味でイデオロギーとみなすことができる．
　第1に，各宗教の教義やその構造に関係なく，自己の立場を絶対化し，他を排斥する姿勢がみられる．
　第2に，宗教原理主義は自己の価値観や指針を政治や社会の包括的な原理・原則にするからである．注意すべきは宗教原理主義がナショナリズムの亜流と解釈できる．宗教原理主義は民族主義的，エスニック的な特徴と重なりあうからである．
　原理主義の根底には，宗教と社会・政治の区別が拒絶されることへの反発である．イランのイスラム革命指導者A・R・ホメイニ(1900-1989)によれば，「政治は宗教である」，と単純明快に説明する．
　宗教とは，「ある種の超現実的な信念を共有する人々の有機的な共同体」である．
　個人の精神的な安逸や解放の経験を別にして，宗教は通常，有機的な共同体が承認した行動と信仰のセットで表現される．宗教原理主義は世俗社会への2つの対応がある．
　第1の対応は「受動的原理主義（passive fundamentalism）」と呼ばれる．社会変革より信者の共同体の構築や信仰の徹底に関心がある．例えば，アメリカの

アーミシュ（Amish）やイスラエルのユダヤ教の超正統派のような集団の場合である。この立場は宗教的原理そのものに関心を向けるが，世俗社会とは関わりをもたない。

第2の対応は「行動的原理主義（active fundamentalism）」である。世界を刷新する解決法は法，政治，社会，文化，経済を自らの宗教原理に基づいたシステムに置き換えればよい。重要なのは宗教が私的，個人的な問題でなく，社会全体のイデオロギーの核心をなす点にある。

宗教の選択を個人に任せると，個々の勝手な解釈が生まれ，公的領域に悪と腐敗を招き入れる。だから，原理主義者は一元的な解釈を強要する。したがって，宗教原理主義は「全体主義体制」を建設し，さらに世界を自らの宗教で支配することを目標とする。

（2）　原理主義の衝撃

原理主義は「絶対的」な規準を徹底しようとし，相対主義と対極にある立場である。あらゆるイデオロギーは原理主義的な性格を帯びるが，とりわけ宗教原理主義はファシズムや共産主義と同様に自らの原理・原則を一方的に徹底化する［小川，2003年参照］。原理主義は神聖な経典から導き出される。例えば，アメリカのプロテスタント原理主義者は神が人類を創造した聖書の教えに固執し，ダーウィンの進化論を否定する。

ところが，現実の宗教原理主義は経典を文字通り行動に移すとは限らない。第1に，すべての経典は複雑で様々な価値・教義・原理を配する。ところが，人々を動員し，宗教上の再現を実行する際に「原理的な部分」だけが取捨選択的に抽出される。単純，明快な原則にするため，本来の核心部分の省略や遺漏が生じる。

第2に，経典を誰が解釈するか，である。解釈者は深い信念と道徳的な純粋性を司る人物である。だから，宗教原理主義が権威主義的なカリスマ的指導者と結びつく。ただ重要なのはその解釈によって生じるエネルギーが人々の忠誠心を動員する能力があり，政治行動を急進化・過激化させる。

（3）　反近代主義

宗教原理主義は「過去」を再現する。その再現は過去の「栄光の時代」の精神や郷愁に回帰する。例えば，放縦，不義密通，売春，同性愛，ポルノなどは

近代化による道徳的な汚染や退廃の徴候を示す．それを否定して，イスラム原理主義は古代の法の再導入を要求する．例えば，キリスト教原理主義は「家族」と「宗教」の価値への回帰によって自由放任と物質主義と闘う．しかし，このイメージは単純すぎる．宗教原理主義は伝統と近代を選別的に利用する．反近代主義は反動的な原理主義の一面しか表わしていない．

原理主義は保守主義や伝統主義と同じではない．確かに保守主義と原理主義と重複する部分があり，時折，両者が協力し合う．だからといえ，両者の性格や志向は異なる．保守主義は穏健で用心深いが，原理主義は熱狂的，狂信的である．保守主義はエリートに敬意を払い，階統制を擁護する．原理主義は人民主義的，平等主義的なものを具現化する．保守主義は伝統を尊重する．原理主義は急進的で時に革命的ですらある．と同時に，原理主義は反動的，復古的でもある．カリスマ的指導原理，ポピュリズム，精神的な復活に向けた傾向では，原理主義はファシズムと一見類似する．

原理主義は近代化の成果を拒否せず利用する．例えば，原理主義者はマスコミを積極的に活用する．その典型はアメリカのテレビ伝道師である．原理主義者は科学技術，国家機構，大量破壊兵器などの近代化の成果を容認し，自己主張のために利用する．

（4）　好戦的性格

宗教原理主義は政治活動において自らのスタイルを確立する．それは時に好戦的である．好戦的性格の由来はどこにあるか．また，それは何を意味するのか．

第1に，原理主義者は「敵と味方」をはっきりさせ，敵を完全に否定しなければ，自己の存在意義が失われる，と考える．これはすべてに優先する．

第2に，原理主義がある一定の方向のアイデンティティに固執する．自分がだれであるか，また集団的一体感がどのように獲得されるのか．アイデンティティは「私たち」と「彼ら」を社会，民族，エスニシティ，宗教とそれぞれの特徴に基づいて区別する．

第3に，原理主義には「陰と陽」や「善と悪」の対比を強調するステレオ・タイプ的な世界観がある．「私たち」は神の意思に応じるが，「彼ら彼女ら」が私たちに同意しないなら，「彼ら彼女ら」は神の目的を否定する人間である．究極的には，信者と不信心者のいずれかが支配者となるかは闘争か戦争かでし

か解決手段はない．

テロ＝原理主義のイメージは定着した．原理主義者が平和的，合法的である一面は無視されがちである．もちろん，原理主義者は暴力の使用を否定しない．例えば，政治的指導者の暗殺がある．過激な行為は神の意思を実行する理由で正当化される．例えば，イスラム教徒の自爆行為はアラーの教えでは神への献身になる．

3．主な宗教原理主義

（1） イスラム原理主義

イスラム教徒は70カ国以上，約7億5000万人の信徒を抱える世界で第2の宗教であり，現在も急速に勢力を伸ばす．アジア，アフリカに集中しており，アフリカの人口の半分以上がいずれイスラム教徒になる．ヨーロッパやそのほかの地域でも影響力を拡大する．

イスラム教の歴史では，宗教と政治をどう解釈するかで対立がある［井筒, 1991年；中村, 1998年；小杉, 1994年参照］．一方では，政治へのイスラム教原理の適用で世俗的に柔軟な立場にある指導者が存在する．他方では，預言者の原理・生活様式を厳格に守ろうとする原理主義者が存在する．原理主義はコーランの真実を実現することを任務と考える．その献身的態度は好戦的なそれを引き起こす．原理主義者はなによりも宗教を優先したがる．究極的には，「イスラム教国家」の建設を意味する．これは「神道政治」である．

イスラム教は大きく2つの宗派に分類される．1つは多数派のスンニ派 (Sunni) であり，もう1つはシーア派 (Shi'ite) である．

スンニ派によれば，後継者は聖職者の同意によって決定される．指導者は預言者でも絶対者でもない．対照的に，シーア派は神の教えが預言者とその子孫に体現する．シーア派の後継者の宗教指導者 (imam) には誤りがなく絶対的な存在である．したがって，宗教的，政治的，社会的な権威が保証される．シーア派は，個人が苦痛の経験を通じて敬虔な生活を受容することで「罪 (sin)」を除去できる，と考える．精神的救済の預言はシーア派の人々にある特徴を植え付けた．その精神的な情熱が政治目標に利用されると，信徒の自己犠牲が正当化される．

シーア派はスンニ派よりも政治的な行動を伴う宗派といえる．神の英知の再

現，不正義の打倒，抑圧からの解放が社会を浄化する．この考えは貧者や被抑圧者などを魅了する．

（2） キリスト教原理主義

約15億人の信者をもつキリスト教は世界最大の宗教である．キリスト教の普及に関わらず，1900年まで世界のキリスト教徒の約83％は西側世界に居住する人々であった．しかし20世紀には，キリスト教信仰は西側諸国，特にヨーロッパでは凋落し，アフリカ，アジア，アフリカ南部などの途上国では信徒が増加する．

自由主義は教会と国家の分離を規定する（「政教分離」）．現在ではキリスト教は社会の道徳的，政治的な再生よりも個人の精神的な安堵や解放感に役立つ．20世紀後半安定した社会的，経済的，政治的な構造に直面して，また世俗的な価値観やその目標が定着する中で，かえってキリスト教原理主義が登場した．キリスト教原理主義は多元的な政治的枠組みを利用して自己主張する．

キリスト教原理主義にはエスニック・ナショナリズムと結びつく可能性がある．北アイルランドではそれがみられる．1969年から北アイルランド紛争では，プロテスタント教徒の態度は北アイルランド問題を解決するための障害の1つになった．その政治組織はアルスター統一党である．その支持者は統一アイルランドの樹立への動きを阻止した［鈴木，1991年，2000年参照］．

教会出席数で考えれば，アメリカは熱心なキリスト教信仰国である．約6000万人のキリスト教徒は熱心な信者であり，その半数は自らを「宗教原理主義者」とみなす．しかし，宗教団体は稀にしか政治活動を行わなかった．もっとも1970年代後半に，登場したキリスト教右翼は注目すべき存在である．

1960年代前半に最高裁判所は，第一修正条項の信教の自由を保証するため，学校礼拝に反対する権利を判決で認めた．公民権法，人種隔離廃絶，福祉政策，都市の発展などは社会を変容させてきた．その結果，「神を恐れる」南部の保守主義者は，ワシントンの自由主義者が自分の生活様式を破壊すると感じた．進歩勢力，黒人，同性愛者は現代政治では重要な存在である．しかし，これらの人々は伝統的な社会構造を崩壊させる，とキリスト原理主義者は考える．キリスト教徒は「キリスト教文化」を維持，回復したい．その代表として，1970年代新キリスト教右翼（New Christian Right）が登場した．伝統的な家族像を回復する運動を展開し，それに反する人々を攻撃する．

1980年代以降，新キリスト教右翼は自由主義的な人工中絶合法（pro-choice）を非難してきた．アメリカの学校での礼拝を復活させ，人工中絶に反対するため共和党の超保守派を応援する．1980年代レーガン大統領は新キリスト教右翼がニュー・リパブリカン連合の重要な一翼になることに意欲を示し，実際に同連合は2001年大統領選挙ではＧ・Ｗ・ブッシュ（子，1946-）を支持した．ところが，この運動には限界がある．アメリカは多元主義的社会だからである．もっとも，この原理主義者は聖書を唯一のものとしか理解しない人々だけではない．広い支持層を求めて活動する宗教右派も存在する［坪内，1997年；大関，2005年；河野，2006年参照］．

（3）　その他の原理主義
　a　ヒンドゥー教原理主義
　ヒンドゥー教はインドの中心的な宗教である．これは一見すると原理主義に分類されそうにない．ヒンドゥー教の経典や教義より慣習や実践に重点をおくからである．ヒンドゥー教の中心目標はヒンドゥー教を民族的なアイデンティティに据えることで，インドの多文化的，多民族的なモザイク的性格を解消することである．つまり，イスラム教，シーク教，ジャイナ教などの各共同体をヒンドゥー教化することである．
　インド人民党はヒンドゥー教原理主義者とその政治的な発言者の政治組織である．1980年代半ばから分立主義とエスニック集団がインドで台頭した．この状況下，1992年イスラム教のモスク破壊でヒンドゥー教徒の好戦的性格を発揮した．
　b　シーク教原理主義
　シーク教原理主義はインドの国民的一体性を拒否する．シーク教ナショナリズムはインドのパンジャブ地方に中心をおく．シーク教ナショナリズムもヒンドゥー教と対立することで自己主張する姿勢を示す．インドのヒンドゥー教，シーク教，イスラム教の原理主義へのそれぞれの高まりは脅威と敵意の連鎖的な反動を生じさせたばかりか，宗教的に熱狂的なエスニック・アイデンティティと関係することで相互に影響しあった［シング，1994年参照］．
　c　ユダヤ教原理主義
　ユダヤ教原理主義は民族独立と国家建設とに結びつく．超正統派ユダヤ教徒とは対照的に，旧約聖書で預言されたユダヤ人国家を求めたユダヤ教原理主義

はシオニズム（Zionism）を「大イスラエルの土地」の防衛用に拡大解釈する．イスラエルの原理主義集団である「忠誠のブロック（Gushmum Emunim）」の場合，1969年の「六日戦争」で占領した土地へのユダヤ人入植キャンペーンを展開した．ユダヤ人やアラブ人が共存できないし，「約束された土地」の考えからアラブ人を排除する［上田，1986年；ソロモン，2003年参照］．

d 仏教原理主義

スリランカの仏教ナショナリズムの拡大は多数派の仏教徒シンハラ住民と，ヒンドゥー教徒，キリスト教徒，イスラム教徒から構成される少数派のタミール共同体との間の緊張の結果として生じた．

ナショナリズムと宗教再生運動が連結してきた仏教は原理主義運動までに発展した．スリランカでは，民族のシンハラ化への動きは仏教が国教であることに表現される．しかし，そのことはタミール分離主義を活発にした．1970年代後半から，「タミールの解放の虎」という戦闘集団はテロ活動をシンハラ人に実行してきた［森本，2003年；セン，1999年；ビアルドー，2010年参照］．

4．今後の宗教原理主義のもつ意義

宗教原理主義は今後どのようなシナリオを仮定できるか．

第1のシナリオは宗教原理主義が長期的には存続が不可能である，という見解である．宗教原理主義の登場は近代化への適応が困難である点にみられる．人々は近代化を回避することができず，ある面で運命づけられる．自国が発展しなければならないし，グローバル化と自由民主主義の拡大が世界中に浸透するからである．したがって，宗教は「適切な範囲」で個人の信仰に戻らざるをえない．諸問題は世俗勢力が解決する．

もちろん，グローバル・システムはかえって宗教原理主義を民族やエスニシティに固執させる結果ともなる．ところが，好戦的な宗教原理主義は，短期間を別にして，将来においても存続する可能性があるとは考えられない．その理由はグローバル化だけが原因ではない．原理主義者が政権を獲得しても，説得力ある政治綱領や経済方針を提示できるとは考えられないので，原理主義者は実際の複雑な統治・支配を長期間担当できない．

第2のシナリオは第1のそれと反対の立場である．宗教的原理主義が「ポスト・モダン」といわれる時代でも重要である．この見解では，現在や未来にお

いて危機に陥るのは世俗主義と自由主義文化である．それらは人間のより奥底にある願望や欲望を表現できないし，社会秩序に道徳的基礎を付与する権威主義的な価値を樹立できない．その点に関して，原理主義は長けている．

　この見解は，自由民主主義をモデル化したグローバル・システムではなく，S・ハンチントン（1927-2008）が指摘する『文明の衝突』［ハンチントン，1999年］の世界になる，と予想する．彼は，世界が8つの「文明圏」に分かれ，そのうち，アラブ世界はイスラム教を中核に据えた攻撃的な超国家的な「文明圏」として登場し，他の「文明圏」と対立する．その例証は，2001年9月11日同時多発テロである．実際に宗教原理主義は現代にも適用可能だと証明する．つまり，ポスト・モダンといわれる時代にも，原理主義は生き残れる能力を実証した．

[設　問]
1．宗教原理主義の中心要素は何か．
2．宗教原理主義の要因を説明せよ．
3．宗教原理主義は今後どのようになるか．

第14章
グローバリズム／グローバリゼーション

> グローバリゼーションが無定形に認識された近代性の直接的な帰結と一体化され同一視されてはならないことは，強調されなければならない．
>
> （R・ロバートソン）
>
> われわれの真の国籍は人類である．
>
> （ウェールズ）

1．歴　史

　グローバリズム（globalism）とは，「科学技術の発達により世界が縮小し，人間の生活単位は国家の枠を超えて地峡大規模までに拡大したが，こうした現実を踏まえて，人類は1つの共同社会にあるとの認識で，すべてを地球規模で考え行動することを優先させる地球観」である．

　冷戦後の国際状況を考える場合，新しい課題が急速に台頭し，かつ旧来の課題と重なった形で同時進行する．P・ケネディ（1945-）はこの現象を「グローバル・トレンド」と定義づける．これは地域・特定文化だけでなく，従来の単位を構成する国境を越えて広い範囲に浸透する［ケネディ，1993年］．

　20世紀後半，M・マクルーハン（1911-1980）は現代の世界を「グローバル・ヴィレッジ」と呼んだ．それは世界が1つの「運命共同体」とみなすことである．この現象はグローバリゼーション（globalization，以下グローバル化）である．国民国家は政治，経済，文化のそれぞれの基本的なアクターである．その意味は国内政治と国際政治を区別した．しかし，グローバル化は国内と国外の区別をあいまいにする．超国家的な集団，組織，機構の増加は1つになった「世界社会（world society）」になったことの証明なのか．

　グローバル化は，「私たちの生活が私たちとは離れた遠くの場所でなされる

```
                              グローバル
                        ↗ ↙      ↓ ↑      ↖ ↘
                 ナショナル → ← ナショナル → ← ナショナル
                   ↗ ↙         ↓ ↑         ↓ ↑        ↖ ↘
             ローカル → ← ローカル → ← ローカル → ← ローカル
              ↗ ↙       ↓ ↑         ↓ ↑        ↓ ↑       ↖ ↘
              世帯       世帯        世帯       世帯        世帯
```

図14-1　グローバルな相互依存関係

決定で生じる出来事によって次第に形成され，複雑で内部に入り組んだ関係」を意味する．「大陸間や地域間の移動(flow)，活動，相互作用，権力のネットワークで表現されるので，社会関係や交流（transaction）の空間における変化を具体化する過程（または諸過程の組み合わせ），でもある．グローバル化は4つの変動で特徴づけられる［Heywood, 2000］．

① 国境，地域，大陸という地理的概念を超えて社会的，経済的，政治的，文化的な活動が拡張する．
② 貿易，投資，金融，移民，文化の高集中化と大規模化で特徴づけられる．
③ 運輸・通信手段が思想，商品，情報，資本，人々の移動を速めるので，地球規模での相互作用とその過程のスピードアップに直結する．
④ グローバルな相互作用の拡張，集中，速度の増加がこれまで当然視された秩序に衝撃を与える．ある出来事があらゆる場所に短時間で効果を波及する．すなわち，特定のローカルな発展がグローバルな結果をもたらす．

　グローバリズムは「世帯」「ローカル」「ナショナル」を従属させるとはかぎらない．むしろ，図14-1で示されるように，グローバル化現象は「世帯」「ローカル」「ナショナル」「グローバル」な出来事が経済，政治，文化の各過程の拡大と深化を増すことで持続的，相互的に作用することを意味する．
　「グローバル」という用語は20世紀後半に特に使用されるようになった．その複雑，多面的な変動のセットに注目して使用されだした［Heywood, 2012］．その注目点は主に4つある．

① グローバルな相互依存は超大国間の競争の結果の１つを特徴づける．
② 国際貿易の拡大と現代のビジネスのボーダーレスな性格は，グローバル経済を生み出した．
③ グローバル化は技術革新によって加速化される．これはあらゆる分野に影響する．
④ グローバル化は政治イデオロギーである．欧米型自由民主主義の価値を拡大する．また同時に，超民族的なイスラム教やエコロジー主義もグローバリズム／グローバル化現象とみなすことができる．

　グローバル化は，従来の国家や地域など，政治的，経済的，文化的な境界を超えて地球規模に拡大し，様々な変化を生み出した．グローバル化は経済だけでなく，政治，技術，文化など人間社会のあらゆる側面において同時進行する．地球規模での「均質化」への過程を意味する［佐和，2000年：190-191］．この用語が普及した時期は米ソ冷戦が終結した1989年以降である．経済面では，「運輸と通信技術の爆発的な発展や，冷戦終結後の自由貿易の拡大によって，文化と経済の国境にとらわれない貿易が促進する事態」がある．グローバル化の負の側面，世界規模での産業競争（メガコンペティション），多国籍企業による搾取拡大，国内産業の衰退とプレカリアートの世界的増大という事態を指す場合もある．その点で，最近では否定的に使用されることもある．1989年以後，グローバル化にともなう「負の現象」を非難する人々は，反グローバル化を訴える［Held and MaCgrew, 1999］．また，グローバル化を「アメリカ化（Americanization）」と揶揄することも少なくない［Beck, 2000；中谷，2007年］．

　「グローバル化」と「国際化（internationalization）」という両概念は，その意味する範囲と内容が異なる．グローバル化は地球規模であるのに対して，国際化は国家間で生じる現象であり，両概念は国境の存在の有無という点で区別される．グローバル化は国際化より対象範囲は広い．

　グローバリズムについて賛同する意見もある一方，それへの批判も根強く，様々な分野においてその功罪が議論される［ジョージ，2002年］．

　グローバル化の進展を肯定する意見として以下の点がある．

① 国際的分業が進展し，最適な場所において生産活動が行われるため，より効率的な，低コストの生産が可能となり，物価が低下する．
② 投資活動において多くの選択肢から各企業・個人のニーズに応じた効

率的な投資が可能となる．
③ 様々な物資，人材，知識，技術などを利用できるため，科学や技術，文化などがより発展する．
④ 各個人が幅広い自由な選択(例：居住場所，職場，職種などの決定から観光旅行，ショッピングなどの娯楽活動まで) を可能にする．
⑤ 各国民が緊密になるので，戦争，紛争，対立が回避される．
⑥ 環境悪化，不況・貧困・金融危機などの経済活動，人権問題などの解決には，グローバル化の進展はこれらへの関心を高め，各国に協力，解決を促す．

グローバル化への批判は以下の点である．

① 安価な輸入品の増加や多国籍企業の進出などで競争が激化すると，競争に負けた国内産業は衰退し，労働者の賃金の低下や失業が起こり，経済的，社会的な不安定が生じる．さらに世界規模・国内規模の経済危機を加速させる．
② 短期間の投機資金の流入・流出によって為替市場や株式市場が混乱し，経済に悪影響を及ぼす．
③ 外資系企業の進出や国外の投資家による投資によって国内で得られた利益が国外へと流出する．
④ 他国の文化(とりわけアメリカ化) の浸透によって自国の文化や伝統的な社会制度が破壊される．
⑤ 激しい競争の中で企業誘致を行うため，労働基準や環境基準が緩められ，社会福祉や環境保全の悪化を招く．

グローバル化に関する賛否に関してはその論者の立場が色濃く反映する点は否定できない．その点を考慮しながら，「グローバル化とは何か」を論じるべきである．

グローバル化へのアプローチに関する論争では，5つの視点から考える．それは① 概念化の不一致，② 因果関係，③ 時代区分，④ インパクト，⑤ 軌道，である．これらの視点をどう理解するかで，グローバル化論の説明が異なる[Held and McGrew, 1999]．

2. 中心要素
　　——世界は1つになる？——

(1) 概念化の不一致
　グローバル化を有効に概念化できるかどうかはその論者の認識に基づく．例えば，グローバル市場は「世界市場」を1つの完全な市場とみなせない．グローバリズム／グローバル化は現実に存在しないことになる［ヘルド，2007年参照］．
　グローバル・トレンドを統計によってグローバル化の趨勢は確認できるが，その反対の場合も証明する．例えば，世界で第一言語として英語より中国語を話す人口が多いが，中国語が世界共通言語であると実証されない．1890年代の西欧諸国の貿易や国内総生産（GNP）の比率が1990年代のそれらと類似するとしても，このことが両時代をグローバル化が成立した論じることも，論じないことも可能である．
　別の見解によれば，グローバル化を1つの固定的，決定的，歴史的な「目的地」のない道程とみなす．グローバル化が1つの方向に進み，あるいは単一の「理想的条件」（例：完全なグローバル市場）で理解できる，とする説である．
　ある人々は，国際社会の性格と権力の実行の点で，グローバル化に関心がある．しかし，そのことは社会生活の様々な側面において個々のグローバル化を単一か複合かの条件で達成できるかでは疑問が残る．グローバル化現象は政治，経済，文化，軍事，法律，環境，移民，犯罪などの現象であるとしても，それはグローバル化の概念化に結びつくかは明らかにしない．では，グローバル化は個別事例から説明するしかないのか．

(2) 因果関係
　グローバル化論争は何をもって起点から終点への過程を成り立たせるのか．この質問に回答する際に2つの点を注視する．
　第1は資本主義や技術の進展のような理由から説明される点である．
　第2は技術の進歩，市場力，イデオロギー，政治的決定を含めた諸要因と結びついた結果だと説明する点である．
　グローバル化には経済，技術，文化，政治などの変化も含むので，グローバル化の分析は因果関係を説明しなければならない．

ところが，グローバル化の原因をめぐる論争は，かつての近代化論と類似する．ある人々は，グローバル化が西洋化の世界規模大に向かっての普遍現象である，とみなす．つまり，それは西洋化（westernization）である．例えば，世界システム論がグローバル化を西洋の資本主義とその制度の拡大と同一視する．対照的に，別の見解は西洋化とグローバル化を区別し，グローバル化が西洋化と同義語となることには否定的である．ただ，今日のグローバル化が西洋先進国の勢力の拡大と影響と重なる点と重ならない点とがある．

（3） 時代区分

グローバル化を考える際には，歴史的な根拠にも説明を求める．現代のグローバル化の特徴が明確になる．例えば，「現代の」と述べても，グローバル化は，20世紀の時代，第二次世界戦後の時代，1970年代以後の時代，と時代ごとに区別して，グローバル化観の相違がある．あまり細かく区切ると，大きな流れとしてグローバル化の変遷をとらえることができない．

最近の世界システムや文明の相互作用といった研究は，グローバル化を現代的な現象とみなす見解に疑問を表明する．中世の世界宗教や交易ネットワークの存在がグローバル化と考えられるならば，それには長い歴史があり，そのような理解がグローバル化を分析する際に役立つ，と説明される．それは現代のグローバル化の特徴を説明するには，近代や現代という時代の枠組みからいったん離れて共通要素を考察する［田中，1996年］．そのうえで，グローバル化の段階や形態はあくまでも1980年代以降に限定されなければならない．

（4） インパクト

経済のグローバル化は戦後の国民国家を衰退させた，と言われる．グローバル競争という圧力は国民国家政府に社会支出と市場介入を減らさせる．そのことは第二次世界大戦後の福祉国家の基礎である社会協定（social contract）を取り除き，かつ社会民主主義的な政策を制約する．西側諸国には経済と福祉との相関関係が存在し，否応なくグローバル経済から影響を受ける．

しかし，世界経済のインパクトが各国に均等に影響するとはかぎらない．グローバル化が経済政策において国民国家を効果的に「機能」させるかどうか．国内の制度，構造，国家戦略，グローバルな観点からの国別序列において国家がどう位置づけられるかによって，グローバル化の社会的，政治的なインパク

トがどのようなもの理解できる．国家と国民はグローバル化に抵抗する．いわば，国民経済と民族共同体は管理，競争，抵抗の主体となる．どのようにグローバル化が国民経済と民族共同体にインパクトを与えたのか検証を要する［古田，2009年，2012年］．

（5） 軌　　道

グローバルな軌道はグローバルな統合を直線的な歴史発展と結びつきそうである．グローバル化は，人間の進歩のスムースな展開をもって，様々な障害を取り除く．それは楽観的に未来を描いている．対照的に，相互依存の時代と比べて，現代のグローバル化を世界を階統制化することになる，とする意見もある．

ダイナミックな変動・変容や不連続性によって時代を区切るからである．歴史の「偶然性」が特定の歴史条件と社会的諸力とに結びつくかによって変化するとする説もある．つまり，グローバル化を偶然と矛盾の混在したものと説明する．グローバル化では対立と調和，統合と分裂，敵対と協調，普遍化と特殊化が共存する．グローバル化の軌道は不確実である．

現在のグローバル化の分析枠組みが構築されなければならない．すなわち，一貫性のある説明，因果関係の論理的な解釈，歴史的時代の明確な区分，インパクトの内容と分類，過去・現在・未来の軌道の説明，である．

3．グローバル化への3つの見解

（1） 3つの見解の概要

グローバル化は経済・政治・文化から犯罪，金融，精神まで現代社会の生活のあらゆる側面で世界規模の連結を拡大，深化，加速する現象と考える．例えば，インドのコンピュータ・プログラマーがリアルタイムでヨーロッパやアメリカの雇用主に情報サービスを提供するようにである．グローバルな連結と集中を認められるが，グローバル化はどのように評価されるか．

グローバル化とは何かという論争がある［Held, 2000］．3つの見解がある．第1の見解を「超グローバル論（hyperglobalism）」，第2を「懐疑論（skeptics）」，第3を「変容論（transformationalism）」と名づけられる．

超グローバル論者は，「現代のグローバル化をあらゆる人々がグローバル市

表14-1　グローバル化に関する3見解

	超グローバル論	懐疑論	変容論
グローバル化現象をどのようにみるか？	グローバル化現象を積極的に肯定.	グローバル化現象そのものを否定, 国際化の現象を承認.	グローバル化現象を認めるが, その内容やその賛否については一概に結論づけられない.
グローバル化は新しい現象か？	個々バラバラの単位から地球規模で1つに統合されたグローバル時代の現象.	これまでと同じく貿易ブロックの存続する点で新奇な現象ではない.	歴史的に初めてのグローバルな連結レベルの現象.
グローバル化はどのように影響するのか？	グローバル資本主義, グローバル統治, グローバル市民社会にまで発展.	相互依存の世界は変わらず, それの影響はあまりない.	グローバル化した世界が人々の生活に影響する.
グローバル化は国民国家を変えるか？	国民国家の低下か衰退	国民国家の再強化, 増大	国民国家の再構成化, 再構造化
グローバル化の原動力は何か？	資本主義と技術	国家と市場	近代化と統合した諸力
グローバル社会の階層・階統制は？	階層・階統制の浸食	中心—周辺の強化	世界秩序の新システム
グローバル化した現象は？	マクドナルド化, マドンナ化で世界の共通化	従来通りで変化なし, 国益中心	様々なレベルでの政治共同体の変容
グローバル化による秩序はどうなるか？	グローバル化に適応する人間行動の枠組みの再秩序化	国民国家を中心とする国際化と地球化に向けた秩序拡大	地域間関係と遠隔地での行動の再秩序化
グローバル化による帰結は？	グローバル文明に到達	地域ブロック化・文明圏の衝突	無制限なグローバルな統合と分裂の繰り返し
グローバル化と国民国家の関係はどうなるのか？	グローバル化は国民国家を終了させる	グローバル化は国家の黙認と支援に依存する国際化を引き起こす	グローバル化は国家権力と世界政治を変容させる

場の方針に従う新しい時代」と見なす. 懐疑論者は,「グローバル化は, 3つの主要な地域ブロックに徐々に分割されるとはいえ, 国民国家は従前どおり機能を果たすので, ある有力な国家が支配する国際経済の現実の姿を覆い隠す『神話』である」と主張する. 変容論者はグローバル化が世界の国家と社会との関係をより密接に連結させるが, その先行きが常に不確実な世界となる変化であり, これまでの歴史において前例のない経験として捉えるべき」と考える.

　3つの見解は従来のイデオロギー的な立場や世界観を混在させている. 例えば,「超グローバル論」には, ネオリベラリズム, 急進主義, ネオ・マルクス主義が「同居」する. また,「懐疑論」には保守主義と急進主義が名を連ねるし,「変容論」には現代的自由主義や新しい社会民主主義(「第三の道」)の見解が加わる. そして1つのイデオロギーが3見解にそのまま当てはまらない. ニュー

ライトには，経済では「超グローバル論」，政治・文化では「懐疑論」という両方の要素がある．

例えば，「超グローバル論」では，グローバル化のネオリベラリズムからの説明はマルクス主義の説明と異にするが，対象を認識するうえで共通する．「懐疑論」には，保守主義と急進主義が現代のグローバル化の性格を評価する際に，奇妙にも一致する概念で説明される．マルクス主義の解釈によるグローバル化は，独占資本主義の拡大と新しくグローバル化した資本主義の新形態とが一体化する点で理解される．

(2) 「超グローバル論」

この見解はグローバリズムを新しいグローバル資本主義の空間的な組織とそのダイナミックスで生じる質的変化と捉える．グローバル資本主義は経済活動の脱国家化に向かう．今日，経済的な力や富の組織，配置，分配に影響を及ぼすのは，金融機関，多国籍企業などの活動である．

グローバル市場は国家による政治的規制を回避できる．ボーダーレス経済では，国家はグローバル市場に適合する選択をするしかない．さらに，現在のグローバルな経済監視制度は1つになる「グローバル市場文明（global market civilization）」を育成する機能を果たしている．例えば，G7，国際通貨基金(IMF)，世界銀行，世界貿易機関（WTO）である．

「超グローバル論」者は，「伝統的な国民国家がグローバル経済では不自然で，耐え難いビジネス単位とさえなった」ので，グローバル化現象を新時代の必然的産物と定義する．この見解は，特にネオリベラリズムを優先し，単一のグローバル市場のグローバル競争を賛美する．経済のグローバル化は，生産，貿易，金融の超国家ネットワークの樹立を通じて経済の「脱国家化」をもたらす．

「超グローバル論」者の間で解釈の相違がある．ネオリベラリストは国家権力を超えた市場原理と個人の自立を歓迎する．他方，急進主義者，ネオマルクス主義者は，現代のグローバル化が帝国主義的な方向にあると批判する．

グローバル化がまず経済現象であるとみなす点では各論者は共通する．つまり，1つに統合されたグローバル経済が存在する．だから，政治は「健全な経済法則の実践」という機能を果たす．

経済のグローバル化はその勝者と敗者という二項対立的な図式を生み出す．新たなグローバルな分業がこれまでの中心―周辺を経済の変化に応じて変更さ

れるので，従来の南北問題は時代錯誤の議論となる．グローバル経済競争は単純なゼロ–サム・ゲームではない．勝者と敗者がひっきりなしに入れ替わる．

それに対して，マルクス主義者はグローバル資本主義が国内，国家間の不平等を構造化し，グローバル経済を理由にそれを強化するので，ネオ・リベラリストの考えを批判する．

周辺化された人々は，世界規模での志向，新しいアイデンティティを課せられる．グローバル化は「グローバル文明」をさらに補強する．「グローバル文明」は，国際通貨基金（IMF）や世界市場の方針をグローバル統治のメカニズムで実行できる．国家と国民は事実上，広範囲を支配する権威（例：EU, G8）のもとにおかれる．

ネオリベラリストはグローバル化を「グローバル文明」を推進すると歓迎するが，マルクス主義者はグローバル化を資本家によるグローバルな「市場文明」として糾弾する．グローバリズムは国民国家の「消滅」を予測する．国民経済は超国家的な，グローバル化の流れの中に埋没し，国民国家は権威と正統性を剥奪される．マーストリヒト条約以降のEUに見られるように，国民国家は国境内の問題を統制できずし，国民の要求を履行できない．

「超グローバル論」によれば，経済権力と政治権力は脱国家し，国家から乖離し，ついには国民国家を「経済問題を管理する国家組織の末端機関」とする．したがって，グローバル化は「人間行動の枠組み」の根本的な再配置を実行する．単純にグローバル化を経済領域だけに限定できない．

国家の優越性が決定的であった時代から，国家の役割が国際社会のもとにおかれる時代に移行した結果，国家は金融，福祉，投資，雇用，その他の政策を遂行できる能力を減退させ，多国籍企業や共同市場などの形態で経済的，政治的な超国家組織（例：EU）が中心となる［Tilly, 2002：187］．

（3）「懐疑論」

「懐疑論」はグローバル化を否定する立場にある．「超グローバル論」とは対極にある．1800年から1914年までと比べて，現代的なグローバルな相互依存の集中は誇張した説明がなされる．さらに，経済の相互依存の性格はグローバル化が主要先進国に限定された現象である．

世界はいくつかの主要な経済と政治のブロックに分かれる．世界の経済活動は3つの金融・貿易ブロック（ヨーロッパ，アジア太平洋，北アメリカ）を中心に展

開する．だから，現在の世界経済は1つに統合しない．むしろ，帝国主義の復活にすぎない．少数の強力な国家がグローバルな支配を強化する．

現在の状況はグローバル化というよりも，国家間の関係が緊密になった「国際化（internationalization）」である．グローバル化とは「1つの価格法則」が一般的となった，世界規模で統合された組織体である．それは「神話」である．人々は国際化をグローバル化と誤解している．「国際化」とはあくまでも国民国家という単位を基本とする相互作用を指す．それはグローバル化ではない．

「超グローバル化論」には欠点がある．国家の能力を過小に判断するため，その制御力を評価しないが，実は，国際化そのものが経済の自由化を保証する国家の力に依存する．

現在の世界情勢は，新しい世界秩序を予見させるだけでなく，国家は国際的な市場，取引，協定の場で中心でなくなった．ところが，国家は国境を超える経済活動に積極的に関与し，様々な規制によって国際関係を律する．つまり，国家は国際化の主導役を担う．特に，国際化はアメリカの様々な経済政策の副産物である．国家が近年，貿易と投資の集中過程において，帝国主義の新段階に向かう．

国際化は「第三世界」の途上国を経済的に周辺化する．新しい国際的分業は，「北」の先進国の多国籍企業による「南」の途上国での収奪活動を意図する．対外投資のフローが先進資本主義国家の間で伸長する実態は，多国籍企業が先進経済国の企業であることで理解できる．それはグローバル企業が架空の存在でことを証明する．したがって，国際化はグローバルな経済関係に進展するとは考えられない．世界経済に深く根づく不平等と階統制が続く．だからこそ，国際経済構造は19世紀からのままであり，グローバル現象があったとしても部分的でしかない．

不平等な中心—周辺関係はグローバル文明よりも宗教原理主義や攻撃的ナショナリズムを噴出させる．S・ハンチントン［ハンチントン，1999年］によれば，世界は文化的，エスニックな要素を基準とする8つの文明圏に分類される．したがって，文化的ヘゲモニー化とグローバル文化は存在しない．さらに，国際的な不平等の深化，国際関係の現実主義，「文明の衝突」論は「グローバル統治」が幻想であることを論じる．これは19世紀以降の西洋諸国の優位のままである．この点から説明すれば，「グローバル化」が存在し，あくまでも西洋的な世界支配の所産である．「国際秩序」や「国際的連帯」は常に他国にそれらを押し

付けるのに有効だと感じる強国側からの論理にすぎない［カー，1954年］．

要するに，「国民国家がグローバル統治によって消滅する」という主張は誤りである．グローバル化論はネオリベラリズムの経済戦略の方便だけのものである．資本の国際化は，国民国家の政策の選択を制約するのではなく，反対に拡大を意味する．

（4）「変容論」

さきの2つの見解の中間的な見解が「変容論」である．グローバル化は，経済的，政治的，軍事的，文化的な分野において，権力の再組織化と再明確化を果たす［ギデンズ，2001年］．グローバル化は世界の主要な地域と大陸を交差する範囲で，いかに自己の支配権を拡大できるかである．グローバル化は「経済だけの世界」でしかない．しかしグローバル化は権力関係への編入と疎外を創り出した．1997年から1998年にかけて東南アジアの金融危機，2008年のリーマン・ショックが証明するように，グローバルな出来事は自分たちの居住する場所や共同体とはかけ離れた場所で生じ，極めて深刻な影響をもたらす．

グローバル化は必ずしも経済論理だけに還元できない．それに世界の各地域を交差し，個々の国家・地域に均等な衝撃を与えない．それは新奇な現象とは言えず，前近代に存在した帝国から現代の企業帝国の時代に至るまでにみられる現象と同じである．グローバル化は，「社会的，政治的，経済的に急激な変化の背後にある，世界秩序を再構成する中心的な原動力」である．グローバル化は，世界の統治や秩序の点で，政治，社会，経済，文化の巨大な「地殻変動 (shake-out)」の原因となる．

グローバル化が矛盾に満ちるので，その「地殻変動」の方向は不確かである．そのポイントは，グローバル化が予測する世界秩序，それにグローバル化がもたらすダイナミックで際限ない影響をどのように捉えるかである．グローバル化は将来の道筋を提示できない．例えば，「グローバル市場」や「グローバル文明」は「グローバル化した世界」を予見する．しかし，グローバル化は矛盾だらけで様々な要素が連結する．したがって，グローバル化の将来を予測することには慎重である．

仮に単一のグローバル・システムが存在しても，それは1つの世界の到達点やグローバルな意味で収斂した証拠とはかぎらない．グローバル化が新たなグローバルな階層化と結びつくからである．グローバル化によって，国家，社会，

共同体が世界規模の序列化に組み入れられると同時に，他方で中心と周辺の関係が形成される．新たなグローバルな権力関係は新しい配置を創造する．そして中心—周辺関係は旧来の地理上の概念ではなく，世界経済の分割を意味する．今後，グローバル社会において，三層が配置される．三層とは，中核をなす国家の領域（territory），国家間や非国家アクターの競争する領域，国際社会において周辺化した領域である．

　生産と金融がグローバルな次元に達すると，グローバルな再階層化と経済活動を大きく変更する．国民経済はグローバル化過程に組み込まれる．グローバル経済の生産，交換，金融のシステムはそれぞれの場面と場所を左右する．

　各国政府の権力，機能，権威のあり方が再検討されるべきである．なぜなら，国家は自国の領土外での出来事に対して原則として自己主張できないので，国際的な統治制度と国際法の意味が重要となる．この典型例はEUである．主権がグローバル，リージョナル，ナショナル，ローカルの各当局に分配される．これはWTOでも同じである．さらに，グローバルな運輸と情報・伝達手段の社会資本整備は，国境を超越する経済，政治，文化というシステムの新タイプを支える．

　近代の主権国家が創り出した統治制度はグローバル化した組織と乖離する．したがって，グローバル化は主権，領土，国家権力の関係を変容させ，最終的にそれを「解体」に至らせる．もちろん，従来でもほとんどの国家が領土内で絶対的な主権を実行したわけではない．現実に主権国家は歴史的変遷に対応した，と述べたほうがよいかもしれない．ただ，グローバル化が国民国家の権力と権威を変容させ，再構成させるとする議論において，新しい「主権体制（sovereignity regime）」がこれまでの国家に替えた概念として置き換える．

　国家の主権は領土を外部から守る（経済・政治・文化の）「障壁」と解される．しかし，国境はグローバル化時代ではそれを維持できない．現代の生活空間が拡大したことに起因する．したがって，主権，国家，領土，国境（線）のもつ意義は，権威がローカル，ナショナル，リージョナル，グローバルのレベルで公私を問わず様々な機関に分散されるので，世界秩序があるとすれば，それは国家に基づかない．

　国家はその形態と機能をグローバル化に適応せざるをえない．国家は，ネオ・リベラルの最小国家モデルから，経済拡大の牽引役としての政府を持つ開発国家まで多様である．さらに，国家は，国境を交差する問題を効果的に管理する

ために，国際的な協調体制を構築しなければならない．グローバル化による「国家の消滅」を仮定するなら，国家は適合する戦略空間を発見し，ある時点では行動を開始しなければならない．だから，国民国家の権力はグローバル化によって減少するのではなく，反対にグローバル化によって複雑になった統治過程に対応する再検討を迫られる．

4．概念整理

（1）グローバル化と国民国家

グローバル化の重要なテーマの1つは，「グローバル化は近年の社会変動において，国民国家にどのような影響を及ぼすか？」である．経済，政治，文化の各分野から認識する必要がある．

経済分野において，グローバル化は経済的な価値の生産と交換の増加を説明する．それは金融の流れ，貿易規制の撤廃，資本・商品・サービス・労働力の流動化を増大させ，国民間の経済活動に新しい「転換」や「再配置」で具体化させる［ギデンズ，2001年参照］．

政治分野において，グローバル化は国民国家の弱体化，社会的，政治的な正統性を衰退させる現象をともなう．国民国家の脱中央集権化は古い制度単位を甦らせた．それと並行して，新しい国際的な制度が創造される．

文化分野において，グローバル化は，情報の自由な，即時の循環と結合する．伝統的な文化の一体感への脅威，そして文化の世界規模的な同質性や，いわゆる「マクドナルド化」する社会的凝集性，「グローバルな産物」としての商品とサービスの世界市場に向けた傾向がみられる（例：ファーストフード，ポピュラーミュージック，ファッション，コーラ）．

グローバル化は政治的，経済的，文化的な諸関係において体系化，競争化，浸透化が顕著になる．グローバル化は自治的，自決的な国民経済と国民政府の権力基盤の崩壊を必然的に導く．

グローバル化への積極的，肯定的な「予測」は，大前研一［Ohmae, 2000］のような「超グローバル論者」たちの主張にみられる．彼らは地球上のビジネスの連結が必然であると主張する．また，グローバル経済は国家やその政策に左右されない．このシナリオでは，市場は最高の地位を占める．だから，国家が世界市場をコントロールできなくなり，一国単位の発想は成り立たず，21世紀

のグローバル化した政治経済状況において，国民国家は消滅するか，グローバル化した世界において補助的な役割しか担えない．第二次世界大戦後の福祉国家，それを支える理念である，伝統的な社会民主主義や温情的保守主義などの合意は有効性を失う［本書第4章，第7章参照］．それゆえ，福祉制度は企業と国家の両方の負担（労働コスト・財政赤字）を膨張させる．では，グローバル化を経済分野だけで，それも「超グローバル論」の見解だけで説明できるのか．

（2） 変化するグローバル経済のバランス

現在の国際関係を考える場合，経済面でのグローバル化現象は否定できない．グローバル経済はあらゆるレベルで政治に影響する．経済と政治の関係とが密接に影響しあうことを認めても，グローバル経済が国際関係をどのように構造化するかについては明解な回答はまだない．

もちろん，国民経済は国際貿易の展開を通じてグローバル経済に統合された．経済交流は国境を考慮しない．これは冷戦終了で加速した．経済はグローバル化全体の中で相互依存を強める．

グローバル経済は国際調和の意思を促進させ，経済的な不平等の減少に貢献するなら，それは歓迎されるべきである．自由貿易（free trade）は「国家間の貿易システムにおいて，関税や保護主義などで制約を受けない」．自由主義者は経済上の相互依存の長所を強調する．各国家は自国の生産能力に応じて製品やサービスを生産（国際分業）し，貿易を行う．このことで国家利益を確保し，自由貿易は国際紛争や戦争を減らすので，相互依存をますます促進する．グローバル経済は「第三世界」や旧「第二世界」も世界経済に統合される．

しかし，これはあまりに楽観的な観測である．しかも，これは強国に都合のよい論理である．つまり，「北」の先進国は豊かさを享受し，「南」の途上国は貧困状態を強いられる．この構図は1970年代からの「南北問題」や「中心と周辺」といった議論と同じである．

経済のグローバル化の1つに多国籍企業（MNC）の存在がある．多国籍企業はある国家よりも経済力があるし，ある国家を事実上支配する．現在，多国籍企業は世界市場を支配する．例えば，自動車産業のゼネラル・モーターズやフォード，石油産業のエッソ，シェル，ブリティッシュ・ペトロリアム（BP），ファーストフードのマクドナルド，情報部門でのアメリカ電信電話会社（AT&T），世界の主要銀行などである．

国家を単位とする企業はその国の労働力（労働組合）と交渉する．国内から別の圧力も考慮する．既存の政治的枠組みの拘束を受ける．それに対して，多国籍企業は国民国家や地域社会から経済力を奪い取り，経済のバランスを変える．多国籍企業はその国の政権を自己流に変更する．現代のマルクス主義者によれば，経済のグローバル化は「多国籍企業の市場支配力」に従属することである．それは究極的には，国際的な資本家の利益に貢献する．このことは途上国を搾取することにもみられる．多国籍企業は途上国に投資を行い，途上国に決定権をもたせず，安価な労働力や低生産コストの資源を提供させる．この見解は「新植民地主義論」と同じである．

　グローバル経済を肯定する意見では，経済的交流での協力と調和を支持する傾向がある．特に，ネオリベラリストがそうである．しかし，これには論理的な矛盾がある．例えば，国際貿易には緊張への認識が欠ける．各国政府あるいは企業は，一方である国の市場に参入したい意図があるとしても，他方で別の国との競争から自国市場を保護したい動機がある．19世紀のイギリス，20世紀のアメリカのそれぞれの立場から考えれば，世界市場を支配する大国が自由貿易を主張する．世界経済の中心に位置する経済大国が経済的に自立できない国々を支配する．グローバルな経済競争関係は東西対立だけでなく，南北対立の条件でも生じる．ただし，先進国だけが途上国に一方的に支配する構図になるとはかぎらない．

（3）　国民国家は存続する

　グローバル化した経済は一見すると，一極的な様相を示すが，現実にはそうならない [cf.Birch, 1993 : ch.4, 6]．グローバル経済は「懐疑論」の主張する形で貿易ブロックを結成することにも留意する必要がある．これはブロック内での自国経済を保護し，ブロック外の存在を排除する．この事例は「要塞化したヨーロッパ」を創造するEU，アメリカを中心に北米大陸の経済ブロック化を図る北米自由貿易協定（NAFTA）にみられる．

　1993年GATT（1995年から世界貿易機構WTO）のウルグアイ・ラウンド交渉が妥結した．これは「世界経済戦争」を食い止めるシナリオであった．しかし，グローバル経済のバランスが変化する．経済成長は西側経済先進国では停滞するが，新産業諸国（NIC），特に東南アジア諸国，「世界の工場」になった中国において急成長を経験する．この経過の帰結として，世界市場に生き残るため

に，先進諸国が自国の労働市場をもっと柔軟化し，生産コストをより削減する方法を見出さなければならない［古田，2012年］．

　世界のどこかで経済・財政・金融危機が生じれば，それは世界中に悪影響をもたらす．その危機に国際社会が一致して対応する．ただ，その危機発生源や救済措置策は国家の決定（つまり民主国家であれば決定権のある国民）に依存する．

　グローバルな市場での成功は，インフラ，教育，訓練といった「投資」を必要とする．それは国家による積極的な政策を必要とする．また，国家が輸出産業を育成し，各国間の国力上の差異を作り出す能力がある．国力レベルの諸過程は徐々にグローバル過程で無用になる．もっと正確に述べれば，国民国家の役割は旧来とは変わった．現在の「世界市場」は，世帯的，ローカル，ナショナル，グローバルな要素が相互作用する経済システムである．そこでは，各国政府はグローバル化のダイナミックスを理解したうえで，それに適した方向をみつける能力を発揮する．だから，国民国家がまだ有効である［古田，2009年］．

5．グローバル化論の整理

（1）　グローバル化の類型

　グローバルなフロー，ネットワーク，関係は，時間・空間的次元である拡張度（extensity），集中度（intensity），速度（velocity），インパクト傾向（impact propensity）を絡めて説明される．拡張度が大きければ，地域間・大陸間のネットワークとフローが制限されず，拡張度が小さければ，ネットワークと交流は特定地域に限定される．

　グローバル化のタイプにおいて，「時間・空間的」次元①から④までの象限がグローバル化した世界の様々なタイプを表わしている．拡張度，集中度，速度，インパクトのそれぞれを組合せたグローバル化のあり方の配置である．この配置では，懐疑論や超グローバル論の主張する経済還元論的な「1つの世界」を説明できない．つまり，高レベルの拡張が様々な集中，速度，インパクトと結びついて，多様なグローバル化があるという議論が成立する．これは現在と同時に歴史的なグローバル化の整理も説明する［Held and McGrew, 1999］．

　4つのグローバル化は，グローバル化の類型化において地域間のフロー，ネットワーク，相互作用を配置する．これらは四類型のグローバル化を提示する．

① タイプ1：「密度の濃いグローバル化（thick globalization）」
グローバル化が高拡張度，高集中度，高速度，高インパクト度のケースである．ネットワークの範囲が経済から文化まであらゆる領域や側面に拡張し，集中度，速度，インパクトも非常に強まった「1つになった世界」である．この事例は，懐疑論の主張する19世紀後半に見られた「帝国主義」に該当する．これが実際に実現するとすれば，超グローバル論の予測する現在か未来の世界である．

② タイプ2：「拡散したグローバル化（diffused globalization）」
グローバル化が高拡張度，高集中度，高速度，低インパクト度のケースである．拡張度に応じて集中度と速度が強まるとはいえ，インパクトが低い世界である．インパクトは制限的な効果しか果たせない．このタイプの歴史的な事例は存在しない．

③ タイプ3：「膨張的なグローバル化（expansive globalization）」
グローバル化が高拡張度，低集中度，高インパクトのケースである．集中度や速度は低いが，インパクトが強くてグローバルな連結が拡大することが特徴的である．このタイプはフローの速度よりもグローバル化の到達度とインパクトの強さで定義づける．近代初期の西洋帝国主義がこのタイプに一番近い事例である．

④ タイプ4：「密度の薄いグローバル化（thin globalization）」
グローバル化が高拡張度，低集中度，低速度，低インパクトのケースである．集中度，速度，インパクトが低いが，グローバル・ネットワークが広範囲に浸透する．ヨーロッパと中国を結ぶシルクロード交易をこの事例とする．

グローバル化は1つの条件でも直線的な過程でも成立しない．それは複雑に諸現象が絡み合った過程である．いわば，「複数の権力の所在地（sites of powers）」とも考えられる．

権力の所在地とは，「権力が活動能力を形づくるように，操作された相互作用の文脈や組織的環境」である．これは効率的機会，ライフチャンス，資源基盤を創造するし，同時に制約することもある．それらはその権力の関係と構造は階統制によって資源を生み出し，権威を強め，物理的強制力の典型である軍事組織から成立している．

権力の所在地は領域を超えた圧力や勢力を生み出し,他の所在地を制約する.ある相互作用のネットワークは,バラバラに存在する社会関係を組織化する能力を有する.権力の所在地は他のそれには権力の源泉にもなる.例えば,中世の教会は本来の宗教上の資源や権威だけでなく,ヨーロッパ中の生産や金融において大きな影響力を持つ場でもあった[Rokkan, 1983].これは現在では多国籍企業にその事例を見ることができる.

グローバル化論は人間の相互作用が様々な領域を交差するヴァリエーションとも考えられる.もっともこの議論において,グローバルな市場や競争力に関連した世界経済で考察するのか,地域や国際社会が統合に向けて変化する国際システムに注目するかのいずれかの視点が中心を占めた.この二項対立的な選別がグローバル化の議論を制約する.1つの方向性だけでグローバル化を仮説化できない,様々な方向性があることで,グローバル化とそのインパクトを説明するという認識が重要である.

グローバル化の概念化は様々な領域や歴史に生じる変化を含む過程を検証することである.グローバル化は,単一の因果関係からの説明よりも,過程,要因,個々の因果関係の組み合わせである.

(2) 経済のグローバル化

現代の経済のグローバル化は国家と市場との枠組みの再編と関連する.国内外の経済活動の区別は次第に不明確になる.グローバル経済としての統合傾向は地域内や地域間を交差し強化する.グローバル化は世界の主要地域を超えた持続的な関係を創造する.これらの地域間の経済交流は前例がない.貿易の形態も相当変化してきた.グローバルな金融市場の力を誇張する.現在の金融システムは有力な国家による操作を否定するので,国家権力と経済主体の性格について変更を余儀なくする.グローバル経済は自由化・規制緩和で強化され,グローバル金融システムが金融市場・制度に君臨する.多国籍企業は国家と地元の経済をグローバル経済内のネットワークに組み込ませる.そのため,国民経済は自立したシステムとして機能できず,国境は経済活動の行為と組織の防衛には障壁でなくなる.

6万以上の多国籍企業は1990年代に50万の外国の子会社をかかえ,商品・サービスの9.5兆ドルの販売実績を上げた.21世紀初頭,多国籍企業は世界の生産20%,貿易70%を占める.

経済のグローバル化は国家，地域，国際機関，域内の各エリートに統合された「世界」を形成すると同時に，国民と共同体，富者と貧者，勝者と敗者などの世界を分断する．

グローバル市場は各国政府からの規制を回避する．ただ，グローバル市場は自らの規律と合理化を促進させるので，ガバナンス機能をもつことになり，そのことによって，さらに経済のグローバル化を再生産する．グローバル資本や超国家組織は，各国の自律性を奪い続ける．つまり，超国家的な組織・機構は中小国にとって経済のグローバル化の観点では重大な脅威となった［ライシュ，2008年］．

（3） 政治のグローバル化

次の2つの変化は現代の政治に影響する．第1は政治共同体（例：国民国家）の変化である．第2は地理と政治権力の絶対的な結びつきが崩れるという変化である．20世紀初め37の政府間組織（IGO）が存在したが，20世紀末には約300も存在する．これらの組織は政府間，超国家の機関などの政治的な調整を制度化したものであり，超国家的なルールの形成や履行を通じて共通目的や集団的な財を実現する．これは国境を超える経済問題を管理する（例：WTO）．グローバル化が新しい活動舞台のインフラを整備し，多元的，地域的，超国家的な関係を成立させる．

超国家化現象は市民のグローバル化と結びつく．1909年に371の承認された国際的な非政府組織（INGO）が存在したが，2000年に約2万5000となった．結社，社会運動，支援ネットワーク，市民グループは国境を超えて他国の人々に連帯感をもたらす．市民間交流の増加は，共有目標の実現をもって，グローバルな利益共同体の基盤を整備する．

現代のグローバル化は既存の国家システムに挑戦する．特に，政治空間と政治共同体は国家の領土と一致しない．国家は国民の運命を掌握できなくなった．もちろん，そのことは各国政府や国家主権が消滅したことを意味しない．

（4） 文化のグローバル化

文化のグローバル化の特色の1つは国家でなく企業が文化の伝達役を担うことである．企業は文化的グローバル化の生産者と分配者として国家に替わる．もちろん，非政府（民間）の国際活動は目新しくない．しかし，これまでの伝

達機関や情報発信源は，今日のグローバルな企業の消費財や文化的生産物よりも限定的にしか衝撃を与えなかった．新しいグローバルなコミュニケーション・システムは物理的な位置と社会環境の諸関係を変容させ，政治的，社会的生活の「状況に応じた地理学（situationary geography）」に変化させる．個人や集団は従来の範囲を超えた出来事を経験する．さらに，新しい理解，共同体，意味の枠組みなどは人々の直接的な接触なしに習得される．

人々は各自の生活を営むため，「自らの世界」を明確にする方法をそれぞれ異なった背景によって解釈する．つまり，ハイブリッドな文化や超国家メディア企業は，国民文化や国民的アイデンティティに相当浸透する．結果的に，国民国家の文化的位置づけは変化せざるをえない．

新しいコミュニケーションは，あらゆる場所において，様々な社会生活を変化させる．文化は国民的アイデンティティを基盤とする政治を変える．この展開はグローバルな同一性とも解釈される．国民国家への忠誠心は変更をきたす．

グローバルな進展は天然資源や環境保護，病気や貧困の防止などでも語られる．例えば，「地球の友」「グリーンピース」のようなグローバル組織は反資本主義的，反グローバリズム的である．さらに，国際的，超国家的な争点を関わるアクター，機関，制度の配置は，地域の政治組織から国連までグローバル政治を証明する．最終的には，人々に「グローバルな意識」を醸成させる．国際法に保護された権利やアムネスティ・インターナショナルのような超国家的な人権団体が存在することによって，グローバル市民社会の文化的基礎を構築するかもしれない［池田，クレーマー，2000年：第11章］．

6．要　　約

グローバリズム／グローバル化の現象を次のように要約できる［古田，2009年］．

① グローバル化は，私たちの生活が私たち自身から離れた場で採用される決定や行動で次第に形成されることを意味する相互連結的な関係である．そのことは国民国家がもはや世界舞台で独立したアクターとみなされないことを意味する．しかし，そのことは国家が不適切でなく，その役割が変化し，国際競争の進展に関わる．

② グローバル化は1つの条件というより，複数の過程の組み合わせと理

解されなければならない．当然，そのことは1つになった世界を予測するのでもない．地域間ネットワークや，相互作用と交換のシステムの出現が考えられる．だから，グローバル過程への国家と社会の様々な要素の編入だけが，グローバルな統合と解釈されてはならない．

③ 超国家的組織は，グローバルな秩序を形成する共同体，国家，政治制度，非政府組織，多国籍企業などを連結する．それは複雑な関係やその諸関係のネットワークを成立させ，そのためネットワークを重層的，相互作用的となる．地域，国家から共同体，社会集団，世帯にまで強制力を発揮し，同時にそれらに権限を付与する構造も創造させる．この点，グローバル化は「構造化」過程とも言い換えることができる．ただ，グローバル化は不均等に階層化された構造でもある．言い換えれば，勝者と敗者の盛者必衰を繰り返す構図が成立する．

④ グローバル過程は経済，政治，法，軍事，環境，文化のあらゆる領域を取り込んでいる．グローバル化は経済現象だけに限定できない．グローバル化は，単一の分野でなく，多面的，分化的，複合的な社会現象と理解される．グローバル化は分化的，多面的な諸条件を統合する過程と考えられる．

⑤ グローバル化現象は政治的境界線（例：国境線）を超越することで，社会的，経済的，政治的，文化的な空間からの脱領土化（deterritolization）と再領土化（reterritolization）の両方に影響する．グローバルな活動は特定の場所（例：国民国家，特定の地元）に根ざすが，ある領土内に固定されない．政治，社会，経済，文化の空間で生じている現象が，別の地元，国家，地域の空間において再現される．グローバル化の促進は領土に拘束されない（aterritorial）性格である．

⑥ グローバル化の反動として，超国家，国内，地域・地元の経済地帯，統治メカニズム，文化複合体の形がかえって社会・経済的活動の再領土化の方向をめざす動きがある．例えば，移民や外国人労働者によってナショナリズムの再活性化が生じる．それは民族共同体意識を呼び起こす．近年，もっと最小単位のエスニシティや共同体に執着する動きもある．それは全世界的な風潮として「エスニシティの復活（survival of ethnicity）」で表現される（例：スペインのバスク，イギリスのスコットランドなど）．その結果，グローバル化は脱領土化と再領土化という矛盾し

た現象を引き起こす．
⑦ グローバル化には，その権力がどれほど組織，実行，膨張できるかという関心がある．それは権力のネットワークと回路の空間的拡大を意味する．実際に，権力はグローバル化する．グローバル・システムにおいては，決定，行動，不作為を通じての権力の実行は，別の国家，共同体，世帯に重大な影響を与える．権力関係はグローバル過程に浸透する．実際に，権力は影響を被る人々と遠くの権力の所在地との関係を拡大する．例えば，ある場での金融不安が世界に短時間で伝搬する．グローバル化は地球規模において権力関係の再構造化を進行させる．この点で経済と政治の関係はグローバル化の引き起こされた危機に密接につながる．各国政府や国際機関がそのリスクに対処しなければならない．
⑧ グローバル化は格差・不平等を生じる．グローバルな階層化・階統制化は権力の所在地への接近の機会をいかに可能にするか．ニューヨーク，ロンドン，東京などの大都市に住む，政治と経済のエリートは，ガーナの農民よりも，グローバル・ネットワークの中心地近くに生活し，当然，グローバルな権力機構を使う機会がある可能性を保証されている．

　グローバリズム／グローバル化はその意味・意義を明確にされなければならない．特に相互依存，統合，普遍性，収斂のような概念を用いるために，一見客観的な様相を帯びるが，グローバル化の実態を「机上」の扱いにする危険性には注意を要する．相互依存の概念は社会と政治のアクター間の均整の取れた権力関係を前提とするので，当事者にとってガバナンス能力を共有する前提を含む．世界を1つの社会や共同体と安易に考えれば，グローバル化という用語は随分いい加減な概念となる．グローバル化が不可避の「普遍性」を帯びることは，グローバル化が「普遍のもの」と同義語ではありえない．この点も留意しておく必要がある．
　グローバルな連結は同じ程度と方法ですべての人々や共同体に体験されることはない．グローバル化は同質や調和を前提としないで，収斂とは区別されなければならない．グローバルな連結は協調より激烈な対立を引き出し構造化する．そのことは自らが積極的に関われない人々には不安と恐怖を感じさせる．

その結果，剥き出しの敵意だけを世界にばら撒く結果となるかもしれない［スティグリッツ，2006年］．

7．今後のグローバリズム／グローバル化のもつ意義

　現代のグローバリズム／グローバル化は国民国家の変容に関係する．グローバル化が経済領域で国家＝市場関係のあり方を変更する．国家権力が損失，縮小，浸食を受けると単純に考えることは誤解される．経済のグローバル化は国家の役割を縮小しない．むしろ，国家の役割変更を考慮するべきである．例えば環境保護のような分野では，国家はグローバルな統治と制度化の中心である．現代のグローバリズムの底流にある構造的な変容の徴候があるから，国家は積極的な推進役となる．グローバルな相互作用ネットワークは多様な衝撃が伝わる．ただ，国家主権と自立性の点で衰退する根拠を疑う理由が存在する．

　確かに，国家主権も自立性もグローバル過程によって削減される．あらゆる国家は一様にグローバル化過程を経験しないので，グローバル化の衝撃はまさにグローバルな意味で政治的，軍事的，経済的な階統制において自国の位置づけによって異にする．国内の経済政策の構造，国内政治の制度は，グローバル化した競争，管理，改善を企図する国民国家が採用する戦術の結果と言い換えてもよい．

　「超グローバル論」はグローバリズム／グローバル化が国家の浸食をもたらすとする．「変容論」はそのような運命論には批判的である．グローバル化は重要な政治的な変動を引き起こす．しかし，グローバル化は国家の管轄範囲を超越する政治的な動員，政策決定，定期的な活動を制度化した「舞台」とネットワークを成長させた．これが政治活動と政治的権威を実践する能力と範囲を拡大する．「超グローバル論」と「懐疑論」は実践の能力と範囲を理解する適切な概念を準備していない．グローバル化は必ずしも「国民国家の終わり」を意味しない．

　政治共同体は変容過程にある．それには政治的な争点と課題がある．国内外の問題，国内の争点，国民国家の主権的な関心，それらが考える国際的な考察との間で区別をあいまいにする．超境界問題の増加は「運命の重層的な共同体」を創造し，個々の政治共同体の未来への予測が結びつく．例えば，エイズ，移民，外国人労働者，平和への新しい挑戦，安全保障，経済繁栄などである．こ

れらは国民国家の枠組みを超えて出現する。今日，政治共同体はもはやバラバラの世界を構成しない。超国境的な組織は地球上の様々な共同体の運命を直接的，間接的に結びつける重層的な集合体を創造する。

現代世界は「閉ざされた共同体が単に集積しただけの世界」ではない。グローバルな，地域的な，超国家的な運命，アイデンティティ，結合，連帯が国家を超えた共同体で醸成される。現在の政治共同体は「境界をなくす（ruptured boundary）」世界に適合するために変容せざるをえない。このことは領土を前提とする政治共同体を消滅させることを意味しない。

ある論者によれば，グローバル化にともなって，すでに「グローバル市民社会」が存在する。グローバル市民社会は今後，世界市場，国内外の利害関係の調整，「補完性の原理（subsidiary）」の原理，国内の労働運動・市民運動との連帯などの点で新たな戦略と政策を考えなければならない［八木，2005年］。

グローバル化についての論争では，グローバル化支持者は繁栄と技術進歩が予測できることを強調するが，反対者は資本主義の持つ不平等の拡大，アイデンティティの喪失に警告を発する［ジョージ，2002年；エセル，モラン，2012年］。この二者択一的な議論には意味がない。なぜなら，グローバル化を完全否定しないかぎり，グローバル化をどのように受け入れるかの議論のほうが重要であるからである［古田，2009年］。

設問
1．グローバリズムとは何か。
2．3つのグローバル化をめぐる見解を説明せよ。
3．経済・政治・文化のグローバル化を説明せよ。

第15章
民 主 主 義

>　法を守る政府をもてるかどうかは議会と国民にかかっている．
>
> （コックス）
>
>　私はデモクラシーとは，すべての人間のエネルギーを放出するためのものだと信じている．
>
> （W・ウィルソン）
>
>　デモクラシーは，いかなる点にて平等ならば，あらゆる点においても平等なり，と考える人々から台頭す．
>
> （アリストテレス）
>
>　民主主義は腐敗した少数の権力者を任命する代わりに，無能な多数者が選挙によって無能な人を選出することである．
>
> （バーナード・ショー）
>
>　民主政治は最悪の政治形態と言うことができる．これまでに試みられた，他のあらゆる政治形態を除けば，だが．
>
> （チャーチル）

1. 歴　　史

　民主主義（democracy）はギリシア語の「デモクラチア」，すなわち「デモス（人民, people）」と「クラチア（支配, rule of authority）」に由来する用語である．すなわち，人民による支配（rule by the people）を意味している．デモクラチアは紀元前5世紀半ば頃ギリシア人が最初に使用した．都市国家での政治生活を規制するために考案された［Dahl, 1989：166-168；ダール，2001年］．

　どのような種類の平等がデモクラチアに示されたのか．アテネ人は政治システムの望ましい性格として平等を追求した．1つは，統治する集会（isegoria）で発言する権利において，全市民は対等の立場にあった．もう1つは，法

(isnomia) の前での平等であった．人民が公共問題を討議する会合衆会は主権のある権威機関とみなされていた．民主主義は，デモスが主権者であることを意味するように，貴族制や寡頭制の少数者による支配，1人の君主制や専制者による支配と区別される．

紀元前5世紀アテネの民主主義の最盛期においても，市民や参加資格者はアテネの成人男子だけであった．人民支配の概念をもつ政治制度とイデオロギーが登場した．このイデオロギーは古代ギリシア都市国家，古代ローマ共和政，中世とルネサンス初期のイタリア共和国のそれとは異なっている．

古代ローマ共和政では，「民主主義」という用語は衆愚政治を意味する理由で使用されていない．共和政期では王は世襲でなく貴族を含めたローマ市民の市民集会で選出され，帝政でも主権者は元老院と市民であり，皇帝はプリンケプス（市民の第一人者）としての指導者であった．

近代的な民主主義は17世紀以降の西ヨーロッパ，アメリカの市民革命（例：イギリス名誉革命，フランス革命，アメリカ独立戦争）を通じて普及した．その根本原理は議会制民主主義である．その民主主義の形態は人民主権や権力分立などの自由主義的な要素が中心をなすが，ロックの影響を受けたイギリスやアメリカ，ルソーの人民主権論に基づくフランスなど，各国の事情に応じた民主主義が発展した．20世紀になって初めて，理論と実践で民主主義は他のシチズンシップ（citizenship）の権利と同様，参政権がすべての，あるいはほとんどの住民に付与されることを意味するようになった（例：制限選挙，普通選挙など）[Vgl. Hradil, 2001]．

現代の民主主義国家では，普通選挙に基づいた代表制民主主義に，一部直接民主主義制度を追加した政治制度が採用されている．A・レイプハルト（1936-）は現在の民主主義を多数決型民主主義（ウェストミンスター・モデル）と合意形成型民主主義（コンセンサス・モデル）とに分類している［レイプハルト，2005年］．前者は，小選挙区制に基づく二党システム，単独政権，首相か大統領の権限の優越性，中央集権体制，一院制，軟性憲法などを特徴とする．アングロサクソン系の国々に該当している．後者は，比例代表制に基づく多党システム，連立政権，議会や政党の権限の優越性，二院制，硬性憲法などを特徴としている．西ヨーロッパ諸国の多くがそれを採用している．

2．中心要素
　　　──人民の，人民による，人民のための政治──

（1） 民主主義とは何か
「人民の政治」という観点から考えると，「民主主義」の意味は次の点である［cf.Heywood, 1999：ch.8；Broadbent, 2001：Part one；Birch, 1993：PartⅡ］．

① 貧者や恵まれない者が支配するシステム．
② 専門的な政治家や公職にある高官を必要とせず，直接的，持続的に人民が支配する統治形態．
③ 支配関係や特権より，むしろ平等な機会と個人の価値に基づいた社会．
④ 社会的不平等を制限する目的で福祉や再分配を行うシステム．
⑤ 多数決ルールの原理に基づく政策決定システム．
⑥ 多数派の権力へのチェックで少数派の権利と利益を保護する支配システム．
⑦ 人民が投票する競争選挙を勝ち抜き公職を獲得する手段．
⑧ 人民の利益に役立つシステム．

A・リンカーン（1809-1865）のゲティスバーグ演説（1864年）が民主主義を説明される際に引用される．彼は，「人民の，人民による，人民のための政治（government of the people, by the people, for the people）」と民主主義と定義した．この言葉は民主主義の3つの中心的な特徴を表現している［Heywood, 2000：125-127］．

①「人民の政治」は政治権力と政治的平等の論拠を示している．
②「人民による政治」は国民の政治参加の重要性を強調する．
③「人民のための政治」は民主主義が公益を求めている．民主主義を実行する際には様々なモデルが存在する．とりわけ「人民による支配」は様々な解釈がなされてきた．

（2） 人民とは誰か
「人民」は，現在では当該国家のすべての男女を指している．この用語は多

くの異なった方法で説明されてきた．例えば，人民は公共的，集団的な利益に結びつくので，1つの凝集的な団体とみられる場合がある．人民は不可分な1つの存在である．この見解は，ルソーの理論のように，各個人が「全体意思」より「一般意思」に焦点を当てるように，1つの民主主義モデルを形成するはずである．

「人民」は「多数」とも解釈される．この場合，民主主義は多数や数的に表明された意思が少数意思に優先する「多数決による支配原理」を意味するようになる．もっとも，この便宜上の意味は民主主義を「多数による専制」に転換する危険性を孕んでいる．

結局，人民とは「自由で平等な個人の集合体」でなければならない．各自は自治的な決定権を所持している．多数（決）制度は多数が支持したとする仮定が「人民」の意思という名に結びつけられる．別の見解によれば，少数者への尊重は多数決の適用を制約することにもなる [cf.Birch, 1993]．

（3） どの程度まで人民支配は拡大すべきか

民主主義の適切な範囲とはどこまでであろうか．どの程度まで人民が支配してよいかを検討する試みが必要である．人民がどのような争点を決定する権利があるのか．どのようなものが個々の市民に残されるべきであろうか [cf. Bulmer and Rees, 1996]．

この問題には公的範囲と私的範囲の適切な関係についての論争を何度も再燃させている．自由主義的な個人主義を基礎に構築される民主主義モデルによれば，政治を狭義に考えるので，この場合には民主主義は政治との関係を制限することを要望している．民主主義の目的は，人民の参加できる手続を通じて，個人が自分たちの問題に関与し，私的利益を遂行できる制度的枠組みを確立することである．その意味で，民主的解決（策）は共同体に関連する諸問題には有効性をもつことになる．そこには，過度の民主主義の結果，直接的，民主的な参加形態がかえって人民を恐怖の状態に陥れることがある．直接民主主義への拒絶反応がある．

しかし，民主主義への別の見解は社会主義者や共産主義，フェミニスト，つまり急進的民主主義者によって展開されている．この見解は民主化の徹底を採用したい．急進主義とは，「分権化と参加，つまり政治権力の最大可能な拡散を推進する民主主義の一形態」である [cf.Collier, 1999]．

この主唱者は民主主義を社会のあらゆる領域に適用できると見なしている．人民は自己の生活に影響する決定にすべて参加する基本的権利をもっている．この立場は，富の共同所有化，労働者の生産手段の自主管理において具体化される．つまり，生産手段を民主化することである．社会主義者は産業民主主義の形態を要求している．フェミニストは家庭内，私的生活の領域での決定に参加する民主化を要求している．この見解によれば，民主主義は「自由の友」であってそれに対立するものではない．この見解が放置されると，人民への抑圧と搾取が蔓延することになる，と考えられる．

3．民主的統治に関わる課題

(1) 民主主義の規模

古代から現代にいたるまで，民主主義をめぐる議論に「民主主義には適正規模が必要なのか」という命題がつきまとう．その際，次の7点が重要である．

- ① 規模(数)：これは民主主義的制度として不可避の課題となった．人民は多すぎて(そしてその意思が拡散しすぎて)集会に出席できず，直接，人民による支配ができそうにない．だから，人民が選出した代表者を通じて主権を行使するようになった．
- ② 代表制：人民が支配する方法に代表制が受容されると，参加資格がある人民は民主的手続きを通じて主権を行使する．
- ③ 簡素化：規模(数)が拡大する結果，政治参加は必然的に簡素化を求められる．参加者が意思を表明する時間や回数を必要とする．そうすると，人民と代表者のコミュニケーションの数・量を増加させる．時間や回数は参加者数が増加するにつれて桁外れに大きくなる．
- ④ 国民意思の一体感：人民が全体として1つの意思に統一できると考えることは非現実的である．
- ⑤ 対立の受容：政治的対立は，政治生活の中で必然的な様相を帯びて，それぞれのイデオロギーとその実践を一致させなくしてしまう．
- ⑥ 保障措置：政治制度や政治的実践は現在と19世紀以前の場合とでは異なる．それは次の点が具体的に制度上で保障されるかどうかである．
  - ・公職を司る市民と同一の権利があること．

・支持を公的に遂行する政治リーダーの権利が保障されていること．
・自由で公平な（通常は秘密の）選挙権が確立していること．
・選挙で競争する政党を形成する市民の権利が保障されていること．
・政治結社を結成する権利を承認されていること．
・政府の支配下になく，独立した情報源を選択できること．
・選挙で敗北した政府リーダーが平和的に政権離脱を保障されること．
・選挙で勝利した者が平和的に政権に就任できること．

以上は古代都市国家では完備できなかった．ローマ共和政でも，代表制度や競争政党システムは発展しなかった．

⑦ 多元性：近代国家では多様な独立した組織や結社が存在する．それは多元主義（pluralism）と呼ばれる．その意味では，現代民主国家は「多元主義的民主主義国家（pluralistic democracies）」とも呼称されている．この考えはルソーの社会契約説での捉え方とトクヴィルの民主主義での見解とのちがいを表わしている．ルソーは，古い共和主義の伝統にしたがって，公共善に有害なものとして結社を嫌っていた．それに反して，トクヴィルはそれを民主主義に本質的なものと捉えていた．

（2）参加をどう理解すべきか

参加民主主義者は次の点を強調する．① 政策決定を分権化する重要性，② 地方政府の決定に参画する機会の拡大，③ 国民（住民）投票などの直接決定機会の増加，である．参加民主主義者は，結社での活動での参加時間を確保し，そのための努力を費やす．この民主主義は，唯一の「民主的な権威」が正当と理解していよいかどうか，あるいはある権威を社会内外の条件のもとで正当化してよいかどうかを考察させることになる［中谷，2005年参照］．

参加をめぐる別の課題は経済民主主義である．経済を民主化するという表現は，一見すると，人々の間での平等な富の分配を正当なものである．しかし，実際にはその平等の実現方法をみいだすことは容易ではない．2つの解釈がある．

第1の解釈は財産や所得が平等に分配される民主的社会システムを指している．それは近代的代表民主主義は富の分配制度を欠いている．ただ，その分配を実行する際には，統治方法によってかえって非民主的な結果となる可能性がある．

第2の解釈は産業民主主義である．経済組織（例：企業，会社，実業界など）がその内部や社会において民主的なシステムを機能しているかどうかである．当該組織で働く人々が民主的手続きを通じて運営し，かつそれが社会全体でも運営されていることを意味している．旧ユーゴスラビアでは，自主管理制度は労働者に企業を管理させたことがあった．このシステムは国家という統治機関が指令するために不完全な民主的制度から出発していた．この解釈によれば，自らのイデオロギーは「民主主義」という表現で自己肯定されている．それは経済における自治と見なしている．その意味で，経済民主主義は政治的に非民主的国家において実行されやすいかもしれない．そうすれば，この民主主義はいったい民主主義をどのように実現するのであろうか［マクファーソン，1967年参照］．

（3） 民主主義の長所と短所

民主主義の長所は次の通りである．

① 政治権力から個人を保護し，自由を防衛する．政治権力が抑制され，国民の同意を保障する．
② 市民に政治参加を通じて社会がどう機能するかを確認させることで，政治教育と個人的発展を促進する．
③ 政策決定に発言の機会があることで，利害関係者すべてに主張する権利を付与する．そのことで共同体内の連帯感を強化する．
④ 公共政策が国民の要求に応じることで政治的な安定を確保できる．それをもって社会の均衡と安定を保てる．
⑤ 政府が市民の利益を保障するので，社会と個人の福祉・福利を拡大できる．

民主主義の短所は次の通りである．

① 人々にはその能力と知識については不均等に分配されるにかかわらず，政治的権利を同等に与えられている結果，「衆愚政治」を招くことになる．
② 大衆の本能に訴えて権力に到達する扇動を許す場合が現われる．その結果，独裁制を成立させる可能性が成立してしまう．
③ 個人の自由や少数派の権利が「国民の名で」多数派によって抑制され

ることがある．いわゆる「51％の専制政治」である．
④ 個人より集団の利益を優先しがちになりやすく，政府の管理が大幅に増大する結果となる．

4．民主主義の理論とモデル

民主主義の理論やモデルが多数存在している．このことは民主的な形態とメカニズムの多様性だけでなく，民主主義の支配を正当化できるが，それぞれ異なる根拠を示している［Heywood, 2007：28：マクファーソン，1978年］．

（1） 古代民主主義

古代民主主義（classical democracy）は古代ギリシアのポリス（都市国家）に基礎をおいている．特に，ギリシアのアテネで発展した政治システムの根幹原理である．それは紀元前4世紀から5世紀に実施された直接的民主主義の形態である．しばしば，人民の政治参加による，純粋で理想的なシステムと見なされる．この理論と実践はルソー，マルクスのような後年の思想家に影響を与えたが，アテネの民主主義は，特殊な条件下で展開したので，現代では限定的にしか実行できそうにない．

アテネの民主主義は，主要な議題を全市民が所属するエクレシア（集会）で討議，決定，実行された．年に約40回開催されていた．常勤の公務員が必要な際，市民社会と同じ構成比で公務員（数）をくじで選出し，職務も全市民の参加を可能にするため短期間の担当とされた．500名の市民からなる協議会は集会前の運営委員会として活動した．50人から構成される委員会が協議会に議案を提示した．委員会議長は一日しか担当できなかった．もちろん，10名以上の将軍職は再選される場合もあった．この民主主義の注目すべき点は市民の政治活動にある．定期集会に参加するだけでなく，公職や政治的決定の責任を負っている．

この民主主義の批判者は哲学者プラトンである．彼は，人民の大部分が支配する知恵も経験もないという理由で政治的平等の原則を批判し，統治担当者には哲学者である国王が就任すべきであると主張した（『哲人王』）．

もっとも実際には，アテネの民主主義は政治活動から大部分の住民を排除していた．参加者は20歳以上のアテネ生まれの男子に限定された．住民の大部分

である奴隷，女性，外国人は政治的権利をもたなかった．アテネでは，奴隷が労働に従事することで成人男子をそれから解放し，また女性を私的領域に閉じ込めることで成人男子市民に家事を免除していた．市民は政治に自分たちの大部分の時間を公共のために費やすことができた．この点では，アテネの都市国家は理想的な民主主義でなかった．それでも，アテネの民主主義は政治生活において，古典的なモデルであり，その精神は現在でもある場所において存続している．例えば，アメリカのニューイングランド，スイスのカントンでの地域集会である．

（2） 保護的民主主義

民主主義は，古代ギリシアのそれとは異なった形で，17，18世紀に再登場する．特に，民主主義は市民が政治生活に参加できるメカニズムとは考えず，政府の市民社会への干渉，介入から市民自らを護る装置と考えるようになった．その意味では，個人の権利・生活を擁護する自由主義的な考え方を基礎としている．これは「保護的民主主義（protective democracy）」である．

この見解は初期の自由主義による「個人の最大限の自由」を求め，政府の権力から個人を保護することを求めている．政治権力からの個人の防衛は17世紀ロックに取り上げられた［ロック，1968年］．彼は投票が自然権，とりわけ所有権を擁護するために基づくと主張した．政府が課税を通じて個人の財産を搾取する権限をもつなら，市民は税を課す政府をコントロールすることで自己の権利を護れるはずである．言い換えれば，民主主義は代表制議会を通じて「合意による統治」システムを機能させることを意味している．しかし，ロックは，政府が侵害するに値する人間だけを財産所有者（市民）とみなすと主張する点では，現代的な規準からすれば，彼は自由主義者であっても民主主義者ではなかった．

参政権は18世紀後半からベンサムやミルのような功利主義者に推進された．功利主義者によれば，民主主義は個人の利益を保護し推進することになる．ベンサムはすべての個人が快楽を求め苦痛を回避したがるゆえに，普通選挙権を「最大多数のための最大幸福」を推進する唯一の方法と信じるようになった．ところが，保護的な根拠から民主主義を正当化すると，平等主義に基づく支配要件は準備できそうもない．つまり，保護的民主主義は制限的，間接的な形態でしかないからである．実際に，統治者と被統治者の同意は定期的，競争的な

選挙を通じて実施される．したがって，統治者だけの説明責任（accountability）を保障することになってしまう．単に政治的平等は形式的な平等の参政権を意味し，それが個人の自由を防衛する手段であるならば，行政，立法，司法の三権分立を通じて保障されなければならず，表現の自由，結社・集会の自由，任意逮捕からの自由などの基本的人権と自由の維持で具体的に保証されなければならない．

　保護的民主主義は自己の生活を営む権利を市民に保証することを目的とする．したがって，この民主主義論は個人が経済的，社会的な環境において自己責任を取る信念のうえに両立する．それはレッセ・フェールのもとでの民主主義である．保護的民主主義は19世紀前半では古典的自由主義者，現在ではニューライトが支持する民主主義観である．

（3）　発展的民主主義

　ルソーは人間と共同体の進展から発展的民主主義（developmental democracy）というモデルを創造した．彼の考え方は，後年にマルクス主義者，アナーキスト，新左翼主義者に影響を与えている．

　ルソーの民主主義論は自由主義的な民主主義論とは異なっている〔ルソー，1954年〕．彼にとっては，民主主義は人間が最終的に自由や自治に到達する手段である．市民は社会・国家・共同体に参加するとき「自由」であるはずである．ここから選挙民主主義の立場を超えて直接民主主義の理念を実現しようとする．彼はイギリスでの代表制民主主義を批判した．「イギリス人は自分たちが自由であると信じている．それは大きな誤りである．議会議員を選ぶときだけ自由である．選挙が済むとすぐに人々は奴隷になる．短期間の自由でイギリス人は自由を失う自由を使用する」と．

　ルソーは各市民の「真」の意思である「一般意思」を信じ，その自由を「一般意思」（すなわち，法）に従うことで実現できる，と信じる．ルソーの見解によれば，発展的民主主義は，単に政治的平等だけでなく，共同所有までではないが，相対的な経済的平等を必要としている．ルソーは市民が自らの身体を売るほど貧しくなく，他人の自由を拘束するほど金持ちでない経済的平等を主張した〔ルソー，1972年〕．

　とはいえ，市民の「真」の意思と，彼の「感じた」意思との区別がある．そのことでルソーは批判を受けることになる．彼の「一般意思」が市民の意思と

一致しないなら，おそらく社会の「真」の利益を主張すると称する独裁者が定めた「一般意思」を強制する危険性がある．だから，ルソーは全体主義的民主主義の創始者と見なされることもある [Talman, 1982].

一方で，穏健な発展的民主主義も存在する [ミル，1968年]．この見解はミルの考えにその起源がある．ミルは，個人の能力と調和した民主主義論を考えた．市民は，政治生活への参加において，そのことで政治的能力を訓練でき，その意識を高め政治発展を促すことができた．民主主義の本質は「教育」の程度次第である．ミルは国民の参政権を提案した．参政権は教育を受けていない人々を除くすべての人々，もちろん女性にそれを拡大されるべきである，と論じた．

他方，ミルは，自由主義者として，民主主義のもつ「危険性」を認識していた．それは，トクヴィルが恐れた「多数による専制」への恐怖である．それを回避するため，自由主義の立場から「平等」への修正である．確かに，政治的に形式的平等を認めた点では，自由主義の規準から逸脱している．ただ，あらゆる政治的権利は同価値ではない．それにも優劣があってしかるべきである．その結果，ミルは能力に応じた複数投票制を提案した．未熟労働者は1票，熟練労働者は2票，大学卒業者や専門職に就く者は5票か6票か，とその人間の能力に応じた政治的権利に差を設けている．

なぜ彼はこの手続きを提案したのだろうか．言い換えれば，民主主義は常に個人の自由と少数者の権利が多数の人民の名で抑圧される可能性を秘めている．民主主義は「多数の意思」を受け入れるように人々を教育するが，多数が必ずしも正しいとはかぎらない．多数による横暴や専制を生む危惧がある．論争，批判，知的生活への妨害をいかに防止するか，である．だからこそ，ミルは彼流の代表制民主主義や，「討議する民主主義 (deliberative democracy)」を提唱した．

（4）　古典的民主主義理論

18世紀の哲学者によれば，「民主主義とは，政治的決定に到達するための1つの制度的装置であって，人民の意思を具現化するために集められるべき代表者を選出することによって人民自らが問題を解決・決定をなし，それによって公益を実現せんとするものである」，と言われる．古典的民主主義理論は，さらに自覚した国民1人ひとりに政治への知識・関心と理性的判断を求めている．

この民主主義観は，さらに国民が積極的な公益(共通の意思，公共善，人民の意思)の実現をめざし，政治を動かし動かさなければならない，という規範的な価値をもっている．民主主義は，統治方法である制度(例：議会，選挙)，人間は社会が求める理想としてのイデオロギー(例：公益)，市民参加から革命までの(国民主体の)運動といった要素を必要とするが，古典的民主主義は，この三要素を完全でないが包含している．国民の意思が具現化され，それを代表者に託すことで国民自身が決定を下し，公益という形で実現する．通常，国民は自分たちの選んだ代表者に日々の政治的事柄の処理を任せている．その点では，この理論は議会政治(議会主義，代表制，議院内閣制)と政党政治の両方を示している．
　国民が選挙で議員や政党を選び，議会で多数を制した政党が内閣を組織する．この意味で内閣は議会に従属している．議員は政治活動では政党に依存し，国民も事実上，選挙に際して政党を選択している．国民は通常，自分たちが選んだ代表者(議員)に政治を委任するが，国民生活全般に関する重要な決定には直接，政治に参加する．すなわち，直接民主主義制度が代表制民主主義の中に第一次世界大戦後から採用されてくる．主な制度は憲法改正などの重要な案件について賛否を問う国民投票(referendum)，国民が直接，法律制定を要求する国民発案(initiative)，公職者にあるものを罷免，交代させる公職解任(recall)などである．この理論はイギリスを中心に発達してきた．
　この理論にはその理念に問題点がある．まず，国民が本当に政治に関心をもって積極的に行動できるか，という前提は正しいのであろうか．国民は政治に関心がない例証は選挙ごとの投票率を考えればよい．先進国全般に投票率は低下の一途をたどる現状は，国民が政治に無関心であることを示している．また，国民が非理性的に政治を判断してきたことは，歴史をみれば幾多の事例を示すことが可能である．さらに，国民が実際に政治を動かしているかどうかは，現代の政治不信における国民と政治家の乖離を考えれば了解できる．
　古典的民主主義理論は，「かくあるべき(sollen)」という規範的な視点を強調しすぎたため，非現実的な側面がみられる．とはいえ，古典的民主主義の精神は現在も生き続けている．その理由は，① 民主主義がすべての人を平等に扱わなければならない，経験的な説明を要しないような象徴的存在であるとすること，② この理論がその国の歴史と結びついてきたこと(例：アメリカの「独立戦争」「憲法宣言」)，③ 実際に実例があったこと(例：小規模な共同体，スイス)からである．

(5) エリート論的民主主義（自由民主主義）理論

エリート論的民主主義 (elitist democracy) 理論，または自由民主主義 (liberal democracy) 理論は古典的民主主義理論の前提への批判から出発している［シュンペーター，1995年[1)]．まず，「公益」は存在するのか，存在しても一定の，普遍的なものか．「公益」は個々人，集団ごとに異なるのではないか．かりに「公益」が存在しても，それには回答を出すことは可能であるのか（例：社会主義と資本主義の是非）．次に1つの国民意思は存在するのか．また，国民は日常生活では現実的に対応するとしても，政治では理性的な判断能力があるのか．

この理論によれば，理念的な民主主義よりも，「民主主義的方法は政治的決定に到達するための制度的取り決めであり，その中で国民による投票をめぐって競争的闘争という手段をもって権力を獲得する」ことである．この理論は民主制度・手続きを堅持することに重点をおいている．民主主義の最も望ましい形態が何であるかについての論争があるが，それよりも民主主義が機能しているかについての議論が重要である．次の3点が重要である．

> ① 民主主義では，公職は形式的な政治的平等に基づいて実行される定期選挙で獲得される．複数の政党が選挙で競争し勝利した多数党に政権を就任させる．
> ② 民主主義は競争と選挙選択に基づいている．これらは政治的多元主義，信念の寛容，相反する社会哲学や政治運動・政党が存在でき平和的に政権交代を可能にする．
> ③ 民主主義においては，国民は選挙以外の参加を制限する．国家と市民社会との明確な区別が存在する．この区別は自立的な集団や利益の存在，経済生活での市場や資本主義組織を通じて維持される．

民主主義には普遍的な理想はないのだから，民主主義の価値よりも，その目標を達成する制度とそのための手続きが重視される．そこで政治のリーダーシップをめぐる競争を「市場」における生産者と消費者に擬して，政治家がその「政治市場」の中での多くの消費者（有権者）を獲得しようとする企業家（政党，政治家）のごとく有権者から一票でも多くの支持を得ようとする．選挙において，「選ばれる者」（政治家＝エリート）と「選ぶ者」（国民＝非エリート）とが峻別される．つまり，選挙は複数のエリートからの選択を意味するのである．この理論はエリートである政治家が国民により優れた資質・能力を有するとみ

なし，当然，国民は通常は政治をエリートに任せておけばよいという考え方である．ただ，この理論は国民の判断力を否定的に見る一方で，複数のエリート集団（政党）の多元性（多党システム）を重視することで民主主義的であろうとする．もっとも，この理論は民主主義よりも自由主義に力点をおいている．現在，エリート論的民主主義理論は西側民主国家の原理となっている．

自由民主主義について批判がある．例えば，政治権力の純粋で健全な分立が保証されるのか．民主手続きは長期間の利益を促進するのか，政治的平等が経済的平等と共存できるのか，である．また，この理論には次の問題点がある．国民が政治に参加することを「危険」視し，国民を選挙時以外には「国民の黙従」の（支配）対象としか考えない非政治的人間観があり，そのため国民の政治参加を制約し，エリートに依存することを期待している．政治は政府の統治の統治と選挙に限定する．そのことは現行システムを是認することにもなる．だから，形式上にでも多元性が確保されていれば，民主主義が維持されているとみなしている．したがって，この理論は規範的であるより，「～である(sein)」という事実を記述するような視点を重視し，現行の政治システムが機能しているかどうかを優先する点では現実主義的な理論である．

(6) 多元的民主主義理論

多元的民主主義 (pluralist democracy) は「社会における相争う集団の相互作用という観点から，公共政策の形成」を説明する理論として民主国家（例：西側民主国家）の政治体制を説明する概念である [cf. Key, 1964；ベントリー，2004年参照]．

現代社会は複雑多岐で相互依存した状態にあり，利益や集団も多様である．多元的民主主義理論は現代社会を次のように考えている．まず，社会には公益は存在せず，私益だけが集団に組織化され，その集団利益だけが社会において跳梁跋扈している．政治の中心は個人の自由・平等から集団利益へと移行する．権力が社会に実在する自立的な多数の社会集団に分散しており，この集団の存在がエリートによる一元的支配を抑制し，かつ諸集団への個々人の重複加入とそこに作動する交差圧力が集団の要求を穏健で中庸なものにしている．この理論は諸集団の相互作用が政治過程を自動的に均衡・安定した方向にする考え方を基本としている．その結果，多元的な集団が「抑制と均衡 (check and balance)」の機能を果たすことで，政治システム，ひいては民主主義を安定させている．

多元的民主主義は、選挙時の政党間の競争、そして自由に自分の見解を表明する利益集団・圧力団体が政府と被統治者との間で信頼すべき連結役を演じ、両者のコミュニケーション回路を担うことを特徴としている。これは人民自治という理念には物足りないが、その支持者はそれが民主的と見なす市民の説明責任と大衆的な共鳴を保証するものと考えている。

　社会に存在する組織・集団や経済利益が強力であるかぎり、それによって抑制機能がかえって機能不全を引き起こす。そのうえ、政府に「過剰負担」をもたらす。その状況下において、多元主義システムではかえって統治が不可能となる。R・A・ダール（1915-）は経済資源の不均衡な配分がある特定少数者を有利にさせ、かえって多数者から様々な資源を奪う結果となる、と指摘している［ダール、2006年］。最終的にその課題が残っている。その点の認識では、この点に関しては、マルクス主義のブルジョア民主主義への批判と共通している。

　アメリカでは、議会は利益団体・圧力団体の相互作用の「舞台」となって、議員は利益集団の代弁者として本会議、委員会の場で政府に様々な要求を行っている。さらに、利益集団の代理人としてロビイスト（lobyist）（例：元議員、元公務員、マスコミ関係者、弁護士など）が議員や官僚に圧力をかけ集団利益を遂行している。これらは本来、公式に制度化されたものではなかったが、様々な形で制度化されてきた。利益集団は政府が主催する、各種の委員会・審議会にその代表者を送り込んで公共政策に影響力を行使している。

　この理論には次の問題点がある。第1に、すべての利益は組織化されているかどうか。例えば、消費者の利益は生産者のそれに比べてどうか。消費者利益を保護できる集団は少ないしまだ十分ではないのが現状である。第2に、すべての利益は対等であるのか。例えば、事実上の政策決定を行う委員会・審議会において、圧倒的に生産者団体の代表が多数を占めている。反対に、消費者代表は少ない。第3に、政治過程の主体は利益集団だけであるのか。政策決定には、政治家、政党、官僚、市民運動、軍、裁判所などが影響力を及ぼすことが多々ある。第4に、多元的な権力構造は社会変動への対応には消極的であり、現状維持的な側面がある。そのため、社会変動には抵抗しがちとなる。つまり、既得権のある利益集団が常に優位にある。

(7)　マルクス主義的民主主義理論

　人民民主主義（people's democracy）は第二次世界大戦後、正統派共産主義か

ら生まれた民主主義モデルである．これはマルクス主義理論に基づいた民主主義観と言い換えてよいであろう．マルクス主義者は自由主義や議会制に基づく自由民主主義を「ブルジョア民主主義」とみなした．マルクス主義理論は次の点から現代の自由民主主義を批判している［山口，1989年］．

① 自由民主主義は政治体制を経済構造に左右されることを無視している．資本主義は自由主義，民主主義の妨げになっていることがある．
② 政治の領域と社会生活（経済）の領域では総合に関係するにもかかわらず，自由民主主義は公私領域の区別が機械的になされすぎる．
③ 国家権力は基底社会の構造によって制約されるのに，国家を中立的な調停者とみなしているし，国民によるコントロールの実行性に欠ける点がある．
④ 個人主義は社会に規定された存在であるのに，共同体の重要性を排除した形の個人主義だけが焦点化される．また，私有財産制を神聖化した所有的個人主義は資源を占有する欲求をもたせ，資本主義社会の不公平感を増大させる．

マルクス主義は，平等という観点から，民主主義の理念をもっと徹底させようとする．特に，「経済民主主義」による富の再配分と共同所有を通じて「真」の社会的平等を到達させたい．社会主義革命後，「ブルジョア民主主義」から「プロレタリア民主主義」への政治システムを変更したのち，共産主義社会は実現される．そのことは1871年直接民主主義を経験したパリ・コミューンを称賛したことで明らかである．もっとも，マルクスは革命の実現後の社会をどのように組織されるかを説明していない．マルクスは階級対立が消滅し，完全に共産主義社会に到達すると，政治や国家などが不要になるだけでなく，もちろん民主主義も余分なものと予言している．ところが実際上には，20世紀の共産主義国家下の民主主義の実態はレーニンの解釈に負っている．1917年レーニンのスローガン「ソビエトに全権力を！」の基礎となり，正統派共産主義の「民主集中制」を「真の民主主義とみなしている．この理論は共産党（特にリーダー）の権力をチェックし，プロレタリア階級に対する説明責任を保証するメカニズムを構築できなかった問題点がある．

1970年代西ヨーロッパ先進諸国の共産党（例：フランス，イタリア，スペイン）はソ連型共産主義とは一線を画した，ユーロコミュニズム（Eurocommunism）

という西ヨーロッパ共産主義という自主路線を採用した．これは社会の進歩と多様化に対応しようとする平和的手段による「(平和) 革命」である（日本共産党では「先進国革命路線」と呼称）．以下の3点の特徴がある［ベルリンゲル，1977年；クリエジェル，1978年；勝田・加藤・西川，1979年］．

① 議会制民主主義への参加
② プロレタリア独裁の放棄（暴力革命の否定）
③ 複数政党システムと民主的政権交代の承認

　もちろん，ユーロコミュニズムは現代社会の階級構成の解釈にも変更を加えている．ブルジョアジーに代えて独占グループを，被支配階級としてのプロレタリアートに代えて反独占グループに再定義している．独占グループが経済・国家を支配する特権階級を意味し，それらは民主主義を阻害しようとする．反独占グループは自らの労働で生計を維持する勤労大衆を意味し，具体的には労働者，新旧中間層，中小企業経営者などであり，反独占大衆が国家の指導権を掌握することで民主主義を発展させ，その結果，民主主義と共産主義が共存できる．ユーロコミュニズムの民主主義観は「現実そのものの中から生まれた」ものであり，その結果，共産党は複数階級の承認，非独占的なブルジョア政党とも提携する姿勢を示した（「歴史的妥協」）．

　マルクス主義の問題点は次の点にある．第1に，マルクス主義は経済的基盤を重視するために政治の自立性を否定するが，現代国家では政治と経済は分業しており，政治は経済に影響することもある．第2に，現代社会においてはある階級が他階級を一方的に支配することが果たして可能か，という問題もある．現在の憲法では支配に抵抗する存在する権利を認めている（例：マスコミ，結社の自由など）．

(8)　参加民主主義理論
a　規範的概念としての社会参加

　近代民主国家は本来，市民の社会への参加志向を出発点としたが，時を経るにしたがって市民は政治を動かす力を失い，政治の決定から疎外されるようになった．そして，現代の民主主義は権力側に位置するようなった．その反発が1960年代半ばからの「参加の噴出」を背景に登場し，普通の市民としての権利を主張する運動が台頭してきた．市民参加を理論化したのが参加民主主義

(participatory democracy) 理論である［ペイトマン，1977年］．1960年代半ば以降，現行政治システムへの批判が登場してきた．それは第二次世界大戦後に管理社会，個人の無力化，生活破壊，公害問題，人種・性差別，少数派保護などの戦後社会の「歪み」が注目されるようになった．それらの社会問題に対して，市民の社会参加が要求され始めた．この社会的事情を背景に古典的民主主義や直接民主主義が再評価されるようになる．これは「代表制民主主義の空洞化に対する人間性の復活」を意味する［ペイトマン，1979年；篠原，1977年，2001年］．

参加民主主義理論は静態的なエリート論的民主主義理論を批判している．まず，エリート論的民主主義は政治における価値のもつ重要性を認めておらず，現状維持に基づいた記述論的な性格であり，人間の能力を低く評価している．それに対して，参加民主主義理論はもっと人間の能力を評価して「かくあるべき姿」という規範論的な価値観を（再）導入している［cf. Van Dyke, 1960：ch.5］．そのため公的な事象への「素人」の個々の政治参加が選挙だけでなく，あらゆる社会現象で必要とされる．だから，参加は分権 (devolution) の考え方と密接に結びつき，自由民主主義に基づく中央集権原理への修正を求めている．市民の政治参加は特に地方自治体で真の民主社会を実現しつつ，かつ市民自治による政治システムを構想したのである［篠原，1977年，1999年］．

参加の運動・イデオロギーの背景には，①「豊かな社会」になって人々が政治に参加する余裕が生まれたこと，②都市型社会が「ムラ」とは異なる政治参加を必要としたこと，③情報・知識・技術が既成の政治勢力（例：官僚，政党，政治家）だけの独占でなくなったこと，などがある．

参加民主主義は参加者が不参加の少数者を抑圧しないか，個人の多様性を否定することにならないか，という問題点を孕んでいる．また，この理論は参加をいかに具体化するかという制度・手続きの実践で難点があり，当然，参加が市民各人に平等に配分されているわけではない．

b 現代市民社会と新たな民主主義論の登場

市民社会概念は現在の様々な事情から再検討されることとなった［寺島，2013年参照］．それまでの東側陣営や第三世界の全体主義体制や独裁体制に抵抗する反体制派は，全体主義国家の主張に対抗する「武器」として，市民社会という概念にその拠り所を求めたのである．例えば，ポーランドの自主労組「連帯」は，代替すべき社会として，市民社会の樹立によって，国家との無謀な対決を回避しながら，社会主義体制に反対の姿勢と市民社会の復活を可能とするモデルを

示唆したことがある．その後の1989年の東欧革命によって，市民社会概念は積極的に受け入れることになった．多くの人びとの眼には，ポスト共産主義体制＝民主化＝多元主義社会の進展経路の約束と映ったはずである．これらの理論と実践は市民社会に新しい視点を示唆することになった［cf.Jobert and Kohler-Koch, 2008］．

1989年以降，市民社会論は全体主義や権威主義のそれぞれの社会に対する，民主主義的な市民社会像を追求している［古田，2012年，2015年］．

「民主主義は強力で活発な市民社会を必要とする」という議論がある．人々は，国家や国民以外の場所や立場の生活を営んでいる．つまり，自らの周辺にある，小規模で人間関係が密な，小単位の共同体の構成員である．国家が人々の全生活領域を掌握した場合，つまり他の代替的な共同社会が存在せず，安全な領域も存在しない場合には，民主主義的な統治は重大な危機を迎える．人々は，共同体において，いったん政治から離れ，将来に備えることが可能である［ウォルツァー1996年，2006年］．この志向は「国家」と「市民社会」を区分する二元論的な市民社会論である．

これに対して，市民社会の概念は単なるスローガン以上のものであるべきである，とする立場がある．もしこの概念が適切に再構築されるなら，理論的，実践的な問題を解決できる．再構築された市民社会概念によって，形式的に民主的な社会をいっそう改善する可能性を切り拓くことは可能となる［山口・中島・松葉・小関，2005年参照］．この立場は社会の民主化をいっそう推進する役割を果たそうとする．要するに，この考え方は，「市民社会」を通じて，「民主国家」を完成させる発展論的な市民社会論である［cf.Horowitz, 2004］．

わが国では「民主主義とは何か」という議論では，「国会で多数を占めた勢力がその政策を実現すること」程度の多数決＝民主主義論が一般的である．この考え方を改める民主主義論を構築する動きが必要である．その理論的出発点が市民社会論の再構築である［山口，2004年参照］．

c　熟議民主主義と結社民主主義

多数決＝民主主義論は様々な異質な人々が共存する社会では有効ではない．民主主義をバージョン・アップする理論を設ける必要がある．近年，欧米諸国で広がっている民主主義論に，熟議民主主義（deliberative democracy）論と結社民主主義（associative democracy）論がある．いずれも代表民主主義による意思決定の内容を充実，補完するものである［杉田，2001年：第6章；篠原，2004年：第

5章：田村，2012年参照].

　熟議民主主義の「熟議」という言葉は，これまで民主主義といっても，熟議を踏まえて決定を行ってきたとは言いがたく，もっと「熟議」に基づく決定を可能にする見解である．「人々の意思の，自由な熟議の所産としての変容」によって行われるべきだという認識がある．人々の意見は「可能な限りの情報に基づく熟議」の結果として変容しうる前提がある．熟議は必ずしも合意の達成を保証するものではない．したがって，熟議が機能しない場合，別のメカニズムが必要とされる．投票か取引，もしくは双方による補完を必要とする．

　熟議民主主義において，意見や情報の交換は，人々に「他人の立場」に立った感情移入を可能にする．そのことが人々の自省能力を高める．ただ，このメカニズムにも問題がある．それは決定を行う規模（数）の問題である．このメカニズムは基本的に対面関係において適用可能であって，大規模な集団内における意思決定をどのように具体化できるかが課題となっている．その他に，熟議や討論に基づいた民主主義の実践結果，人々の選好が変化するという前提への疑問，熟議の名によって，熟議に参加できない人々の基本的な自由，参加者間の「機会の平等」が否定される可能性もある．

　結社民主主義の「結社（association, Gesellschaft）」は，近代以降，欧米諸国では様々の領域の用語として用いられてきた．それは，「諸個人が共通の目的を実現するために，財や力を結合する形で，自由意思と契約に基づいて組織をつくる行為，ならびにそれによって生まれた組織」である．ここでの結社は伝統的な共同体とは異なっている［田畑，2003年参照］．

　結社民主主義は「自発的・自律的で民主的内部構造を持った集団や結社が主役を演じる民主主義のモデル」である．結社の役割は政府への情報の提供，構成員の利害の代表，ガバナンスへの寄与である．具体的には政府によるサービス提供の一定部分を引き受ける．政府のサービスは複雑化し，個々人の選好に対応するには，国家によるのではなく，自発的な結社のほうが適切である場合がある．したがって，結社民主主義は代表制民主主義の代替物ではないが，「重要な補完物」であり，場合によっては，結社は政府の意思決定の一部を代行する．政府は，基本枠組みの提供，公共サービスの全体管理，市民の権利の保護など，その本来の任命に専念できるので，それらを通じて代表民主主義の中枢機関に寄与することが可能となる．

　結社民主主義論には，①国家の役割はできるだけ少なくし，結社の意思を

下から積み上げることに主眼を置く「多元主義モデル」の系譜［ダール, 1988年, 2012年］と, ② その逆に, 国家に一定の重要な役割を演じさせ, 結社の活動に一定の枠組みを設定するネオ・コーポラティズム (neocorporatism) の系譜の2つが区別できる［レームブルッフ, シュミッター, 1986年］.

5. 直接民主主義と代表制民主主義

(1) 2つの民主主義

直接民主主義 (direct democracy) は公職に市民の直接的, 持続的な参加に基づく民主主義理論である［Heywood, 2007：68］. したがって, 直接民主主義は統治者と被統治者, 国家と市民社会との間の区別をなくすことを意味している. 直接民主主義は, 古代アテネの都市国家での大衆集会による統治形態を通じて発達した自治システムである. 直接民主主義の長所は次の内容である.

① 純粋な民主主義形態であるので, 市民は自己の運命を自ら実行できる.
② より情報をもった, 政治的に洗練された市民を創造する. したがって, 政治教育効果がある.
③ 利己主義的な政治家に依存しなくて, 自分たちの見解や利益を自ら表明することを可能にする.
④ 人民による支配は人民の決定であることを正当だと証明する.

直接民主主義の短所は次の点にある.

① 教育と経験のない人々に政治的決定（権）を残すことになり, またそのような人々はマスコミや他の影響に最も影響されやすい.
② ある時点の世論の一面だけしか意見が反映されない.
③ 政治家に政治的論題を操作されるし, 重大な決定を行う責任を免除することになる.
④ 賛成か反対かの二者択一的な議論に還元するので, 争点を単純化しその本質を歪める傾向がある.

代表制民主主義 (representative democracy), 間接民主主義 (indirect democracy) は, 国民の参加を制限的, 間接的にする民主主義理論である. 代表制民主主義は数年ごとの選挙に国民の政治参加を制限するので, 国民による政治への, 直

接的な国民参加は例外的である.

　国民は自分たちのために政治を担当する人々（政治家）を選ぶだけであり，自分自身で権力を実行しない点で民主主義の間接的な政治支配者である．代表制民主主義は選挙における委任という概念で説明される．代表制民主主義の長所は次の内容である．

> ① 民主主義の現実的な形態を提供する．市民による直接的な参加は小さな共同体だけでしか実行できない．
> ② 政治の分業を可能にするので，市民から政策決定での負担を除ける．
> ③ よりよい教育，専門知識，様々な経験をもつ人々に政治を任せられる．
> ④ 政治から市民を切り離すことで，政治的安定を確保できる．そのことで，市民に妥協を認めやすくする．

代表制民主主義の短所は次の点にある．

> ① 時々の世論に合致せず，定期議会選挙でしか権力をチェックできない．
> ② 国民の政治参加を増進しない．その結果，より教育を受け，より情報をもった有権者を育成できない．
> ③ 特定の争点について直接表明する場を国民に提供できず，その決定への正当性をその時点では付与できない．
> ④ 政治問題を解決することがその時点ではできず，世論がその争点をどのように判断しているかを代表者は理解できない．

　古代アテネの都市国家の直接民主主義の統治形態で現代にも適用できるのは，国民投票(referendum)である．それは，「国民がある争点に対して投票によって直接に意思表示を実行する」ので，人民投票とも呼ばれることがある［Heywood, 2007：208］．次のような種類がある．① レファレンダムは狭義の国民投票であり，議会の提案への賛否の意思表示を表わす．② プレビシット(plebiscite) という人民投票は領土の変更や指導者の選択などに関する直接投票で，レファレンダムとの厳密な区別はない．あと直接民主主義制度として，③ 住民投票，④ リコール（公職解任），⑤ イニシアティヴ（国民・住民発案，直接発案）などがある［生田・越野，1997年参照］．

（２） 国民投票に賛成か反対か

　国民（住民）投票は有権者が特定の争点と公共政策への見解を直接表明する手段である．国民が公職者を選択する選挙と区別され，政策の内容に直接的な影響を与える．これは代表制民主主義の代替物でなく，あくまでも代表制を補完している．

　人民投票民主主義（plebiscitary democracy）は，「支配者と被支配者の間の仲介者のない直接的な結びつきを通じて機能する民主主義の一形態」である［Heywood, 2007：69］．国民はこの制度を用いて直接的な政治的争点や指導者の選択について国民1人ひとりの見解を表明できる．したがって，人民投票は直接民主主義や参加民主主義の具体的な実行手段の1つである．しかし，このタイプの民主主義は雄弁，偏見，情熱を通じて大衆を操作する扇動家に支配されることもあるために，しばしば批判の的になっている．

　政治的危機に際して，人民投票で示された大衆の支持を基盤とする独裁制がある．20世紀の全体主義指導者には，独裁者の地位を人民投票によって正当化する者が少なからず存在してきた．ドイツのヒトラー，イタリアのムッソリーニはその適例である．人民投票は一見民主的に見えるが，その実態は指導者の意図を大衆にも同調させる有効な「武器」であり，実質的には既成事実を追認される手段であることが多い．この種の「民主的手法」は大衆扇動型政治（populism）として使用される傾向がある［イ・ガセット，1995年参照］．

　直接民主主義は古代民主主義，急進民主主義，参加民主主義に含まれる概念である．これは政治の任務において直接的，無媒介的，持続的な市民参加に基づいている．したがって，直接民主主義は統治者と被統治者との区別を排除している．市民自らが直接統治するシステムである．つまり，国家と市民社会の区別がなくなることを意味する．古代アテネでは，大衆集会による統治形態を通じて民主主義は実行されていた．

　代表制民主主義は制限的，間接的な民主主義の形態である．政治への市民参加は頻繁になく，それがあっても短期間に限定される．政治参加は数年ごとの選挙での行動に限定されている．市民が自分自身で権力を実行せず間接的な統治形態を採用している．自分たちのために支配する代表者を選択し，委任の形で表現されるだけである．この支配形態は代表制が統治者と被統治者との間で信頼感と効率性で結びついて成立するかぎりにおいて民主的である．

6．ポリアーキー

（1） 民主化の回路での認識すべきこと

代表制民主主義制度において，利益を代表する回路は2つある．第1は選挙と通じて政治家や政党を選択し，政治家や政党は有権者に約束した公約や党綱領の実現に努力し，その結果を有権者が判断を下す形である(例：議会定期選挙)．第2は特定の利害関係者が集団や組織を結成し，その利益を実現するために直接的に担当機関に働きかける圧力団体・利益集団による要求の実現である(例：利益政治)．この2つの回路は現在の政治過程にあって正当化された代表回路である．

政党が権力機構において制度化されたとはいえ，実際には次第に形式的に代表機能しか果たせなくなり，新しい社会的，経済的，文化的な要求を集約・表出できなくなると，代表制度や圧力政治とは異なる政治的表現が登場する．例えば，生活にそくした価値観を優先した参加民主主義的な形で集約・表出機能を求める動きである [ダール，1980年；Dahl, 1987：484-486；Prezeworski, 2005, 2010；ダール，2012年：第7章]．

ダールは国家全体という大きな規模における代表制民主主義を維持，強化しながら，同時に小規模な生活領域での民主主義の発展を支える基盤を形成しうるかどうかを考察してきた．彼は，C・E・リンドブルムとともに，「規模（数）と民主主義」のあるべき可能性を追究してきた．

ダールは，市民の有効性（政治システムに責任をもち，その適切な制御容力，それに市民の集合的な選好に対応できる容力）という規準を満足させることで，理想的な政治システムの原理を構想した．もっとも，「規模（数）」の要因が加わると困難な問題が浮上してくる．政治システムは小規模であれば，市民が公的決定を制御するのに責任と有効性をもつ度合いは高まるが，市民の選好に対応するシステム容力はそれに応じきれなくなる．市民の参加と選好に対応できる集合体能力とは反比例の関係にある．政治システムや政治単位の最適規模と2つのことが考えられる．

　① 市民の有効性とシステム容力という2目標に応じる，唯一の制度・手続きは存在しない．

②民主主義における目標はそれぞれ対立し，各目標に応じることができる，唯一の制度・手続きは存在しない．

（2） ポリアーキー論

ダールは「数」の点でも人間の相互依存度の点でも，現代世界にあっては，どうすれば民主主義を最大限充実させることが可能であるかという問題に解答できない，と考えた．そこで，彼はポリアーキー（polyarchy）という民主主義理論を編み出した．この用語は17世紀イギリスで「多数の支配者」という意味で使用されたことがあった．1953年にダールとリンドブロムは『政治，経済，厚生』[リンドブロム，ダール，1961年]において，後年ダールの『ポリアーキー』[ダール，1980年]においてこの用語を使用している．

彼らは非リーダーがリーダーを支配できる社会過程の配置をポリアーキーと規定した．現在，私たちが使用する「民主主義」と類似する概念であり，ただポリアーキーと称するのは民主主義をより明確にするためである．そのため，この理論はあくまでも抽象的であり，現実の民主主義とは異なっている．ポリアーキーは代表制民主主義の政治制度や政治過程を示している．ポリアーキーは次の5つの特性にある［cf.Dahl, 1973：ch.1；Lane and Erssen, 2000：104］．

① 2つの特徴の組み合わせ：その1つは反対派（opposition）の容認，もう1つは参加機会の拡大である．これらは民主的統治には不可欠なものである．市民が平和的手段によって現職の政府高官を交替させる過程に参加できる方法を充実させることを意図している．

② 民主化・自由化の制度の組み合わせ：これは民主主義と呼ばれることが多いが，ポリアーキーは古代民主主義や共和主義的都市国家の政治制度とは異なっている．例えば，アテネ都市国家では，市民集会では組織された政党は不在であったし，市民には利益を組織する意識がなかった．

③ 小規模の政治単位での民主的手続きを準備する政治制度：これは領土の規模が大きいだけでなく，人口数の多い政治システムにおいて有用となる制度である．

④ 政治競争と国民の選択：公職にある政治家が他の候補者，政党，集団と公開の政治競争（通常は選挙）において，国民からの選択で交代させ

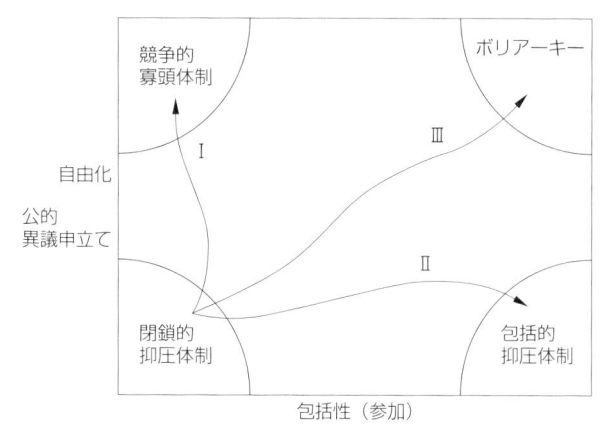

図15-1　自由化，包括性，民主化

る政治制度である．政治エリートによる一方的な支配は回避される．
⑤ 制度的に保障された権利：制度は明確な権利を想定している．例えば，市民は政治問題について自由に発言する表現の自由の権利を所持し，それを制度化しなければならない．また，公務員はその権利と制度を遵守する義務を負わなければならない．権利は，実際的な意味において，抽象的，理論的だけではあってはならない．現実に法をもって強制，執行される必要がある．

　上記の5つの特性はポリアーキーと非ポリアーキーのそれぞれの政治体制を区別する規準であり，また過去・現在の小規模でポリアーキー的要素を欠いた民主的システムとも区別できる．政府は，市民の要求に対して，政治的に公平で常に責任をもって対処しなければならない．それを可能にするには，次の8条件が必要である．
　① 組織を結成する自由，② 参加する自由，③ 表現の自由，④ 投票の権利，⑤ 公職就任への権利，⑥ 政治指導者が有権者の支持を求めて競争する権利，⑦ 多様な情報源，⑧ 自由で公正な選挙，である．これらの条件は，政府の政策に対して投票や他の方法で自らの態度を表明できるための諸制度でもある．
　以上の8条件は「公的異議申し立て」と「包括性（参加）」という2つの尺度に集約できる．この二尺度の組み合わせによって，図15-1にあるように，閉鎖的抑圧体制，包括的抑圧体制，競争的寡頭体制という3類型は現実の政治シス

テムを特徴づけている．ポリアーキーへの進展はより「民主化」への実現と捉えられる．

7．今後の民主主義のもつ意義

19世紀には，民主主義という用語は「群衆支配」を表わす，侮蔑的な意味あいがあった．20世紀に民主主義という用語への評価は好転してきた．自由主義者，保守主義者，社会（民主）主義者，共産主義者，アナーキスト，フェミニスト，ファシストなどは民主主義を称賛し，自ら民主的な信任を受けることを証明するのにきわめて熱心になってきた．例えば，「歴史の終わり」の提唱者は，20世紀末の共産主義体制の崩壊を世界的，最終的な自由民主主義の勝利とまで宣言した．

複雑で非常に分化した現代社会において，政治的な安定は権力の拡散を通じても維持できるので，権力の拡散は教養ある，情報をもった，政治的に洗練された市民によって強化されるはずである [cf.Przeworski, 2010]．民主主義が普及した（と現在，言われる）国々では，代表制民主主義を採用している．しかし，情報技術の発展は直接民主主義を実行できる可能性をもたらしている．

民主主義についての論争は民主主義の様々な理論やモデルの間の競争であり，民主主義的実践が適応する方法と範囲である [cf.Antonio and Glassman, 1985]．その共通要素は代表制民主主義が適切だということを証明しているかもしれない．特に選挙と民主主義との結び付きである．民主主義原理は狭義には政治問題を対象としている．しかし，現時点で考えるば，民主主義は家庭，職場，地域，それに経済などと社会全般に拡張すべきである [神野・澤井，2004年参照]．それに反して格差拡大を生む政治構造が定着しているなら [クラウチ，2007年]，そして暴力を生む土壌になるなら，既存の民主主義のあり方や参加民主主義がもっと考慮されなければならなくなる [cf.Barber, 1984；高橋・坪郷，2006年参照]．

民主主義理論とその実践は，古代の都市国家から現代の国民国家まで，その政治「舞台」を替えてきたが，共通して民主主義というイデオロギーが人間の統治に採用されてきた．国家は人間の結社・集団の集合体である．一元主義的な政治体制でさえ，多様な種類の家族，多種の社会集団，経済団体のような人間の結社・集団が国家内で存在している．17，18世紀イギリスと，その植民地

であったアメリカの非国教徒のような宗教集団は教会内部に民主的統治を適用されていた．例えば，ニューイングランドでの会衆派教会信徒がそうである．民主主義の拡大は人民を統治するだけでなく，労働組合，政党，消費者団体，生産者団体などの結社と組織のそれぞれが所属する組織・集団の内部にも参加を適用すべきである．つまり，もっと民主化に向けた実現は，自覚と責任をもった人々がもっと参加を重視した社会から可能となるはずである［ハーバーマス，1999年：第6章参照］．

さらに，そういった個人，集団，組織が政治システムに参加できる制度的保証が不可欠である．ダールの分析にあるように，民主主義が分断化した社会においてよりも同質的な社会で良好に機能することを考えると，異質性（heterogeneity）や反対派（opposition）にも平等に参加可能な手続きを提示しておかなければならない．それは異質性，反対派のもつ様々な下位文化を保証するメカニズムの工夫とその制度化（例：少数派の拒否権，代表選出方法，連邦制・地方分権）である［Lane and Erssen, 2000：105］．

1) エリート理論によれば，エリート的観点（elitist view）は民主主義や社会主義の主張する平等主義を批判してきた．その代表的な主唱者はV・パレート（1848-1923），G・モスカ（1857-1941），R・ミヘルス（1876-1936）らである［ボットモア，1965年：第1，2，3章］．彼らにとって，政治権力は常に特権的少数者に独占，実行されるので，民主主義は妄想でしかない．例えば，モスカは，あらゆる社会において，「人民は支配するエリートと支配される非エリートの2つの立場から構成される」と論じた［モスカ，1973年］．彼の見解によれば，支配に必要な資源と属性は常に人々の間には不平等に分配され，議会制民主主義においてでさえ，社会の一部を構成する少数者が大衆を操作し管理している．

　パレートは，支配に必要な才能（quality）は2つの心理的タイプがある，と説明する［パレート，1987年，1996年］．1つは「狐」の狡猾さで大衆の同意を操作し支配する能力であり，もう1つは「ライオン」の強制と暴力を通じて支配を達成できる能力である．

　ミヘルスは，すべての組織内の支配構造からエリート論を展開した［ミヘルス，1969年］．いかに民主的に見えようが，組織，決定，支配，権力は少数のエリートが掌握し，非エリートには権力は存在しない．これをミヘルスは「寡頭制の鉄則」と定義づけた．これを現代社会に適用したのがJ・バーナム（1905-1987）である［バーナム，1965年］．彼は，経営者が産業社会の中で技術と科学の知識の豊富さ，経営手腕で支配できる，と解釈した．

　古典的エリート論者は民主主義が常に「神話」であることを証明しようとしたが，現代的エリート論者は民主的になったはずの政治システムがどのくらい民主主義理念を欠いているかを強調する．その事例は，C・W・ミルズ（1916-1962）のアメリカの権力

構造の分析にみられる[ミルズ, 1969年]. 彼は, 権力をもったエリートとして政治エリート, 経済エリート, 軍事エリートが結合して権力構造のトップからアメリカ社会を支配する三頭政治から成立する構図を分析した. このパワー・エリート (power elite) はとりわけ経済, 政治, 外交・国防の分野での重要な決定を策定, 実行できる. パワー・エリートのモデルからすれば, アメリカの自由民主主義は「虚構」である. 選挙による有権者からの圧力は「権力の中レベル」(例：議会, 州政府) に吸収されてしまう. 労働組合, 小実業者, 消費者の各ロビイストは, 個々の目的のために政策過程において影響力を実行できる.

2) 多元主義 (pluralism) の源流は, 初期の自由主義, とくにロック, モンテスキューにまで遡ることができる [cf. Nichols, 1975]. 最初の体系化はマディソンである [Federalist Papers, 1787-1789]. マディソンは緩い連合国家形態から連邦制への移行を考察する際,「派閥問題(problem of factions)」を危惧していた. マディソンは, 自由主義者と同様に, 民主主義がチェックのない, 人民の名で個人の権利を抑圧し, 所有権を収奪する多数による専制になる可能性を内包すると考えた. マディソンは権力分立, 二院制, 連邦制に基づいた分割された統治システムを提案した. 多くの少数派から構成される多元システムは, しばしば「マディソニアン・デモクラシー (Madisonian Democracy)」と呼ばれる. そのモデルは, 各人の相違と多様性の両方を認めるかぎりにおいて, 多元(的民主)主義の原理を説明している.

しかし, 多元主義と民主主義との関係はある事柄を保証しないかもしれない. 例えば,「マディソニアン・デモクラシー」の目的の1つは所有を保護する目的から民主主義を抑制することになる. 言い換えれば, 多様な少数派による支配システムは, 政治権力の実行の点で(所有のない大衆である) 多数者の意図を妨げる装置ともなりうる. ただしそうすると,「多元主義の停滞 (pluralist staganation)」が生じる危険性もある.

設 問
1. 民主主義と自由主義とはどう異なっているのか.
2. 代表制民主主義とは何か.
3. 直接民主主義を説明せよ.

終 章
イデオロギーの時代は終わったのか

>秀でたる思想は，背後からも眺めることができねばならない．
>（ノヴァーリス）
>人生の目的は行為であって，思想ではない．
>（カーライル）
>紙上に書かれた思想は，砂の上に印した徒歩者の足跡にすぎない．
>（ショーペンハウエル）

　政治イデオロギーは経済・政治・社会の変動の事情から登場し，社会の変容と政治的発展に関係する点を考慮すれば，過去200年以上の世界の歴史の変遷にもかかわらず現在まで存続してきた．イデオロギーは西洋で最初に登場し，世界中に波及してきた．各イデオロギーは現在の社会を分析し，政治に働きかける「道具」となった．ところがその反面，イデオロギーそのものを否定する見解も多くある．現在，イデオロギーの終了した時代となるのか [Heywood, 2012 : ch.12]．

1．「政治の終わり」論

　「政治は消滅する」という議論は19世紀から現在まで続いている．政治は対立する見解，意見，利益が存在するときはいつでも生じる社会行動である．対立が調和に置き換えられるとき，あるいは社会変革などによって，それが達成されるときに，政治は不要になるはずである．
　マルクス主義とアナーキズムは「政治が終わる (end of politics)」と考える代表的な立場である．マルクス主義者は社会の分裂・対立が資本家と労働者，富者と貧者の形態をとる，と考える．富がすべての人々に共有されると，階級対立は消滅する．つまり，政治は不必要となるはずとなり，したがって政治（＝

国家）は消滅する．すべての人々が満足できる物質的豊かさを万遍なく受けることになる．当然，支配階級の「虚偽意識」も消滅する［マルクス，1971年］．

　しかし，人々の物質的欲求は無限であるが，経済的資源が有限である事実によって，この見解は制約を受ける．経済成長には限界がある．経済的な繁栄は「成長の限界」のために「見果てぬ夢」となってしまった．ところが豊かな先進国の消費社会では，人々は多く持てば持つ程，欲望が増すようになる．物質的な満足には歯止めがない．当然，富をめぐる対立は解消されない．政治が「誰かが何を獲得するか」をテーマとするなら，政治（＝イデオロギー）が終わるはずがない．

2．「イデオロギーの終焉」論

　第二次世界大戦後，イデオロギーの対立や論争は無意味となった，とする『イデオロギーの終焉 (end of ideology)』［ベル，1969年］の考えがある．経済成長と物質的繁栄はイデオロギー論争を終了させた．福祉制度の充実と経済への国家介入を人々が受け入れ，諸階級が対立するイデオロギーによって分裂する状態が終了し，社会工学的な手法による調整が中心テーマとなる．19世紀のイデオロギーが衰退した現象が生じ，「イデオロギーが終焉」する．

　「イデオロギーの終焉」論は1960年代，1970年代に批判された．1960年代には，フェミニズムやエコロジーのような現代的な政治イデオロギーが登場した．1970年代には，戦後の「合意」に反発するニューライトが影響力を行使した．だから，「イデオロギーの終焉」は一部の議論でしかない．

　「イデオロギーの終焉」論は西側先進国だけの議論であり，当時の共産主義国家や第三世界の国々を無視した議論でもあった．また，現在の宗教原理主義は「イデオロギーの再燃」を象徴している．

3．「歴史の終わり」論

　F・フクヤマ (1952-) は『歴史の終わり (end of history)』［フクヤマ，1998年］において西側自由民主主義があらゆる競争相手に勝利した，と論じる．1945年にはファシズムの敗北，1989年には東ヨーロッパ共産主義体制の崩壊，1991年にはソ連の解体があった．歴史上のイデオロギー競争に決着がつけられた．世

界が市場・資本主義経済とオープンな競争政治システムという自由民主主義を承認した．中国のような共産主義体制も存続するために劇的改革をしなければならなくなった．世界全般に自由民主主義が普及し，イデオロギー論争は不要になった．つまり，「歴史の終わり」を迎えた．

「歴史の終わり」論はそれが主張されるとすぐに，これまでとは別のイデオロギーが登場した．自由民主主義のライバルはアジア，アフリカ，旧ソ連圏のイスラム教であり，復活したナショナリズム，人種主義，原理主義である．それに彼の主張する自由民主主義に基づくとする同意は実際に可能であるのかどうか．社会のあらゆる社会集団の利益や個々の市民の要求の実現は可能であるのか．それが可能なら，「善き社会」は達成される．しかし，自由民主主義や資本主義はすべての階級と個人の利害を満足させることはできない．

4．「国民国家の消滅」論

グローバル化論争は国家（ナショナリズム）そのものへの影響と国内政治への衝撃に焦点となる．従来から政治学の基本単位は国民国家である．政治学は国家に関わる諸現象を分析対象にした．それがグローバル化の登場後，分析単位が変わった，と言われる．ある議論によれば，グローバル化は「政治の死」と「国家の消滅」を意味する．国内経済がグローバル経済に飲み込まれてきたなら，情報や文化の交流が現在，日常においては超国家的であるなら，国家はおそらく時代遅れの存在である．政治学が国民国家を分析対象にすることが無意味になった．

ただ，この論理は１つの理論である．「超グローバル論」である点を考慮しなければならない．他のグローバル化理論は，国民国家の役割を否定しない．実際，いまだに国内外の政治を分析する単位を国民国家とする．

確かに，経済的な意味の主権は「歴史のゴミ箱」入りする．しかし，グローバル化は一国の経済政策を余分にするのでなく，その意味を変更する可能性がある．資本がコンピュータで地球上を駆け巡り，金融市場が地球の反対側の危機に対処するとき，各国政府は競争やリスク回避のために奔走する．このことは現在では当然である．その点からも国民国家は消滅するのでなく変容せざるをえない［cf.Pierson, 2004：ch.7］．

5. 「近代の終わり」論

　ポスト・モダンやポスト・モダニズム（post-modernism）による「近代の終わり（end of modernity）」論は近代社会が崩壊し，近代を前提とした政治・信条・教義が不適切になったことを表現する［Pakulcki, 2001］．これまでの信条体系やイデオロギーは歴史を一貫性ある「全体像」で理解しようとする．近代では，政治論争はそれぞれが普遍性を主張してきた．各イデオロギーはあらゆる社会と個人に適合する「真実」を説明しようとする．それは「合理主義と進歩」と「啓蒙主義」に結びついていた．

　しかし，ポスト・モダニズムは全体を一貫性あるものと考えず，特定の個人，集団，社会だけに適用するものがあるだけで，普遍的なものには関心を示さない．ポスト・モダニズムは産業化や階級によって構造化された社会から，断片的，多元的な「階級社会」への移行を強調する．グローバルな「情報社会」にある個人は生産者から消費者に変貌し，個人主義が階級，宗教，民族に取って代わる．ポスト・モダニズムでは「確実なもの」は存在せず，絶対的，普遍的な心理は傲慢と拒否される．当然，イデオロギーも否定される．その代りに，対話，論争，民主的主義に力点が置かれる［今田，1987年参照］．

　ポスト・モダニズムの主要な特徴は，①文化について単一の哲学あるいは説明を適用することに懐疑，②近代主義的な時代区分からの離脱，③パスティーシュ（寄せ集め）としての歴史，④多重な属性をエクリチュール（書かれたもの），である［リオタール，1986年］．

　民主主義は「熟議民主主義（deliberative democracy）であるべきであり，ポスト・モダンの政治環境で安定的，持続的な原理」とする．これは利害衝突の結末を討論の場でお互いの選好を理解し，折り合いをつける方法を採用することを目的とする．ポスト・モダニズムが情報革命に基づく社会であるなら，この時代は始まったばかりである［本書補論参照］．

6. イデオロギーに終わりはない

　「政治の終わり」「イデオロギーの終焉」「歴史の終わり」「国民国家の消滅」「近代の終わり」の各論がイデオロギーの終了を語っている．しかし，それぞれの

終了説は逆説的に述べれば，そのこと自体がイデオロギー的である．「組織的な政治行動の基礎を準備する思想と価値の一貫したセット」とイデオロギーを定義するなら，「政治の終わり」から「近代の終わり」までの各論すべてイデオロギーである．それらは自らの立場を主張する意味で，特定の志向・価値の組み合わせを描こうとする．各自の論拠で自己の正統性を予測しようとする．「民主主義の高いいまだ実現されていない理想に照らして，抑圧を減少し，平和的に紛争を調整し，政府の仕事を改善するために人びとがより賢明に行動するようになると期待することは，非合理的ではないだろう」［ダール，2012年：181］．

あるイデオロギーや信条体系は歴史の中でどれだけ持続的であり続けるのかで実証される．そのことは他のイデオロギーと競合し，それを否定することでもある．こうした論争そのものがイデオロギー的であり，21世紀にもイデオロギーの時代がまだ続くことを証明している．

補　論　政治と情報社会

> どんな人間でも永遠を垣間見る瞬間がある．
> 　　　　　　　　　　　　　　　（ノイエス）

（1）　情報社会の成立

　20世紀を通じて，先進国経済は物質的な財の生産・分配から情報の生産・分配へ向けて発展してきた［Schment, 2001］．とりわけアメリカは1970年代から情報社会になった．現在先進国では就業人口の大半はサービス・情報（第3・4次産業）関連の職業に従事する．情報は，資本主義と脱産業主義の枠組みの中で，社会生活で変動をもたらした．20世紀初めに，組織運営において，スタッフ部門，政策決定者の間の情報のスムースでタイムリーな流れを確保するため，コミュニケーション・テクノロジーと大量情報処理の技術に依存するシステムの開発は実現された（例：官僚制）．

　この傾向は諸制度を発展させる，と同時に市民のプライバシーへの脅威や市民生活をコントロールする危険性を含んでいるが，戦後の「大きな政府」は情報革命によって従来とは異なる政治的結果を生じた．G・オーウェルの『1984年』［オーウェル，2009年］[1]やR・ブラッドベリの『華氏451度』［ブラッドベリ，2008年］[2]の「近未来小説」で語られる政府の支配能力は巧妙に仕組まれたコミュニケーション・システムに依存する．もちろん，彼らが小説の中で描いた場合と私たちの生活する現実の世界との相違を比べると，今日の政府は完全に統一されたものでも全能でもない．さらに，マスコミは政府のコミュニケーション・テクノロジーの濫用を積極的に記録，報道，批判し続ける．その結果，政府が意図的に管理するとしても，現在の市民はある部分には懐疑的な意識をもつので，必ずしもオーウェル流の政府の意図通りに進展するとはかぎらない．しかし反面，彼らが危惧する，ある部分は実現される［ミューラー，1978年：163］．

　情報社会は民主制度と市民生活の両方の進展の帰結である．この進展と結びつく社会経済は先進国において典型的な姿を確認できる．そのうえに，情報社会の勃興はグローバル・コミュニケーション・ネットワークと情報市場の成長を媒介するので，グローバリズム／グローバル化の発展と不可避に結びついている．

（2） 統合と分裂

　第二次世界大戦後，先進国，とりわけアメリカでは，情報の商業的な価値は増し，1960年代初期には経済情報の取引はアメリカのGNPの30％であったが，1990年までに50％近くまでになる．20世紀初期の労働者は自己の労働を賃金と交換したが，20世紀後半の労働者は自己の頭脳と賃金を交換する．

　現在，資本主義の発展と産業化の新展開は情報社会をさらに進展させる．情報は産業資本主義を構築する社会力（social force）とみなされる．農業社会（第1次産業）→ 工業社会（第2次産業）→ サービス・情報社会（第3・4次産業）への移行は，すでに第二次世界大戦前から生じていた．ただ本格的な情報社会を迎える発端は，コンピュータ革命から始まった時期からである［清水，1966年下：第3章第2節参照］．もちろん，現在のような情報環境は，マスメディア，情報テクノロジー，情報ネットワークが拡大したことにもよる．この点では，情報社会を支える第二次世界大戦後の社会環境を必要とする．アメリカでは，資本主義的な商業上のコミュニケーション・チャネルが無計画に増殖してきた．これらの多くのチャネルは個人の生活まで情報に依存するまで構造化し，政治過程への参加では不可欠な手段となる．先進国では国政や争点への解釈はほぼ商業メディアに支配される．情報過程として民主的手続きを認識しつつ，情報への理解と価値の高まりを発展させる側面もある．資本主義の所産と情報ネットワークの現実は，政治への国民の新しい態度を創造する［cf.Bruce-Briggs, 1979；駒澤大学マス・コミュニケーション研究所編，2013年参照］．

　テレビは，利益を目的とする組織のため，商業情報を中心に不特定多数の視聴者に様々な情報を伝達する．ニュースがもっとも起こりやすい巨大都市にニュース・クルーを常駐する．そのことで情報の低コスト化が図られ，さらに一日の情報内容・量を計画できるスケジュール化されやすい．それが常態化すると，現実世界はメディアにあわせた対応を採用しなければならなく，例えば，政府はテレビのニュースに合わせるメッセージを丹念に工夫し，その指導者はメディア言語を使って国民に語りかける．個々の市民は自らには「擬似的な出来事や体験」に依存しながら，マスメディアと政府指導者が選択する「優先的なニュース・ストーリー」がいかにも重要であるかのごとく視聴者に伝える［池田，クレーマー，2000年：第12章］．

　現実のマスメディアの商業的な性格は，管理された「ニュース・イベント」への依存や，有名人のパーソナリティだけに焦点を絞る．ニュースを娯楽番組

のように扱えば多くの視聴者を魅了するし，さらに典型的に全国ネットワークは全国レベルでのニュースに注目させるので，そのネットワークにあるローカル局までのメディア・マーケットでの巨大都市のニュースに注目せざるをえない．その結果，大部分の視聴者は各地元の争点についてほとんど情報には無知である場合がある．そのことは視聴者の質も低下させる［パットナム，2006年］．

　もちろん，反対の動きもある．政治ニュースに関して，マスコミュニケーションは，ケーブル・システムの普及に応じて，その在り方自体を変化させることも確かである．例えば，「ケーブル・ニュース・ネットワーク（CNN）」は，アメリカの視聴者に直接，ニュースを提供するし，また同じ機会を外国のマスコミにも提供する．その形態は，ネットワークが創り出すマスコミ的な協定・取決めに対抗する．CNNは多くの国々での視聴者に情報を伝達している．

　マスメディアのメッセージは質・量でメディア環境を支配し，情報という消費文化の形成に影響する．それは個人的体験を超越した「世界」の情報を提供するからである．実際に先進国では，人々は職場で過ごすと同じくらい，マスメディアと多くの時間を接触する．子供は学校で過ごすよりもテレビやパソコンを見る時間で過ごす．このことは様々な国で共通する．情報社会における個人には，消費社会が生み出す情報過多は相当に高レベルの技術・能力をもたないと，情報に振り回される．消費社会は商品のニーズに個人を合致させるが，共同体の価値を弁護したりしないし，まして共同体の他のメンバーとの公的なコミュニケーションの伝達役となりはしない．そこには個人的な購買意欲，さらには商業メディアが言う「既成事実化」した情報だけが闊歩する．

　また，消費文化はあらゆる政治的な争点の形態，レトリック，前提，タブーを制約，規定，変容，拡大解釈された形で人々に影響する．その結果，商業広告のように，政治的コミュニケーションは徐々に商業メディアの形態の様相を帯びる．だから，情報消費社会における政治的候補者は，その政治目的に消費文化に一致させる傾向がある．こうして政治家は商品と同様に市場化される．アメリカでは，大統領選挙に際して「シャンプーを売り込むように大統領を売り込め」と言われるように，である．情報消費文化は政治的候補者と有権者との関係に効果的に機能することも，それが非効率に働いてその関係を喪失させる場合もある．

　個人が公的でなく私的な意味で行動すると，政治舞台に断片化された聴衆のアイデンティティを持ち込む．断片化は単一争点の利益と投票を促す．限定的

な政治的アジェンダを導くことになる．大メディアが伝達するメッセージの浸透力は，日々の情報過剰の環境を作り上げる．だから，いくつかの例外を除き，本来の政治論議はいつまでも政治舞台の中央に現れない．商業メディアは人々の期待を限定し，コミュニケーションのあり方を左右するようになる．あるメッセージは政治的なアジェンダが強調する争点との関係を触れなくなる．視聴者の認識からすれば，メディア環境は個々断片的な情報の洪水としか認識できそうにない．当然，選挙において候補者は多数のバラバラの争点に関心がある投票者に直面する．さらに，情報の断片化は政党や集団の政治的アジェンダから，次第に政党や集団が後退する事態を招く．

消費社会における情報の断片化は政治と消費の選択が同程度の扱いになり，個人は選挙市場において候補者を商品と選ぶことと同じ感覚で投票することを強いられる．そこには，「観客」だけが存在する民主主義しか存在しなくなる．

(3) 政治活動と新しいテクノロジー

低投票率は選挙過程での無関心のレベルを示す．メディアとの関わりは，情報消費文化と並行した行動パターンを示す．しかし，情報の断片化は共同体の欲望を否定しないし，対話の欲望も否定しない．共同体への社会的，家族的，政治的な「愛着」が弱体化するので，個人はコミュニケーション・テクノロジーの使用を通じて個々人が相互に連絡を取りだす．人々はコミュニケーション・ネットワークによって構築された一種のネット上の「共同体」に暮らす気分を享受する．この「共同体」は地理上の村や都市の生活の構造と関係なしに存在する．例え現実的な物理的接触がほとんど起こらなくても，現代の人口の流動化した中にいる核家族や「友人関係」はしばしば電話，ファックス，カセット，ビデオ，インターネットなどを通じて連絡しあい，「共に」居住するかの形態を採用する．物理的接触のない個人によって形成される特別な「愛着」が深まる中にあっては，コンピュータによる「ネットワーク共同体」が注目を浴びる．

その擬態的な凝集性によってネットワークを共有するメンバーは同じ価値を共有し，一体感を感じとるし，そのことによってある種の「共感できる仲間」に安心感を覚える．政治的には，この現象は中央集権エリートに挑戦することも可能にする（例：新しい社会運動）．それはネットワーク共同体が新政治アジェンダの基礎を創造できることを意味する．これは情報社会内の新たな政治勢力の源泉力となっている．ネットワーク共同体は情報の断片化への反応と具体化

の両方を構成し，かつローカル・レベルで持続する政治的な関与も増大させる．その発展は，一見すると，投票者間の対立や差異をなくすように思われるが，それが確認されない場合，（候補者よりむしろ）各自の抱える争点や主張は齟齬をきたすことになる．

ローカルな争点をめぐる動員は，コミュニケーションの共同体を形成する．カルフォルニア州のサンタモニカでは，ある人々は自分たちが管理できる候補者のビデオを回覧して，実際に次期選挙で勝利した．ニュージャージーでは，増税の反対者はローカルのラジオを使って，自分たちの情報を広範に伝達している．「ティー・パーティ」運動も同様な「草の根」による．旧共産主義政権下の東ヨーロッパ諸国では，個人は西側諸国の番組を受信できるテレビ装置を使用することで政府の公式見解を無視できた．韓国では，落選させたい候補者に対して，ミニコミを通じて有権者は連絡を取り合った．

イランが王政下にあったとき，反体制のイスラム原理主義者はホメイニの声が入ったカセットを配布し，彼のメッセージを伝達し，シャー（国王）に反対する運動を盛り上げた．1989年春，中国では民主化運動が絶頂の頃，中国の学生は3万通のファックスを海外に送り，外部世界と接触を果たし効果を高めた．中央・南アメリカでは，ローカル・メディアは，政府を支配しようとする勢力の正当性を確立する決定的な役割を演じた．例えば，キューバ革命中，カストロは山中の秘密ラジオ局から人々に政治宣伝を流した．同様に，グティマラ，エルサルバドル，ニカラグアでは，反乱集団は，人々の支持を獲得するため，多様な情報を国民に流し支持を求めた．

大量の情報が人々に入手可能になると，政治家や官僚は自らの行動・方針にもっと責任を負うようになる．それは説明責任と透明性を意味する．人々が様々な情報を得ることができれば，政府への判断も変化するかもしれないし，政治家も新しいメディアを利用して自己表現を可能にする［ホプキン，2008年：序章］．

インターネットという情報交換手段も取り上げなければならない．それは同じ考え方をもつ人々に地理的障壁を超えて相互作用を生み出す．この新しいメディアの利点が爆発的に普及している．即時の情報交換ができるという長所と同時に，一方的に自己の信条・反感・蔑視・非寛容を「事実」であるかのように普及させる問題点がある［蒲島，2007年：287］．

(4) 政治と情報

　情報に関する問題では，少数の大企業が支配する大きなニュース組織や情報市場が統合する傾向がある一方で，政治目的のため断片化したメディア環境と小さなメディア（例：ミニコミ，パーソナル・コミュニケーション）が成立する傾向がある．そういった統合と断片化は，権力実行のために意思の伝達を図る欲求の２つの側面を表わす．統合への関心は文化的支配者としてアメリカに途上国やアメリカのメディアが大きなシェアを占める国々の国家主権を脅威づけたことである．

　1970年代半ば以降，国際機関はアメリカの政策に反対する場になった．『マスメディア草案宣言』（UNESCO, 1976），『コミュニケーション問題に関する委員会の暫定報告書』（UNESCO, 1978），『マクブライド委員会報告書』（Paris, 1980）などで，アメリカ資本主義のヘゲモニー的な性格が小国に脅威をもたらすとの報告があった．世界の情報産業の統合で，アメリカは国際的な市場での支配的役割を演じる．1980年代に，アメリカはユネスコから撤退した．結果，その統合に関して議論は続かず，その解釈の相違だけが残った．

　「サウンドバイト」という用語がある．大量の情報から１つの場面を意図的に切り取り「敵」に打撃を与え，「味方」を有利にする手法である．あらゆる局面の背後にプロの戦略家がいて「暗躍」する．彼らは，状況を有利にするために，自分たちに好都合なイメージを演出するためにメディアを操作する．これは一種の情報戦であり，自己に有利となり，相手方に不利となるような，各部分だけを世間にアピールする．それは熾烈な「情報戦争」である．

　人々の政治との関係では，「ミクロの参加」と「マクロの参加」が共存する．有用な相互作用的な情報技術がローカル・レベルで政治変動を決定する．市民の手段を強化することは確実である．有権者が既存の価値（つまりマスメディア）から解放されれば，政治戦略家は商業用の宣伝技術をますます採用することになる．キャンペーン・スタイルが商業的になればなるほど，キャンペーンが断片化して聴衆の各個人に訴えるようになる．そこには，「情報の非対称性」の問題が潜んでいる．情報がすべての市民に行き渡らないうえで判断しなければならない［北山，1997年：28］．そこには，ネガティヴな悪循環が潜んでいる．市民が共通の公的アジェンダに関心を抱くというより，テレビ・カウチポテト族になってしまう恐れが強くなる．かえって，人々は公共財である情報を見出す努力より「フリーライダー」になってしまう［北山，1997年：27］．

統合と断片化の間の緊張は情報社会に固有のものである．情報がグローバル化する中で，緊張のヴァリエーションは世界政治の舞台で明るみになる．情報社会における民主主義を考える場合，要点は情報の生産と分配にもたらす緊張を，わたしたちがどのように把握するかである［チョムスキー，2003年参照］．

1）独裁者「ビッグ・ブラザー」率いる全体主義的な政党が支配する近未来小説．主人公W・スミスは真理省記録局に勤務する党員で歴史の改竄を仕事とする．完璧に服従を強いる体制に不満を抱いていた．ある女性に恋することをきっかけに，反体制組織の地下活動に関係する［G・オーウェル『1984年』ハヤカワ書房，2009年］．
2）焚書官モンタークは「禁書」をみつけて焼却を仕事にしていた．人々は耳にはめた超小型ラジオや大画面テレビを通じて無条件に情報を操作された．彼はある本から人生を大きく変えることとなる［R・ブラッドベリ『華氏451度』早川書房，2008年］．

あ と が き

　　　読書は単に知識の材料を供給するだけである．それを自分のものに
　　　するのは志向の力である．

　　　　　　　　　　　　　　　　　　　　　　　　　　　　（ロック）

　　　　　　　　　　　　　　　　　　　　思考が人間の偉大さをなす．

　　　　　　　　　　　　　　　　　　　　　　　　　　　（パスカル）

　F・キャプラ監督の映画『我が家の楽園』(1938年公開) のある一場面で，脚本を執筆中の妻がそこに居合わせた夫と交わした会話の一部である．

　　夫「主義マニアの劇でも書いてみたらどうだ？」
　　妻「主義マニア？」
　　夫「そうだ，共産主義，ファシズム，ヴードゥ信仰，最近はみな主義をもっとる．」
　　妻「病的な人たちでしょ．」
　　夫「伝染するんだ．苦しくなると何か主義に逃げ込もうとする．便利なものだ．」
　　妻「主人公に何か主義をもたせたいわ．」
　　夫「それはいい！　でも，アメリカの精神が一番大事だ！　ジョーンズ司令官にP・ヘンリー，アダムス，ワシントン，ジェファーソン，モンロー，リンカーン．彼らは決して主義に逃げたりしなかった．リンカーンは言った．『憎しみを捨て万人に慈悲心を』．でも今の世の中は『反対すれば殺してやる』だ．」

　この映画は1930年代に製作された．まさにイデオロギーが跋扈した時代を投影している．その中で，夫はイデオロギーに難色を示しながらも，アメリカのイデオロギーを擁護している．それはそれで1つのイデオロギーと見なしてよいであろう．

　政治イデオロギーは様々な方法で使用される [Thompson, 2001：381-382]．今日，

イデオロギーは序章で述べたように2つの概念で区別される．

第1の概念は社会・政治の分析である．イデオロギーを社会的，政治的な行動を活発にする信念体系として，イデオロギーによって分析することである．これはイデオロギーの中立的な概念として記述される．その分析に直面する課題，主要な特徴を浮き彫りにし，対象事象を認識する際に使用する．例えば，自由主義，保守主義，社会主義，共産主義，ファシズム，ナチズムなどの「何々主義」である．イデオロギーによって時々の政治を表現し説明しようとする．現在でも，例えばフェミニズム，エコロジー主義などと，現代的な政治体制と政党はこの意味でイデオロギーによって特徴づけられる．多数の支持を動員する組織・運動と，正当性ある形態を保証する組織・運動とはイデオロギーや信念体系を基盤とし，それらは継続的に状況に応じて更新されている．

第2の概念は第1のそれと異なっている．イデオロギーの批判的概念として記述される．それは中立的概念でなく，批判的概念としての現象がある．ここでのイデオロギー分析はその批判と区別しがたい．どのようにイデオロギーの批判的概念を理解されるべきか，に関しては必ずしも一致があるとはかぎらない．ある理論家によれば，イデオロギーをある意味では「虚偽」または「幻想」の「世界」と見なしている．別の理論家によれば，シンボルとパワーの間の相関関係の条件で考えている．このアプローチはシンボリックな形での支配関係を確立するのに役立つ方法とイデオロギーを見なしている [Thompson, 1990]．

政治権力の制度はイデオロギーの重要な場（site）である．その意味がその制度によって拡大され，社会生活を考察するのには有効であろう．現代社会において，イデオロギーの発信源としてマスメディアは重要である．1930年代，1940年代以降，マスメディアが情報社会においてイデオロギーを拡散，普及させている．標準化したステレオ・タイプ化した文化財（例：映画，雑誌，著書など）の生産は，個人に社会生活の現実からの逃避手段を供給するし，批判的，自律的な方法で考える能力を弱めている [ホルクハイマー，アドルノ，2009年]．

別の研究者は，個人や国民を論じる際，イデオロギーの重要性を強調する．イデオロギーは社会のメカニズムとみなされる．個人はイデオロギーの拡散を通じて国民として自己の存在を確認できるし，社会秩序の再生産を必要とする技術と態度を取得する．

政治イデオロギーは重視されるべき観念である．この用語をは社会や政治を分析する必須の「道具」である．政治システムは社会・政治運動や権力・支配

あとがき

の関係を表現するが，それは多様なイデオロギー，信念，シンボリックな形を使って複雑な方法に組み込まれている．権力はシンボリックな属性または支持なしには実行されそうにない．政治イデオロギーは，政治権力と社会・政治生活に関して，自らの生き方と社会のあり方の両面を考えることの一助にもなっている．同時に，クリックやある作家が述べたように，わたしたちには政治権力に自らの生活を左右される．そうすると権力者がどのようなイデオロギーをもって統治するかに関心をいだかざるをえない．

筆者は，かってある大学において「政治思想」の科目を担当したことがある．その際に，講義用ノート（自費出版）を作成したのだが，担当講義が終了した途端，その講義ノートもそのままの状態になってしまった．それからずいぶん時間が経過した．最近，自分の研究生活を振り返ると，人々の態度，行動，思考，もっと俗な言い方をすれば，考え方の根幹をなすのは何であるかを考えるようになってきた．そのことが，現代政治を理解するために「政治イデオロギー」論を執筆する動機となった．本書に対する読者の皆様からのご批判・ご意見を仰ぎたい．

本書の出版に際して個人的なことを述べることをお許し願いたい．私が教壇に立ち始めたころ，晃洋書房の前社長の上田芳樹氏から，同社から私の著書を出版しないかというお申し出をいただいたことがある．その時は，自分の学問的能力不足，忙しさに紛れ，またそのような心構えもなかったために実現しなかったが，いつかは自著の出版をお願いする約束だけは覚えていた．しかし，私の不精な性格と遅筆のせいで，今日までその約束をしたことを果たさないままであった．本書の刊行で上田前社長とのお約束をやっと果たせた，と同時に遅くなったことへのお詫びをしなければならない．

学部・大学院時代，そしてその後もご指導いただいた故西川知一先生，また先輩・後輩の研究仲間には本書の上梓をもってこれまでの感謝を表し，誌上にてお礼を申し上げる次第である．

今回の出版にあたって，同社編集部長の西村喜夫氏に随分とお世話になったことを記して謝意を表したい．

付録1　イデオロギーの視点

1．イデオロギー観

自由主義者	イデオロギーを科学的な見せかけを通じて、真実の独占を要求する信念体系とみなしている。それゆえ、イデオロギーは本来、抑圧的、全体主義的である。その代表は共産主義とファシズムである。
保守主義者	イデオロギーを合理主義の尊大さの現われと考えてきた。イデオロギーは洗練されているが、危険で信用できない信念体系である。イデオロギーは現実を抽象化し、抑圧的になり、ただ達成できない原理と目標を設けるだけである。
社会主義者	社会主義者の中でマルクス主義者によれば、イデオロギーを階級社会の矛盾を隠ぺいし、被支配階級に虚偽意識をもたせる。自由主義は支配階級の古典的なイデオロギーである。だが、レーニンはイデオロギーを階級固有のものと判断し、それを中立的に使用した。レーニン主義者は社会主義をイデオロギーの一種と考えた。
ファシスト	イデオロギーを単に理性を基礎とする無味乾燥な知性の政治理論とみなし、それを軽蔑する。ファシズムのイデオロギーは体系性よりも世界観と自己認識を情熱や意思の形で表現する。
エコロジスト	イデオロギーを伝統的な産業主義の構成要素とみなす。イデオロギーは人間中心主義と経済成長至上主義とが結びついて環境を破壊してきた。その典型は自由主義と社会主義である。
原理主義者	宗教的なイデオロギーが神の啓示を示すので、社会の徹底した再構築用の綱領を準備するために宗教を中心に構成する。それゆえ、世俗的なイデオロギーは宗教原理に基づかずに道徳を欠いていると否定される。

2．平　等　観

自由主義者	人間は生まれながら平等である、と考える。この平等とは「機会の平等」と同様、形式的な法的、政治的な平等を意味する。だから、基本的には「結果の平等」を採用しない。
保守主義者	社会を階統制で成立すると考えるので、抽象的、達成不可能な目標として平等を否定する。けれど、ニューライトは古典的自由主義の意味において「機会の平等」を主張する。
社会主義者	平等を基本的価値と考える。平等と正義の確立は積極的な意味で自由を達成するので、社会的平等は社会の連帯、協力、友愛を保障するものとみなす。
アナーキスト	個人の自治に関する平等を絶対的な権利を理解する。富の集団所有を通じて完全な社会的平等の実現をめざす。
ファシスト	指導者と服従者、様々な民族や人種などには、不平等は当然と考える。けれど、ある民族や特定人種の中では、そのメンバーすべてが一体感においては平等である、と力説する。
エコロジスト	ディープエコロジストによれば、人間中心から生物中心への平等観念を推進する。これまで平等は人間中心と考えられてきたが、すべての生命が平等な権利があると考える。
フェミニスト	男女平等の観点から平等を考える。しかし、急進的フェミニストは平等の徹底のため、女性が「男性と一体化」することを強調する。

3. 経 済 観

自由主義者	市民社会の活気ある部分を経済と考え，所有，競争，物質の誘因に基づいた市場や資本主義の経済秩序を基本とする。しかし，古典的自由主義は自由放任資本主義を主張するのに対し，現代的自由主義は政府による経済管理を肯定する。
保守主義者	資本主義を求めるが，資本主義に付随する社会の不安定を除去し，伝統を尊重する立場から国家の市場介入を認める。しかし，ニューライトは規制のない市場経済を支持する。
社会主義者	社会主義者の中でマルクス主義の伝統では，共同所有と社会的平等を表明してきた。正統派共産主義者は集団主義と中央統制計画経済を主張した。社会民主主義者は福祉制度を施し，規制された資本主義を支持する。
アナーキスト	国家による経済の支配や管理を拒否する。しかし，アナルコ共産主義は共同所有や小規模の自給自足を集団の形で論じるが，アナルコ資本主義はまったく規制のない市場経済を擁護する。
ファシスト	有機的に労働と資本を統合しようとするので，資本主義でも共産主義でもないコーポラティズムを通じて表明する。経済の計画化と国有化は民族や人種の必要性に応じて資本の利潤に従わせる試みである点もある。
エコロジスト	自由市場主義と集団主義の両方を環境保護上，認めがたいものとする。ゆえに，経済学は環境保護に従わなければならないし，利潤を求める主要因を人類と環境の間の長期の調和に関心を置き換えなければならない。
フェミニスト	女性の経済的弱点が法的平等によって根絶されないし，女性の経済への参加が増大しても，女性に政治的に力を与えられるわけではない，と認識する。フェミニスト経済学者は，女性の不利益を解消するには，家庭の責任を男女で対等に担わなければならない，と考える。

4. 人 間 観

自由主義者	人間性を個人に本来備わる先天的な資質とみなす。個人が置かれる社会的，歴史的な背景をまったく考慮しない。人間は利己主義的で自力本願的な生き物であるとし，理性によって自己を律することができる。特に教育を通じて個人の能力開発が可能である。
保守主義者	人間は本来能力に限界があり，かつ自己の安全を求める生き物であると考える。人間は熟知し，親しい，頼りになる，証明済みのものに安心感を覚える。人間が理性的だとする説を否定する。人間の道徳的堕落は明らかに存在する。そのために上下関係，主従関係，制度の拘束は必要である。けれど，ニューライトは温情的保守主義者と異なり，利己主義的個人主義を主張する。
社会主義者	人間を社会的な動物とみなす。そのため，集団，共同体，協力，連帯，協調を重視する。その能力と行動は出生より教育，とりわけ創造的な労働によって形成される。協調，社会性，合理性は人間の発達や個人の成長の各過程によって影響される。
アナーキスト	自由主義以上に人間の自由を徹底させようとする。集団的努力を通じて秩序を維持できるので，人間は社会的，集団的，協調的，協働的な行動に向けた傾向をもつが，人間を拘束するような権威を一切認めない。
ファシスト	人間の意思や非合理的な動機が民族，人種，国家への所属によって支配される。大衆は奉仕や従属だけに適する存在だが，民族共同体のエリートたちは民族や人種への献身を通じて次世代につなぐ「新しい人間」として存続する。

付録1　イデオロギーの視点　265

エコロジスト	人間がエコ・システムの一部を構成する，と考える．したがって，物質主義，強欲，エゴイズムは自然から疎外された程度を映し出している．真の「人間性」を実現するには自然への回帰を必要とする．
フェミニスト	男女のジェンダーの差異文化や社会から生まれる，と考える．男性が支配欲や残忍な性格をもつのに対して，女性は生来思いやりがあり，創造的で穏やかさを身につけている．自由主義的フェミニズムは国家が公正を主張する合法的な権力とみなす．

5. 国　家　観

自由主義者	国家を社会の中で競争する個人と集団との間の中立的な調停者，つまり社会秩序の保証人とみなす．古典的自由主義者が国家を「必要悪」として扱い，夜警国家や小さな政府の長所を称賛するが，現代的自由主義者は自由を拡大し，平等な機会を増進する国家の積極的な役割を認める．
保守主義者	国家を権威と規律を準備し，混沌と無秩序から社会を保護する存在とみなす．当然，強い国家を選択する．しかし，温情的保守主義者は国家と市民社会との間のバランスを考慮するが，ニューライトは秩序維持のため「強い国家」を選択する．
社会主義者	マルクス主義者では，国家は階級支配の道具と考えられ，国家を経済的不平等を支える抑圧の手段と考える．しかし，社会民主主義者は国家を公共善を具現化する権力手段とみなし，したがって政府を使って社会へ介入すること承認する．
アナーキスト	国家のもつ超然的，命令的，強制的な権威を強者，富者，特権層の利益だけを促進する「合法」的な抑圧手段とみなす．人間にとって国家は不必要なので，国家を拒絶する．
ファシスト	イタリアの伝統では，全体主義の信念である民族共同体の不可分の利益を反映するとみなすので，国家を最高の倫理的な理想とする．ナチスは国家を人種や民族に奉仕する「器」と考える．
原理主義者	国家を社会，道徳，文化の再生手段と考えるので，国家を肯定的に捉える．原理主義者は国家を宗教的な権威と見識の政治的表明と考える．
フェミニスト	女性を政治から排除，また女性を従属的な地位に虐げるので，フェミニストは国家を男性優位という言葉とみなす．

6. 自　由　観

自由主義者	自由を優越的な個人主義的価値として優先する．古典的自由主義者が強制の不在や選択の自由と理解される「消極的自由」を支持するが，現代的自由主義者は個人の発展と人間の進歩の意味で「積極的自由」を主張する．
保守主義者	「消極的自由」が社会に脅威を与えるので，自由の解釈を各自が判断するのでなく，権威をもつ者が解釈し，義務と責任の意味合いを確認する．しかし，ニューライトは経済分野での「消極的自由」，つまり市場での選択の自由を強調する．
社会主義者	自由を創造的な労働か協働的な社会相互作用のいずれかを通じて達成される自己実現を示す積極的な内容と理解してきた．社会民主主義者は個人の能力の実現として自由を扱う際に現代的自由主義の立場に接近してきた．
アナーキスト	政治的権威のどのような形態とも妥協しないので，自由を絶対的価値とみなす．合理的に自己の意見や方針に忠実であるがゆえに，自由は個人の自治の達成を意味するものと理解する．
ファシスト	個人の自由を無意味と拒絶する．「真の自由」は指導者の意思に疑いをもたず服従することや，個人を民族共同体に同化することを意味する．

原理主義者	精神的な実現が宗教的権威に服従と結合するので、自由を精神的な質とみなす。
エコロジスト	自由をエコロジーから自己実現しようとする。このことは「心的な」自由、つまり自己の潜在能力の実現とみなすことがある。
フェミニスト	自由の中で性的自由を最重視する。女性が性の客体でなく、主体として自分自身を定義する必要があるという理由からである。女性が不自由であるという危機意識に達するとき、個人的自由と全女性の自由とは結びつく。

7. 権 威 観

自由主義者	権威が被統治者の同意を通じて「下から」生じる、と考える。権威は合理的、目的的、限定的な見解である。
保守主義者	権威を社会運営の必要性から生じるものとみなし、経験、地位、知恵の不平等な分配を「上から」実行される、と考える。
社会主義者	権力者と特権層の利益に結びつくし、抑圧とみなすので、権威には疑いをもっている。けれども社会主義社会では、個人主義と信条を監督する手段として、集団の権威を活用している。
アナーキスト	権威を抑圧と搾取をもたらすので、不必要で破壊すべきものとみなす。権威と権力との区別はないので、権威への監督と説明責任はまったく欺瞞と考える。
ファシスト	権威を個人のリーダーシップやカリスマ性の表明とみなす。通常、才能ある個人にしかない属性である。そのカリスマな権威は絶対的、疑問ない全体主義的性格である。
原理主義者	権威は宗教的英知と同じであり、通常の人間には近づきがたいものである、と考える。権威は教え導く、特定個人が備える道徳的な属性である。その権威はカリスマ的な性格を有するので、法律などの制度で権威を拘束することはできない。

8. 自 然 観

自由主義者	自然を人間の欲求に満足させる資源と考え、したがって人間による自然支配はほとんど問題視しない。自由主義そのものに自然観を欠いているので、自然が人間の労働によって変容されるとき、あるいは人間の目的に支配されるとき、自然は初めて価値をもつ、と考える。
保守主義者	自然が人間には厳しい環境を提供すると考えるので、自然は脅威を与えるものとみなす。人間は自然に優越するがゆえに、自然を管理する立場にある。人間は自然の一部とみなされる。
社会主義者	自由主義者と同様、自然を単なる資源として取り扱う。しかし、社会主義の中にはロマンチックな、牧歌的な考え方があり、自然の美、調和、豊かさを称賛することもある。
アナーキスト	規制されない調和と成長を強調する自然観を支持。したがって自然は調和と均衡を提供する、と考える。そして人間は社会的エコロジーの形態の中で適応できる。
ファシスト	自然が人間から知性主義を一掃するので、本能の原始的な生命力を強調する神秘的な自然観を採用する、と考える。自然は残忍な闘争と周期的な更生で特徴づけられる。
原理主義者	自然を創造的、慈悲深い存在と考える。女性は養育能力の点で自然の力と一致している。しかるに男性は自然の段階から外れ、かつ対立的な立場にある。
エコロジスト	人間や生物それに無生物の政界も一切合切含めて考え、特に「深いエコロジスト」は自然と人間を総合に結びつけて考える。人間が自然を支配するのでなく、自然に密着し自然を知識と「正しい生き方」の源泉と考える。

9．ジェンダー観

自由主義者	男女の相違をまったく私的，個人的な問題とみなす．公的生活において，ジェンダーがエスニシティや社会階級と同様，個人の能力差とは無関係であり，あらゆる個人を男女差でなく，その当人の能力で判断する．
保守主義者	男女の性的分業が自然で必然的であると主張し，ジェンダーの区別の社会的，政治的な重要さを強調してきた．したがって，ジェンダーは社会に有機的，階統制的な性格をもたせる要因の1つである．
社会主義者	基本的にジェンダーを政治的に重要なものとしか扱わない．ジェンダーの差別は通常，経済的，階級的な不平等を映し出す．
アナーキスト	社会主義者と同じ考え方．
ファシスト	人類の基本的な区別をジェンダーと考える．男性は指導力と決定を独占する．女性は家庭にあり，扶養され，従属される役割に適している．
原理主義者	神が与えた男女の区別をジェンダーと考え，社会的，政治的な組織には決定的なものとみなす．当然，家父長制や男性優位の指導力は自然である．
エコロジスト	男女平等を主張する．男性中心の考え方が社会や環境の破壊を招くという認識がある．
フェミニスト	ジェンダーを生物的，性的な相違でなく，文化的，政治的な性格と考える．したがって，ジェンダーの区別は男性権力の表明である．ジェンダーの区別は女性と男性のそれぞれがもつ属性と感覚との心理的，生物的亀裂を映し出す．

10．宗教観

自由主義者	宗教をあくまでも「個人」の信仰問題とみなす．宗教的自由は市民的自由には抵触するものではなく，宗教と政治，教会と国家との間には厳格な区分で保証される（「政教分離」）．
保守主義者	宗教を社会的な安定と凝集性の（おそらくは不可欠な）源泉とみなす．宗教が社会的に共有する価値観のセットや共通する文化の基盤を提供するので，宗教と政治，教会と国家との間の重複部分が必然的であり，望ましいものでもある．
社会主義者	愛情や思いやりを強調する際には，宗教が社会全体に倫理的な基礎を提供するとしても，宗教は政治闘争の本質を逸らす役割，支配階級のイデオロギーの一形態として否定的な意味で考えてきた．
アナーキスト	宗教を制度的な抑圧の源泉とみなす．教会と国家は宗教が地上の支配者の服従と従属を説くことに結びつく．宗教は道徳的な自治を個人から奪う権威主義的な価値のセットと規定される．
ファシスト	宗教を対立する忠誠や信念の源泉に役立ち，思いやりや人間の共感のような「退廃」的価値観を説く理由で拒絶してきた．ファシズムは献身，犠牲，精神，救済などを利用するので，ファシズム自体が「政治的」宗教として機能する．
宗教原理主義者	宗教を本質的，挑戦不可能な原則の根幹とみなす．宗教は個人的な行為でなく，社会，経済的，政治的な組織の中心にある．宗教は国民の動員や社会的再生の政治において最適な表現形態である．

11．民主主義観

自由主義者	民主主義を定期選挙と競争選挙と同一とみなすので，選挙での投票を通じて表明される個人の同意において理解する．民主主義は権力の濫用があるので，多数による専制を防止するために憲法の枠組み内で常に実行されなければならない．

保守主義者	無教育な「多数」意思から所有と伝統の制度を保護する必要性から資格をもつ立場で自由民主主義を支持する。しかし、ニューライトは民主主義を過度の統治や経済的スタグレーション問題に結びつける。
社会主義者	資本主義的な民主主義として自由民主主義を排除し、大衆参加と、公的支配のもとでの経済生活を求める願望に基づく急進的な民主主義を支持する。けれども、現代的な社会民主主義は自由民主主義にしっかり構造化されている。
アナーキスト	直接民主主義を支持し、継続的な大衆参加と急進的分権化を要請する。代表制民主主義は単にエリート支配を隠ぺいし、抑圧に対する大衆との和解をめざす見せかけにすぎない。
ファシスト	指導者はイデオロギー的な英知を独占し、唯一、人民の「真」の利益を表現できるため、純粋な民主主義が絶対独裁制であると考えるので、全体主義的な民主主義の考えを支持する。したがって、政党と選挙の競争は腐敗と退廃である。
エコロジスト	しばしば急進的民主主義や参加民主主義を支持してきた。原理的なエコロジストは、全体として、のちの世代、種、自然に現世代の利益を課す手段として考える選挙民主主義に批判的である。

12. 社　会　観

自由主義者	社会をそれ自身の実体はなく、単になる個々人の集積とみなす。社会が存在する範囲まで、社会は自己利益を求める人間がなす任意で契約に基づく協定を作り上げる。けれど、調和と均衡を促進しがちな社会の利益のバランスが存在する。
保守主義者	社会を機能的な実体として1つの有機体とみなす。したがって、社会は個人の範囲外の存在であり、ある意味で個人より優越する存在である。社会は伝統、権威、共通の道徳性と結びついて保持される。ニューライトは自由な原子論の1形態と考える。
社会主義者	階級、権力、経済力、所有などの差別の条件で社会を理解し、そのうえで社会的な結合を認識する。マルクス主義者は社会が階級闘争に特徴づけられると信じ、唯一の安定的、凝集的な社会が無階級社会であると主張する。社会民主主義者は差別の根絶と平等の実現を平和的に達成しようとする。
アナーキスト	社会が協力や連帯に向けた生来の人間の気質に基づいた、規制のない、自然な調和を特徴とする、と信じる。したがって、社会的な対立や不調和は明らかに不自然である。その原因は政治支配や経済的不平等の所産である。
ナショナリスト	文化的、民族的な特異性の条件で社会をみる。社会は共有する価値と信念によって特徴づけられる。究極的には共通の国民的アイデンティティに根づく。これは多民族・多文化的な社会が不安的であることを意味する。
ファシスト	私的な善より公共善に献身しないなら、個人の存在は無意味であると考えるので、社会を統一的な有機的全体とみなす。けれど、社会の構成員は厳格に民族的、人種的な背景に制限される。
フェミニスト	生活の「公的」と「私的」の間を家父長的、人為的に区別する条件で社会を理解する。したがって、社会は男性権力システムを日常化し維持するように工夫された、組織的な偽装とみなされる。

13. 文化観

自由主義者	順応主義や個別性の侵害の源泉となるために，時折，伝統的な文化や「国民」文化に批判的である．しかし，「ハイ・カルチャー」，とりわけ芸術や文学が個人の自己発展の表現や刺激とみなす．したがって，文化は知的発達を増進する際にのみ価値ある．
保守主義者	社会的凝集性と政治的統一を強めるためにその利益を強調するので，文化に力点をおく．この見方から，文化は，伝統と重なり合い，したがってある世代から次世代をつなぐ際には，最も強力である．したがって保守主義者は，共通の文化がともに社会を結びつける唯一の共通価値を含むと信じるので，単一文化を支持する．
社会主義者	とりわけ，マルクス主義者は，経済的「下部構造」によって条件づけられた，イデオロギーと政治の「上部構造」の一部と文化を評価した．この見解では，文化の役割が主にイデオロギー的なので，文化は支配階級の私益を映し出す．したがって，文化は資本主義の階級システム内の抑圧として下位の階級との「和解」に役立つ．
ファシスト	合理主義的文化と有機的文化との間をはっきりと区別する．前者は啓蒙思想の所産あり，インテリだけによって形成される．後者は，しばしば「血と地」を基礎に人民の精神や本質を具体化する．後者の意味では，文化は民族や人種のアイデンティティを守る政治的意思を統合する際に，極めて重要である．ファシストは厳格な，拘束されない単一文化主義を信じる．
フェミニスト	家父長制の文化の形態で，文化が男性の利益と価値を反映し，女性の品位を傷つけるので，しばしば文化に批判的である．けれど，文化的フェミニストはフェミニズムの道具として利用する．性差のある女性の価値や生活様式を強化する際に，女性の利益を守ることができると主張する．

14. 歴史観

自由主義者	それぞれの世代が知識や理解の蓄積を通じて以前よりさらに前進させるので，歴史を進歩とみなす．自由主義者は通常，この意思が革命を通じてでなく，漸進的な改革を通じて起こることを信じる．
保守主義者	進歩のための視野をほとんど認めないので，伝統と継続性の条件で歴史を理解する．過去の教訓は現在と過去の行為の指針を証明する．反動化した保守主義者は歴史が凋落の度合によって採点され，過去や好む時代への回帰を望むことを信じる．
社会主義者	進歩的な歴史観に委ねる．そのことは社会的，人格的発達にとった視野に力点をおく．マルクス主義者は階級対立が歴史の原動力であり，無階級の共産主義社会が歴史の決定的な終点であると信じる．
ファシスト	一般的に堕落と腐敗の過程として歴史をみる．それは過去の「栄光の時代」からの衰退である．けれど，ファシストは，民族や国家の再生や復興の可能性を続ける周期的な歴史理論を描かない．通常，暴力的な闘争や戦争を通じて実行する．
宗教原理主義者	歴史に対して明確な態度をとらない．原理主義者は現在を理想化した過去と比べて道徳的，精神的に腐敗しているとみなす傾向があるけれど，保守的な伝統主義を拒絶し，近代的な条件で社会の復活を創造する．

付録2　用語解説

愛国心（patriotism）　祖国愛や，民族と国家への心理的な愛着と忠誠心．

アナーキー（anarhy）　「支配のないこと」．しばしば「不安定」「無秩序」「混沌」を意味する．

アノミー（anomy）　孤独，孤立，無意味の感情に結びつき，価値と規範の弱体化や無秩序を意味する．

一国保守主義（one nation conservatism）　上位にある者が温情的な社会的責務を感じ，社会的不平等にある下位の者を上から救済することを特徴とする保守主義の改革志向．

一般意思（general will）　公共善に匹敵する集合的団体の純粋な利益．あらゆる人の意思は各人に無私に行動することを準備する．

インターナショナリズム（internationalism）　超国家的な協力を基礎とする政治の理論と実践．民族を人為的なものとみなし，不必要な構成体と考える．

エスニシティ（ethnicity）　特定の住民，文化集団，領域的範囲に対する忠誠の感情を共有した人々の集合体．エスニック集団は国民より小規模で，関係が密接であるが，他のエスニシティには排他的な態度をとることが多い．

エスニック・ナショナリズム（ethnic nationalism）　エスニックな特異性の敏感な感情やそれを保存する欲望を強固に主張するナショナリズムの一形態．

エリート主義（elitism）　エリートや少数者による支配の信念．エリート支配は，エリートが優れた才能や技能をもつので要望され，平等主義が非現実的であるので必然的であると考える．

温情主義（paternalism）　社会の上下関係を父親と子供のように愛情をもって上から保護しようとする保守的な社会観．自助できない人々のために優位な立場の特権層から世話や配慮を実行する態度や政策．

階統制（hierarchy）　社会的な立場や地位の順序．階統制は個人の能力と結びつかない構造的，固定的な不平等を含む．

階級意識（class consciousness）　階級利益とそれを実現する強い意欲の現われを強調したマルクス主義用語．

改良主義（reformism）　革命や反動の両方に反対して，漸進的，平和的な改善をめざす信念．改良主義は問題を除去し，統治能力を回復する工夫．

改良主義的社会主義（reformist socialism）　資本主義の形態を存続させ，資本主義の問題

点を改訂し，社会的正義との調和を求める社会主義の一形態．

革命（revolution） 根本的，不可逆的なシステム変革．しばしば短期の，劇的な変動．

下層階級（underclass） 多様な剥奪に苦しみ，社会的，政治的，文化的に周辺化された人々を分類した用語．

家父長制（patriarchy） 下の立場にいる者への指導と支援のため上の立場の者から実行される権威．父親による厳格な支配がモデル．家父長制は社会での男性の支配と女性の服従を説明するのに用いられる．

カリスマ（charisma） 魅力や個人的パワー．忠誠心，情緒的な依頼心，他者に献身を吹き込む能力．

寛容（toleration） 忍耐，容赦，支払猶予，不作為などの意味をもち，人が同意しない見解や行動を容認する意欲．

機能論（functionalism） 社会的な制度や実践が大きな社会システムを維持する際に実行する機能の条件で理解される理論．

キリスト教民主主義（christian democracy） キリスト教的な立場を中核とした保守主義的なイデオロギーであるが，社会的市場や経済的介入を容認する．

急進主義（radicalism） 表面的でなく，根本的な構造に挑戦する徹底した変革への試み．

急進的民主主義（radical democracy） 分権化と直接参加．政治権力を最大可能なかぎり拡散することを求める民主主義の一形態．

共産主義（communism） 生産手段の共同所有の原理．共産主義はマルクス主義に基づく運動や体制を表わす用語．

競争国家（competition state） 強烈なグローバルな競争の条件で原則的役割が国家の繁栄のための戦略を遂行する国家．

協調（cooperation） 共に働くこと．集団行動を通じて目標に達成すること．

虚偽意識（false consciousness） 搾取の事実を隠ぺいすることで下位の階級の批判を阻止するごまかしと神話を強調するマルクス主義用語．

グローバル化（globalization） 人々の生活が遠くの世界で起こった決定や出来事によって形成される相互連結性のある複雑に入り組んだ関係．

軍国主義（militarism） 市民社会に対して軍事手段や，軍事的な思想，価値，実践の目的を達成しようとする考え．

経営者主義（managerialism） 技術的・管理的な能力を所持する経営者，テクノクラート，国家官僚の統治階級が資本主義社会と共産主義社会を支配する理論．

計画的資本主義（planned capitalism） 経済活動のある側面の国家の所有，規制，管理を

私企業の活力と起業精神に結びつける混合経済システム.

経験（experience）　観察や体験に基づいて得た知識から有意義なデータや資料から引き出すこと.

経済自由主義（economic liberalism）　市場を政府の介入でなく, 生産者と消費者に任せることで, すべての人に機会の平等と社会全体の繁栄をもたせる自己規制のメカニズムがあるとする考え.

啓蒙（enlightenment）　理性と進歩の名において, 宗教, 政治, 教育において伝統的な信念に挑戦した, 18世紀に頂点に達した知的運動.

権威（authority）　従うべき, 認められた義務の理由で他者に影響を実行する権利.

権威主義（authoterianism）　上から課された強力な中心的な権威が望ましいか, 不可欠とし, そして明白な従属を要求する信念.

原子論（atomism）　社会が自己利益と自己自立可能な個人, あるいは社会集団よりむしろ「原子化した個人」の集積体から構成されるとする信念.

権力分立（speration of powers）　立法権, 行政権, 司法権が3つの独立した統治部門の構成を通じて分立する原理.

現代的自由主義（modrn liberalism）　古典的自由主義と対照的に, 個人の発展を促進する手段として社会的・経済的介入を支持する自由主義の志向.

現代的マルクス主義（neomarxism）　経済決定論, 経済優先, プロレタリアートの特権的地位を拒否したマルクス主義の現代的形態.

合意（consensus）　協調や任命の問題への同意する基本的な原則に関する広範な同意.

功利主義（utilitarianism）　快楽や苦痛の条件で「善」を評価する道徳と政治哲学. 究極的には「最大多数のための最大幸福」.

国益（national interest）　外交・対外政策上の用語. 国家の対外活動との関連で「君主の意思」や「国家理由」とほぼ同義である. 国益は国家の関心の範囲の歴史的発展と関係する.

国家（state）　確定された領土内で主権を樹立した団体（association）. 通常, 強制力を独占する.

国家社会主義（state socialism）　国家が経済生活を支配, 監督する社会主義の一形態. 理論上では国民の利益に基づいて行動する.

国民国家（nation-state）　シチズンシップやナショナリティが重なり合う主権を有する政治的な結合体.

国有化（nationalization）　個々の企業か全経済（集団化）かのいずれかにおいて, 私的資産や民間産業を国家や公的な所有に拡大すること.

付録2 用語解説

個人主義（individualism） 社会集団や集団主義に反対して，個人の重要性を中心におく考え．

コスモポリタニズム（cosmoplitarnism） 世界は，人々が世界中の他の人々に責務を負う，1つのモラル，可能なら1つの政治的共同体を構成するとする信念．

個性（individuality） 個人の特性や唯一無二のアイデンティティと才能の実現を通じて達成する自己実現．他者と1人の人格を区別する．

古典的自由主義（classical liberalism） 無制約と個人の活動の範囲を最大化することを求める自由主義の一形態．典型的には最小国家の樹立と市場経済への完全な依存を指す．

混合経済（mixed economy） 公的所有産業と私的所有産業の混合が存在する経済．

サッチャリズム（Thatscherism） M・サッチャーの思想と結びついた自由市場と強い国家のイデオロギー的立場．ニューライトの政治のイギリス版．

サンジカリズム（syndicalism） 階級戦争を基礎とし，直接行動やゼネストの使用を主張する階級闘争に基づき直接行動の使用に力点をおく革命的な労働組合主義の一形態．

自決（self-determinism） 個人やその他の行動と選択が外的要因でなく，自己によって完全に条件づけることができる．

自然権（natural rights） 神が人間に与えた基本的権利であり，奪い取ることができない譲渡不可能な権利．

自然状態（state of nature） 無制限の自由と既成権威の不在によって特徴づけられる前政治社会．

自治（autonomy） 自己統治．外的影響から自立を享受する観点によって自己の運命を受け入れる能力．

シチズンシップ（citizenship） 国家のメンバーシップ．相互的な権利と責任に基づいた個人と国家の間の関係．

支配階級（ruling class） 生産手段を所有し，経済的・政治的権力を支配する階級を強調したマルクス主義用語．

市民的自由（civic liberty） 国家でなく市民に所属し，政府から自由である私的な存在範囲．

市民社会（civil society） 私的な市民によって形成され，政府から独立を享受する自治的な結社と集団の範囲．

市民的ナショナリズム（civic nationalism） 平等な市民の共同体のビジョンに基づいた政治的忠誠心を強調するナショナリズムの一形態．市民的価値を否定しないエスニックな，文化的な相違を認める．

市民的保守主義（civic conservatism） 「過度」の国家支配と自由経済とみなされるもの

に均衡を図るため市民的な文化を要求する保守主義の一形態.

社会運動（social movement）　ある社会的な目標や政治活動を追求する運動. しかし, 明確な組織をしばしば欠いている.

社会契約（social contract）　諸個人が自然状態の無秩序や混乱を回避するために国家を形成する個人間の（仮説に基づく）同意.

社会主義（socialism）　共同体, 協調, 平等, 共同所有の信念に特徴づけられるイデオロギー. 社会主義理論は共産主義から社会民主主義まで広範囲である.

社会階級（social class）　経済的, 社会的な諸要因に基づいた社会的な区分. 社会階級は類似した社会経済的な立場を共有する人々の集団.

社会革命（social revolution）　社会構造の質的変化. マルクス主義者にとって社会革命は生産様式と所有制度の変革を含む.

社会正義（social justice）　道徳的に公平な富の分配. 通常, より平等に関与することを含む.

社会的市場（social market）　社会の文脈で機能する市場の原理によって構造化された経済. 包括的福祉システムと効果的な公的サービスを通じて社会の結束を維持する.

社会的包摂（social inclusion）　市民が社会において完全に参加できる権利, 技能, 機会を獲得すること.

社会民主主義（social democracy）　資本主義の廃絶よりも市場と国家の間の均衡を支持する社会主義の穏健で改良主義的な一形態.

市場（market）　非個人的経済力（＝市場力）によってコントロールされ, 売り手と買い手の間の経済交換システム.

市場原理主義（market fundamentalism）　市場があらゆる経済的, 社会的問題を解決できる信念を反映する市場への絶対的な信条.

実力主義（meritocracy）　業績は知力と努力があるので, 実績をもつ人々による支配. 社会的地位が能力やハードワークによって決定される社会.

資本主義（capitalism）　富は私人, 資本家によって所有され, 市場の指示にしたがって交換のため生産される経済システム.

市場社会主義（market socialism）　市場の競争において活動し, 自己管理できる協同的な企業に基礎をおく経済システム.

史的唯物論（historical materialism）　経済の下部構造が最終的に法, 政治, 文化, その他の社会の上部構造を規定する社会が歴史的な変遷を経て共産主義社会に到達するとするマルクス主義の歴史理論.

付録2 用語解説 275

所有(権)(property)　個人・法人と物との法的関係．人と法的関係の対象物．私人，集団，国家のいずれかが物理的な財産や富を所有すること．

修正主義（revisionalism）　修正された見解を提示する試みで，本来の政治理論の改訂や補正をさす．

集団（集産）主義（collectivism）　人間の目的が協同や集団を通じて一番よく達成されると考える信念．社会集団の重要性を強調する．

主権（sovererinity）　法的権威か政治権力のいずれかが国内外に表現される絶対的，無制約な権限の原理．

自由（liberty, freedom）　人が望むように思考，行動できる能力であり，個人・社会集団・民族と結びついた能力．

自由主義（liberalism）　個人の自由，寛容，同意，権利，生活への関わりを最優先するイデオロギー．

自由貿易（free trade）　関税や他の形態の保護主義による制限されない国家間の貿易システム．

自由民主主義（liberal democracy）　競争的な選挙制度と制限的な政府の両方を組み合わせた民主主義の一形態．自由民主主義は政治体制の一タイプである．

消極的自由（negative freedom）　選択の自由を認めるため個人に外的な制約や強制の不在であること．

剰余価値（surplus value）　資本家の搾取メカニズムによってプロレタリアートの労働から抽出される価値を強調するマルクス主義用語．

植民地主義（colonialism）　入植や経済支配によって外国領土を支配することを確立する理論と実践．

ジェンダー（gender）　性（sex）とは異なり，男性と女性の間の社会的，文化的な区別．性は男性と女性の間の生物学的な相違であり，したがって根本的な相違を説明する．

消費主義（consumerism）　個人的な幸福が物質的な所有と同等である精神的・社会的現象．

集団（産）化（collectivization）　通常，国家のメカニズムを通じて所有制の廃止と公的・共同所有システムの樹立．

新左翼（new left）　先進産業社会の急進的批判を通じて社会主義思想を再活性化するイデオロギー運動．分権化，参加，個人の解放の欲求を強調する．

人種（race）　共通の発生的，遺伝的な体質を共有し，生物学的要因によって他と区別される人間集団．

人種差別主義（racism）　人種ごとに別々に生活すべきであり，また異質な能力をもち，そのため異なる社会的役割の理由で人種差別が政治的に重要だとする信念.

新植民地主義（neocolonialism）　直接的な政治支配を実行せずに外国領土を経済的に支配すること.

新保守主義（neoconservatism）　秩序を回復し伝統的な家族の価値に回帰し，ナショナリズムを再活性することを主張する保守主義の現代的な一形態.

人権（human right）　社会より自然に負う，あらゆる人間の本質的で生来の性格.

スターリン主義（Stalinism）　スターリンが支配するソ連の社会構造に基づいた体系的で抑圧的な政治弾圧によって支えられた中央集権計画経済.

正義・公平（justice）　公正と公平の道徳基準．社会正義とは社会において富と報酬の攻勢で正しい分配の観念.

正統性（ligitemacy）　既成事実や伝統の見解に忠実なこと．通常は「正式」な承認や支持を享受すること.

生産力（productivity）　財を生産するため使われる自然物と自然力とに対する人間の関係.

政治的平等（political equality）　政治権力と影響力の平等な分配．通常は形式的な「一人一票で，一票は同価値」を意味する.

政体（polity）　政治的権威の存在を通じて組織される社会.

政治的神話（political myth）　理性に訴えるより情緒の力によって政治行動を刺激する能力をもった信念.

政治的多元主義（political pluralism）　広範囲に政治的な価値，意見，運動が存在すること．特に競争政党システムをさす.

政治的ナショナリズム（political nationalism）　民族を政治的共同体とみなすナショナリズムの一形態．通常，民族的自決思想を通じて表明される.

成文憲法（written consitution）　義務，権限，統治制度の機能を定義づけた唯一の権威ある記録文書．憲法は最高法規.

政治文化（political culture）　政治的対象に対する心理的な志向の型．人々の政治的態度，信念，シンボル，価値.

政党（political party）　正規の代表（権）を得て政権を獲得するのに組織された人々の集団．政党は通常，イデオロギーの凝集のあり方で分類される.

政府・統治（government）　集団的決定が国家のためになされる機構．通常，立法府，行政府，司法府から構成される.

世界観（Weltanschuung）　「世界の見方」．どのように人々が情緒的に世界を理解し，世

付録2　用語解説　277

界と関わるかを構造化する特異な前提のセット.

責任（responsibility）　良識または道徳上正しい行動，または高い権威に対する説明責任.

積極的自由（positive freedom）　自省と自己実現，すなわち人間の能力の開発や自治の達成のために外的な援助を行う.

漸進主義（gradualism）　劇的な変動より徐々の平和的な改善によってもたらす進歩，法的，平和的な改革を通じた変革.

前近代主義（primodernisim）　民族が心理的，文化的，生物的に形成され，古代から存在するとする信念.

全体主義（totalianism）　市民社会と「私的生活」を廃止するので，国家があらゆる社会制度に浸透し，あらゆるものを管理・統制し，支配する.

全体主義的民主主義（totalian democracy）　民主主義と偽る絶対的独裁制．典型的にはイデオロギー的な知識の独占と指導者の要求に基づく.

相互扶助主義（mutualism）　利益の調和的な交換システム．不当利得・搾取なしに財やサービスを交換するが，その中で個人と集団が相互に協定を結ぶこと.

疎外（alienation）　資本主義のもとで労働が単なる商品に還元され，労働が創造的で満足させる人間より脱人間化した行動となる過程を説明するマルクス主義用語.

第三の道（third way）　歴史的に国家社会主義や自由市場資本主義の両方に対する選択的な経済の形態の概念．保守主義，社会主義，ファシズムによって様々な時代に求められた．現在では，社会民主主義とニューライトの中間路線.

多元主義（pluralism）　政治権力が広く均等に拡散される多義性と選択があるとする信念，または理論

多元的民主主義（plural democracy）　大衆の要求を表現し，政府の対応力を保証するための組織集団の能力を通じて機能する民主主義の一形態.

多国籍企業（transnational corporation）　国境を超える企業戦術・手続きを展開する複数の国家で経済活動をコントロールする企業.

脱中央集権化（decentralization）　国家や中央の団体から権限や責任を通じて地方自治を拡大すること.

多数決制（majoritarianism）　多数意思に優越性が認められる政治の実践理論．多数決制は多数派が少数派を支配すること，または少数派が多数派の判断に従うことを意味する．多数制は少数と個人に対して無関心になる.

知識経済（knowledge economy）　知識が情報やコミュニケーション技術の形態において競争や生産の源泉である経済.

直接行動（direct action）　憲法や法律以外から採用された政治行動．直接行動は消極的な抵抗からテロまで広範囲に及ぶ．

直接民主主義（direct democracy）　統治の課題において市民の直接的，継続的な参加に特徴づけられた大衆による自治．

超国家主義（superanationalism）　国民国家への意思を課す超国家的，グローバルな管轄範囲もつ団体能力．

帝国主義（imperialism）　境界を超えて持続し一国の権力や支配を拡大する政策や実践．帝国主義は侵略と膨張のイデオロギー．

テロリズム（terrorism）　政治目的のために恐怖やテロの雰囲気を導く暴力の使用．

伝統（tradition）　時代を超えて持続し，初期から継承してきた価値，実践，制度．

統一（unification）　個々の政治的実体の集合体が文化的特徴を共有する1つの国家に統合される過程．

統合的ナショナリズム（integral nationalism）　個人のアイデンティティを民族のアイデンティティに吸収する強烈で熱狂的な民主主義の一形態．

現代的自由主義（modern liberalism）　古典的自由主義と対照的に，個人的な発展を促進する手段として社会的，経済的な介入によって，資格ある根拠に基づいた自由主義内の伝統．

同意（consent）　政治における承諾や許可．通常，被統治や被支配への同意．

特殊（個別）主義（particularism）　人々や社会の間の歴史的，文化的，その他の相違が人々の共通することより重要とする信念．

独立（independence）　民族が外国の支配から解放される過程．通常，主権国家性の樹立を含む．

ナショナリズム（nationalism）　所属と共有する価値の意味で，人々をともに引き寄せる文化的，歴史的，言語的，心理的，社会的な諸力の総体．

ニヒリズム（nihilism）　あらゆる道徳や政治的原理を拒絶する信念．

ニューポリティクス（new politics）　大衆動員や直接行動を支持するため代表制メカニズムや官僚的手続きに不信をもつ政治スタイル．

ニューライト（new right）　ネオリベラリズムのもつ自由市場主義と自由主義の社会を支持する一方，強い国家を追求する新保守主義も兼ねる保守主義の現代的一形態．

人間主義（humanism）　人間の欲求や志望を満足させるため道徳的優越性を認める哲学．

ネオマルクス主義（neomarxism）　経済の優越性とプロレタリアートの特権的地位という決定論を拒否するマルクス主義の現代的，改訂的な形態．

付録2 用語解説 279

ネオリベラリズム（neoliberalism） 個人を中心とする市場主義の重視と「小さな政府」を擁護する古典的な政治経済の現代的な説明.

現実主義（pragmatism） イデオロギー的な目的よりも実際的な状況と目標と一致した形態を採用する行動.

排外主義（xenophobia） 外国人に対する恐怖や憎しみ. 病的なまでの自民族中心主義.

排外的・熱狂的愛国主義（chauvinism） 主義や集団の無批判で非理性的な献身. 典型的には「民族排外主義」や「男性優越主義」のような優越感の信念.

博愛（fraternity） 友愛. 人間間の連帯感や同志愛の絆.

パラダイム（paradigm） 知的研究の手続きの構造化に役立つ原則, 教義, 理論が関連したセット.

汎ナショナリズム（pan-nationalism） 膨張や政治的団結を通じて異質な人々を統合するのに献身するナショナリズムの一形態.

ヒューマニズム（humanism） 人間の欲求や目的の達成を倫理的に優先する哲学.

平等（equality） 人間がイデオロギー的価値や同じ方法で取り扱われる原理. 平等は様々に適用される.

平等主義（egalitarianism） 平等を推進する要望に基づいた実践理論. 平等主義は時折, 平等が政治的価値である信念とみなされる.

フェミニズム（feminism） 女性の社会的役割を増進し, ジェンダーの平等を目標に専念するイデオロギー.

福祉国家（welfare state） 市民の社会福祉に責任をもつ国家. 社会保障, 健康, 教育, その他のサービスの範囲を通じて実行する.

部族主義（tribalism） 偏狭や排他性によって特徴づけられる集団行動. 典型的には対立集団への敵意によって生じる.

普遍主義（universalism） 歴史的, 文化的, その他の相違に関わらず, あらゆる人々と社会に適用可能な, ある価値や原理を明らかにすることが可能とする信念.

ブルジョア・イデオロギー（bourgeoisie ideology） 資本主義社会の矛盾を隠ぺいすることでブルジョアの利益のためのイデオロギーを強調するマルクス主義用語.

ブルジョア国家（bourgeois state） ブルジョアジーの利益と結びつき, 不平等な階級権力を永続させる国家を強調するマルクス主義用語.

ブルジョアジー（bourgeoisie） 支配する資本家階級, 生産する財の所有者を強調するマルクス主義用語.

プロレタリアート（proletariat） 労働力を通じて存在する階級を強調するマルクス主義用

語．厳密に述べれば，プロレタリアートは肉体労働者と同じではない．

プロレタリアート独裁（dictorship of the proletariat） 資本主義の崩壊と完全な共産主義の樹立までの一時的移行段階を強調するマルクス主義用語．プロレタリアート国家の建設を特徴づける．

文化主義（culturism） 文化が個人や社会のアイデンティティを反映するので，人間が文化的に定義づけられた創造物であるとする信念．

文化的ナショナリズム（cultural nationalism） 自治より個別の文明と民族の再生を強調するナショナリズムの一形態．

分権化（devolution） 主権を共有することなく，地方団体を従属する中央政府からの権限を委譲すること．

分離主義（separatism） 独立国家を自立する見解をもって政治的構成体から分離する要求．

紛争（conflict） 意見，選好，欲求，利害の相違を映し出す際の対立する努力の競争．

平和主義（pacifism） ある環境において平和に関与し戦争・暴力を拒否すること．

ヘゲモニー（hegemony） あるシステムの一要素による優位や支配．マルクス主義者にとって，ヘゲモニーはイデオロギー支配を含む．

弁証法（dialectic） 2つの相反する勢力間の相互作用がさらなる高次の段階に導く発展過程．社会の内部矛盾から生じる止揚的変化．

弁証法的唯物論（dialectical materialism） 正統な共産主義国家の知的生活を支配するマルクス主義の決定論．

法（law） 国家，警察，裁判所，刑務所の機構に裏づけられた社会契約の確立された公的ルール．

法の支配（rule of law） 市民や公務員のあらゆる行為や行動が法の枠内に適する原則．

暴力（violence） 財産や人間に対して企てられる破壊行為．

補完性（subsidiarity） 意思決定ができるだけ住民の立場で行われること．地方の制度が支持する分権制や住民参加が含まれている政治原理．

保守主義（conservatism） 伝統，義務，権威，所有を支持することで特徴づけられるイデオロギー．

ポピュリズム（populism） 大衆の本能や要望が政治行動への原則的に正当な指針とする信念．しばしば政治エリートへの不信や敵意を映し出す．

民営化（privatization） 国家の責任を削減することを反映する公的部門から私的部門への国家資産の移転．

民族・国民（nation）　共有の言語，宗教，歴史などという共通の価値や伝統によって相互に結びついた集合体．

民族自決（national self-determinisim）　個人その他の行動や選択が外的要因でなく，民族によって完全に自らの運命を決定できる考え．

民族浄化（ethnic cleansing）　人種的純粋性の理由でエスニック集団の強制的駆逐を引用する婉曲的な表現．

民族精神（Volksgeist）　人民の意思．文化や特に言語に反映する有機体的なアイデンティティ．

民主主義（democracy）　人民による支配．民主主義は公共の利益で国民の参加と統治の両方を含む．民主主義は様々な形態を採用する．

民主集中制（democratic centralism）　議論の自由と行動の統一の間の均衡を基礎とするレーニン主義的な政党組織原理．

有機体論（organicism）　全体が構成する個々の部分以上の存在であるので，社会が有機物や生きている実体のごとく活動すると考える思想．

立憲主義（constitutionalism）　政府権力が政治制度の義務・権限・機能と個人の権利を定義する（憲法に基づく）支配の枠組み内で実行されるべきとする信念．

理性（合理）主義（rationalism）　世界が人間の判断力の行使を通じて理解，説明されることができる信念．

利他主義（altruism）　啓発的な自己利益や共通の人間性の信念に基づた他者の利益や福祉への関心．

レッセ・フェール（laisez-faire）　自由放任の経済思想．経済活動が政府の干渉のまったくない自由市場経済を極端なまで信じる教義．

レーガノミクス（Reaganomics）　アメリカのレーガン政権が採用した自由主義経済政策．市場原理と民間活力を重視し，社会保障費と軍事費を拡大させ，減税で景気刺激策を採用した．結果，「双子の赤字」を生んだ．

レーニン主義（Leninism）　マルクス主義へのレーニンの理論的な貢献をさし，特にプロレタリアートに階級意識をもつまでに指導する革命政党や前衛政党を必要だとするレーニンのイデオロギー．

リバタニアニズム（libertarianism）　個人が最大限の自由を享受する信念．リバタリアニズムは個人について内と外の両方の強制要素を除去することを意味する．

累進課税（progressive taxation）　富者が税において貧者より所得の高い割合を納税する課税システム．

連邦制（federalism）　中央団体（通常，国家）と周辺団体の間の主権の共有に基づいて権力の地域的な分配．

労働主義（labourism）　イデオロギーの目標より組織的な労働運動の利益に貢献する社会主義政党が提示する傾向．

有機体論（organicism）　社会が有機体や生き物のように機能するとする信念．個々の部分が集合するというより全体から部分を考える．

有用性・功利性（utility）　経済での使用価値．物質的な財やサービスの消費から得る満足．

ユーロコミュニズム（eurocommunisim）　1970年代自由民主主義原理にマルクス主義を混合しようとする脱急進化した西ヨーロッパ流の共産主義の一形態．

ワシントン・コンセンサス（Washinton consensus）　1980年代以降ワシントンを基盤とする主要な国際制度によって指示されるネオリベラリズムの枠組み．財政規律，民営化，財政・貿易の自由化を支持する．

参 照 文 献

欧 語 文 献

P. Anderson (ed.), *Spectrum from right to left in the world of ideas*, Verso, 2005.

R. J. Antonio and R. M. Glassman (eds.), *A Weber-Marx Dialogue*, Kansas U. P., 1985.

S. Avineri and A de-Ahalit (ed.), *Communitarianism and Individualism*, Oxford U. P., 1992.

B. Barber, *Strong Democracy : Participationary Politics for a New Age*, University of California Press, 1984.

B. Barry, *Why Social Justice Matters*, Polity, 2005.

F. Bealey (ed.), *The Blackwell Dictionary of Political Science*, Blackwell, 1999.

U. Beck, *What Is Globalization*, Cambridge U. P., 2000.

R. D. Behn, *rethinking democratic accountability*, Washington, D. C., 2001.

A. H. Birch, *The Concepts & Theories of Modern Democracy*, Routledge, 1993.

G. Blackwell and V. Bryson (eds.), *Contemporary Political Concepts*, Plato Press, 2002.

M. Blumer and A. M. Rees (eds.), *Citizenship Today. The contemporary relevance of T. H. Marshall*, UCL Press, 1996.

V. Bogdanor (ed.), *THE BLACKWELL ENCYCLOPAEDIA OF POLITICAL SCIENCE*, Blackwell, 1987.

K. S. Bornschier and T. Frey, *West European Politics in the Age of Globalization*, Cambridge, 2008. *Concepts in Politics*, Macmillan, 2000.

T. B. Bottomore, *Classes in Modern Society*, George Allen & Unwin, 1965.

E. Broadbent (ed.), *Democratic Equality. What went wrong ?*, University of Tronto Press, 2001.

M. E. Brown, *The Production of Society. A Marxian Foundation for Social Theory*, Rowman & Littlefield, 1986.

B. Bruce-Brigs (ed.), *The New Class?* McGraw-Hill Book Company, 1979.

T. Buchanan and M. Conway (eds.), *Political Catholicism in Europe 1918-1965*, Oxford U. P., 1996.

H. Buchheim, *Totalitarian Rule. Its Nature and Characteristics*, Wesleyan University Press, 1972.

A. Bullock and O. Stallybrass (eds.), *The Fonntana Dictionary of Modern Thought*, Fontana

Book, 1981.

A. Carter and G. Stokes (eds.), *Liberal Democracy and its Critics*, Polity, 1998.

Centre for Contemporary Cultural Studies (ed.), *On Ideology*, Huntchinso & Co. Ltd, 2007.

R. B. Collier, *Paths Towards Democracy. The Working Class and Elites in Western Europe and South America*, Cambridge U. P., 1999.

O. Crame and P. Diamond (eds.), *after the third way. The Future of Social Democracy in Europe*, I. B. Tauris & Co. Ltd, 2012.

R. Dahl (ed.), Regimes and Oppositions, Yale University Press, 1973.

R. Dahl, democracy, Bogdanor, 1987.

R. Dahl, polyarchy, Bogdanor, 1987.

R. Dahrendorf, *After 1989. Morals, Revolution and Civil Society*, Macmillan, 1997.

B. Doherty and M.de Geus (eds.), *Democracy and Green Political Thought*, Routledge, 1996.

V. Van Dyke, *Political Science : A Philosophical Analysis*, Stanford University Press, 1960.

R. Eatwell, *Fascism. A History*, Vintage, 1996.

R. Eccoleshall, *Political Ideologies. an introduction*, 3rd, Routledge, 2003.

A. Etzioni (ed.), *The Essential Communitarian Reader*, Rowman & Littlefield Publishers, 1998.

E. L. Evans, *The Cross and the Ballot: Catholic Political Parties in Germany, Switzerland, Austria, Belgium and The Netherlands 1785, 1985*, Humanities Press 1999.

G. Ford, *Fascist Europe. The Rise of Racism and Xenophobia*, Pluto Press, 1992.

E. Gellner, *Nationalism*, New York University Press,1997.

A. Giddens, *Runaway World. How Globalization is Reshaping Our Lives*, Profile Books, 1999 (佐和隆光訳『暴走する世界——グローバリゼーションは何をどう変えるのか——』ダイヤモンド社, 2001年).

A. Giddens and P. Diamond, *The New Egalitarianism*, Polity, 2005.

B. Gofman (ed.), *Political Science as Puzzle Solving. Interests, Identities and Institution in Comparative Politics*, University of Michigan, 2001.

E. Goldman, *Red Emma Speaks. An Emma Goldman Reader*, 3rd, Humanities Press, 1996.

R. E. Goodin and H.‐D. Klingeman, *A New Handbook of Political Science*, Oxford U. P., 1996.

H. Goverde, P. G. Cerny, M. Haugaard and H. Lenter, *Power in Contemporary Politics. Theories, Practices, Globalizations*, Sage, 2000.

L. Greenfeld, *The Spirit of Capitalism. Nationalism and Economic Growth*, Harvard Univercity Press, 2001.

J. A. Hall (ed.), *The State of the Nation, Ernest Gellner and the Theory of Nationalism*, Cambridge U. P., 1998.

J. A. Hall and F. Trentmann (eds.), *Civil Society. A Reader in History, Theory and Global Politics*, Polity, 2005.

Th. Heinrichs, *Freiheit und Gerechtigkeit. Philosophieren für eine neue linke Politik*, Westfälisches Dampfboot, 2002.

D. Held, et al., *Debating Globalization*, Polity, 2005 (猪口孝訳『論争グローバリゼーション 新自由主義対社会民主主義』岩波書店, 2007年).

D. Held and A. McGrew, Globarlization, Krieger, J. (ed.), *The Oxford Companion to Politics of the World*, 2nd ed., Oxford, 2001.

D. Held, A. McGrew, D. Goldblatt and J. Perraton., *Global Transformations*, Cambridge, 1999.

A. Heywood, *Political Ideologies. An Introduction*, 2nd, Macmillan, 1998.

A. Heywood, *Political Theory. An Introduction*, 2nd, Macmillan, 1999.

A. Heywood, *Politics*, 3rd ed. Palgrave Foundation, 2007.

A. Heywood, *Political Ideologies. An Introduction*, 5th ed. Macmillan, 2012.

I. L. Horowitz (ed.), *Civil Society and Class Politics*, Transaction Publication, 2004.

S. Hradil, *Soziale Ungleichheit in Deutschland*, 8. Auflage, Lesket Budrich, 2001.

B. Jobert and B. Kohler - Koch (eds.), *Changing Images of Civil Society. From protest to governance*, Routledge, 2008.

D. Kavanagh and P. Morris, *Consensus Politics. Form Atlee to Thatcher*, Blackwell, 1989.

K. v. Kersbergern, *Social Capitalism. A Study of Christian Democracy and the Welfare State*, Routledge, 1995.

V. O. Key, Jr., *Politics, Parties & Pressure Groups*, 5th ed., 1964.

W. Korpi, The Power Resources Model, Ch. Pierson, F. G. Castles (eds.), Cambridge, 2006.

K. Korsch, *Three Essays on Marxism*, Pluto Press, 1971.

J. Krieger (ed.), *The Oxford Companion to Politics of the World*, Oxford, 2001.

H. Kriegi, E. Grande, R. Lachat, et al., *West European Politics in the Age of Globalization*, Cambridge U. P., 2008.

A. Kuper and S. Kuper (eds.), *The Social Science Encyclopedia*, Routledge, 1996.

H. W. Laidler and N. Thomas (eds.), *The Socialism of Our Times*, The Vangurd Press, 1929.

J. -E. Lane and S. Ersson, The New Institutional Politics. Performance and Outcomes, Routledge, 2000.

R. Lister, Investing in the Citizen - workers of the Future: Transformation in Citizenship and the Stafe under New Labour, Pierson, Castles (eds.), Cambrdge, 2006.

I. Mclean (ed.), *The Concise Oxford Dictionary of Politics*, Oxford University Press, 1996.

P. O'Meare, H. D. Mehlinger and M. Krain (eds.), *Globalization and the Challenges of a New Century. A Reader*, Indiana University Press, 2000.

D. Miller, *On Nationality*, Oxford, 1995.

Ch. Murray, *Losing Ground American Social Policy 1950-1980*, Basic Books, 1984.

Ch. Murray, *The Bell Curve. Intelligence and Class Structure in American Life*, Free Press, 1997.

K. Nash and A. Scott (eds.), *The Blackwell Companion to Political Sociology*, Blackwell, 2001.

D. Nicholls, *The Pluralist State*, The Macmillan Press, 1975.

K. Ohmae, The Rise of the Region State, O'Meara, Mehlinger, Krain, 2000.

J. Pakulski, Postmodernism, Fragmentation, Globalization Postmodern, Nash & Scott, 2001.

P. van Parijis, Basic Income and Two Dilemmas of the welfare State, Pierson, Castles (eds.), Cambridge, 2006.

R. Paxton, *The Anatomy of Fascism*, Vintage Books, 2009.

Ch. Pierson, *The Modern state*, 2nd, Routledge, 2004.

Ch. Pierson and F. G. Castles (eds.), *The Welfare State Reader*, 2nd ed., Cambridge, 2006.

R. Plant, H. Lesser and P. Taylor-Gooby, *Political Philosophy and Social Welfare. Essays on the Normative Basis of Welfare Provision*, Routledge, 1980.

A. Przeworski (ed.), *Sustainable Democracy*, Cambridge University Press, 1995.

A. Przeworski, *Democracy and the Limits of Self-Government*, Cambridge University Press, 2010.

S. Rokkan and D. W. Urwin, *Economy, Territory, Identity*, Sage, 1983.

R. Ruddock, *Ideologies. Five Exploratory Lectures*, Manchester Monographs, 1981.

J. Rudolph, *Politics and Ethnicity. A Comparative Study*, Palagrave, 2006.

K. Rygiel, *Globalizing Citizenship*, UBC Press, 2010.

J. R. Schment, Information Society, J. Krieger (ed.), *The Oxford Companion to Politics of the World*, 2nd, Oxford U. P., 2001.

K. Schubert and M.Klein, *Politiklexikon*, Diez, 2003.

A. Schweitzer, *Die Nazifizierung des Mittelstandes*, Ferdinand Enkeverlag, 1970.

G. T. Sevendsen and G. L. H. Svendsen (eds.), *Handbook of Social Capital. The Troika of Sociology, Political Science and Economics*, Edward Elgar, 2009.

J. M. Shafritz, *American Government & Politics*, Harper Perennial, 1993.

S. Steimo, *The Evolution of Modern States. Sweden, Japan, and The United States*, Cambridge U. P., 2010.

R. Sykes, B. Pailer and P. M. Prior, (eds.), *Globalization and European Welfare States. Challenge and Change*, Hanppshire, Palgrave, 2001.

H. Tam, *Communitarianism. A New Agenda for Politics and Citizenship*, Houndmils and London, 1998.

J. B. Thompson, *Ideology and Modern Culture*, Cambridge U. P., 1990.

J. B. Thompson, IDEOLOGY, Krieger, 2001.

Ch. Tilly, *Stories, Identities, and Political Change*, Oxford U. P., 2002.

R. Wikinson and K. Pickett, *The Spirit Level. Why Equality is Better for Everyone*, Penguin Books, 2009.

D. Zolo, The "Singapore Model": Democracy,Communication and Globalization, Nash & Scott, 2001.

邦語文献

碧海純一『法と社会　新しい法学入門』中央公論新社〔中公新書〕，1968年．

碧海純一『合理主義の復権　反時代的考察』木鐸社，1973年．

G・アガンベン『いと高き貧しさ　修道院規則と生の形式』上村忠男・太田綾子訳，みすず書房，2014年．

浅羽通明『アナーキズム──名著でたどる日本思想入門──』筑摩書房〔ちくま新書〕，2004年．

Th・アドルノ『否定弁証法講義』細見和之訳，作品社，2007年．

Th・アドルノ，M・ホルクマイヤー『ゾチオロギカー　フランクフルト学派の社会学論集』三光長治訳，平凡社，2012年．

阿部彩『子どもの貧困──日本の不公平を考える──』岩波書店〔岩波新書〕，2008年．

阿部斎・高柳先男・内田満編『現代政治学小辞典』有斐閣，1999年．
天野正子『「生活者」とはだれか　自律的市民像の系譜』中央公論新社〔中公新書〕，1996年．
有賀誠・伊藤恭彦・松井暁編『ポスト・リベラリズム　社会的規範理論への招待』ナカニシヤ出版，2006年．
H・アルヴォン『アナーキズム』左近毅訳，白水社〔文庫クセジュ〕，1972年．
L・アルチュセール『アルチュセールの「イデオロギー」論』山本哲士・柳内隆訳，三交社，1993年．
L・アルチュセール『マルクスのために』河野健二・西川長夫・田村俶訳，平凡社〔平凡社ライブラリー〕，1994年．
L・アルチュセール『再生産について　上　イデオロギーと国家のイデオロギー諸装置』西川長夫・伊吹浩一・大中一彌・今野晃・山家歩訳，平凡社〔平凡社ライブラリー〕，2010年．
R・アロン『現代の社会　組織の時代と個人の復権』武者小路公秀訳，エンサイクロペディア・ブリタニカ日本支社，1968年．
B・アンダーソン『増補・創造の共同体』白石さや・白石隆訳，NTT出版，1997年．
B・アンダーソン『ベネディクト・アンダーソン　グローバリゼーションを語る』梅森直之訳，光文社〔光文社新書〕，2007年．
M・アンダーソン『第二次世界大戦後の国家とナショナリズム』土倉莞爾・古田雅雄訳，ナカニシヤ出版，2003年．
S・アンダーマール，C・ウォルコウィッツ，T・ロヴェル『現代フェミニズム思想事典』奥田暁子・樫村愛子・金子珠理・小松加代子訳，明石書店，2000年．
E・アンデルセン『福祉資本主義の3つの世界』岡沢憲芙・宮本太郎訳，ミネルヴァ書房，2001年．
A・アーブラスター『民主主義』渋谷浩・中金聡訳，昭和堂，1991年．
H・アーレント『全体主義の起源1・2・3』大久保和郎・大島通義・大島かおり訳，みすず書房，1972年，1973年，1974年．
H・アーレント『革命について』志水速雄訳，筑摩書房〔ちくま文庫〕，1995年．
H・アーレント『暗い時代の人々』阿倍斉訳，筑摩書房〔ちくま文庫〕，2005年．
生田希保美・越野誠一『アメリカの直接参加・住民投票』自治体研究社，1997年．
池田理知子，E・M・クレーマー『異文化コミュニケーション』有斐閣，2000年．
石川一雄『エスノナショナリズムと政治統合』有信堂，1994年．
石田博英「保守党のビジョン」『中央公論』，1963年．

参 照 文 献

石田勇治「人種主義・戦争・ホロコースト」樺山紘一編『岩波講座　世界歴史24　解放の光と影』岩波書店，1998年．
井筒俊彦『イスラーム文化――その根底にあるもの――』岩波書店〔岩波文庫〕，1991年．
伊藤誠『現代社会主義』講談社〔講談社学術文庫〕，1992年．
稲葉陽二『ソーシャル・キャピタル入門』中央公論新社〔中公新書〕，2011年．
猪木正道『新増訂版　共産主義の系譜　マルクスから毛沢東まで』角川書店〔角川文庫〕，1974年．
猪口孝編『政治学事典』弘文堂，2000年．
今田高俊『モダンの脱構築　産業社会のゆくえ』中央公論新社〔中公新書〕，1986年．
今田高俊『自己組織性――社会理論の復活――』創文社，1986年．
伊豫谷登士翁『グローバリゼーションと移民』有信堂，2001年．
伊豫谷登士翁『グローバリゼーションとは何か――液状化する世界を読み解く――』平凡社〔平凡社新書〕，2002年．
岩崎正洋『サイバーポリティクス――ＩＴ社会の政治学――』一藝社，2001年．
岩崎正洋『ガバナンス論の現在』勁草書房，2011年．
岩崎正洋・植村秀樹・宮脇昇『グローバリゼーションの現在』一藝社，2000年．
岩田規久男『「小さな政府」を問いなおす』筑摩書房〔ちくま新書〕，2006年．
岩田正美『社会的排除　参加の欠如・不確かな帰属』有斐閣，2008年．
岩本美砂子「女性をめぐる政治的言説」日本政治学会編『年報政治学　「性」と政治』岩波書店，2003年．
Ｔ・イーグルトン『イデオロギーとは何か』大橋洋一訳，平凡社，1999年．
Ｍ・ヴィノック『ナショナリズム・反ユダヤ主義・ファシズム』川上勉監訳，藤原書店，1995年．
Ｈ・Ｌ・ウィレンスキー『福祉国家と平等――公共支出と構造的・イデオロギー的起源――』下村好博訳，木鐸社，1984年．
Ａ・ヴィンセント『現代の政治イデオロギー』重森臣広訳，昭和堂，1998年．
Ｎ・ウィントロープ編『自由民主主義の理論とその批判　上巻・下巻』氏家伸一訳，晃洋書房，1992年．
上田和夫『ユダヤ人』講談社〔講談社現代新書〕，1986年．
植村邦彦『「近代」を支える思想　市民社会・世界史・ナショナリズム』ナカニシヤ出版，2001年．
植村邦彦『ナショナリズム入門』講談社〔講談社現代新書〕，2014年．

M・ウェーバー『支配の諸類型』世良晃志郎訳，創文社，1970年．

M・ウェーバー『儒教と道教』木全徳雄訳，創文社，1971年．

M・ウェーバー『宗教社会学論選』大塚久雄・生松敬三訳，みすず書房，1972年．

M・ウェーバー『社会主義』濱島朗訳，講談社〔講談社学術文庫〕，1980年．

M・ヴェーバー『職業としての政治』脇圭平訳，岩波書店〔岩波文庫〕，1980年．

M・ウェーバー『プロテスタンティズムの精神と資本主義の論理』大塚久雄訳，岩波書店〔岩波文庫〕，1989年．

M・ウェーバー『権力と支配』濱島朗訳，講談社〔講談社学術文庫〕，2012年．

M・ウォルツァー『義務に関する試論』山口晃訳，而立書房，1993年．

M・ウォルツァー『多元性と平等の擁護』山口晃訳，而立書房，1999年．

M・ウォルツァー『寛容について』大川正彦訳，みすず書房，2003年．

M・ウォルツァー『道徳の厚みと広がり——われわれはどこまで他者の声を聴き取ることができるか——』芦田晋・大川正彦訳，風行社，2004年．

M・ウォルツァー『政治と情念——より平等なリベラリズムへ——』斉藤純一・和田泰一・谷澤正嗣訳，風行社，2006年．

I・ウォーラーステイン『アフター・リベラリズム——近代世界を支えたイデオロギーの終焉——』松岡利道訳，藤原書店，2000年．

臼杵陽『原理主義』岩波書店，1999年．

内田義彦編『マルキシズム I 現代日本思想体系20』筑摩書房，1966年．

内田義彦・大塚久雄・松島栄一編『現代日本思想体系第二〇巻マルキシズム I』筑摩書房，1966年．

G・ウドコック『アナキズム1 思想編』白井厚訳，紀伊國屋出版部，2002年．

G・ウドコック『アナキズム2 運動編』白井厚訳，紀伊國屋出版部，2002年．

宇野重規『西洋政治思想史』有斐閣〔有斐閣アルマ〕，2013年．

Ch・ウルフ『岐路に立つ自由主義——現代自由主義理論とその批判——』菊池理夫・有賀誠訳，ナカニシヤ出版，1999年．

栄田卓弘『イギリス自由主義の展開——古い自由主義の連続を中心に——』早稲田大学出版部，1991年．

S・エセル，E・モラン『若者よ怒れ！ これがきみたちの希望の道だ』林昌宏訳，明石書店，2012年．

江田三郎「社会主義の新しいビジョン」『エコノミスト』1962年．

江原由美子『フェミニズムとリベラリズム フェミニズムの主張』勁草書房，2001年．

江原由美子・金井淑子編『フェミニズム　ワードマップ』新躍社，1997年．
江原由美子・金井淑子編『フェミニズムの名著50』平凡社，2002年．
Th・エバーマン，R・トランペルト『ラディカル・エコロジー──ドイツ緑の党原理派の主張──』田村光彰訳，社会評論社，1994年．
F・エンゲルス『革命と反革命』武田隆夫訳，岩波書店〔岩波文庫〕，1955年．
F・エンゲルス『家族，私的所有，国家の起源』戸原四郎訳，岩波書店〔岩波文庫〕，1965年．
F・エンゲルス，K・マルクス『フォイエルバッハ論』佐野文夫訳，岩波書店〔岩波文庫〕，2005年．
遠藤誠治・小川有美編著『グローバル対話社会　力の秩序を越えて』明石書店，2007年．
大越愛子『フェミニズム入門』筑摩書房〔ちくま新書〕，1996年．
大澤真幸『ナショナリズムの由来』講談社，2000年．
大澤真幸『ナショナリズム論の名著』平凡社，2002年．
大澤真幸『ナショナリズム論・入門』有斐閣〔有斐閣アルマ〕，2009年．
大杉栄『大杉栄評論集』岩波書店〔岩波文庫〕，1996年．
大関敏明『アメリカのキリスト教原理主義と政治支援団体』文芸社，2005年．
大竹文雄『競争と公平感　市場経済の本当のメリット』中央公論新社〔中公新書〕，2010年．
岡沢憲芙・宮本太郎編『比較福祉国家論』法律文化社，1997年．
小笠原弘親・小野紀明・藤原保信『政治思想史』有斐閣，1987年．
岡義武『近代ヨーロッパ政治史』創文社，1967年．
小川忠『原理主義とは何か　アメリカ，中東から日本まで』講談社〔講談社現代新書〕，2003年．
荻野美穂『女のからだ　フェミニズム以後』岩波書店〔岩波新書〕，2014年．
奥田暁子・支倉孝子・秋山洋子『概説フェミニズムと思想史──明日にむかって学ぶ歴史──』ミネルヴァ書房，2003年．
落合仁司『保守主義の社会理論』勁草書房，1967年．
小野紀明「自由主義と民主主義」勝田吉太郎・加藤一明・西川知一編『現代デモクラシー論』有斐閣〔有斐閣選書〕，1979年．
表　弘一郎『アドルノの社会理論　循環と偶然性』白澤社，2013年．
オルテガ・イ・ガセット『大衆の反逆』神吉敬三訳，筑摩書房〔ちくま学芸文庫〕，1995年．
G・オーウェル『1984』高橋和久訳，早川書房，2009年．
P・オーウェンズ『戦争と政治の間　ハンナ・アーレントの国際関係思想』中本義彦・矢野久美子訳，岩波書店，2014年．

M・オークショット『保守的であること』渋谷浩訳, 昭和堂, 1988年.
S・オーバーテュアー, H・E・オット『京都議定書　21世紀の国際気候政策』岩間徹・磯崎博司監訳, シュプリンガー・フェアクラーク東京, 2001年.
梶田孝道『国際社会学――国家を超える現象をどうとらえるか――』名古屋大学出版会, 1992年.
梶田孝道『新しい民族問題』中央公論新社〔中公新書〕, 1993年.
勝田吉太郎『アナーキスト　ロシア革命の先駆』筑摩書房, 1966年.
勝田吉太郎・加藤一明・西川知一編『現代デモクラシー論』有斐閣〔有斐閣選書〕, 1979年.
加藤秀治郎編『西欧比較政治』一藝社, 2002年.
加藤秀治郎・林法隆・古田雅雄・檜山雅人・水戸克典『新版　政治学の基礎』一藝社, 2002年.
加藤哲郎『東欧革命と社会主義』花伝社, 1990年.
加藤普章編『新版　エリア・スタディ入門』昭和堂, 2005年.
蒲島郁夫・竹下俊郎・芹沢洋一『メディアと政治』有斐閣, 2007年.
蒲島郁夫・竹中佳彦『現代政治学叢書8　イデオロギー』東京大学出版会, 2012年.
鎌田とし子・知澤澄子・木本喜美子編『講座社会学　第一巻ジェンダー』東京大学出版会, 1999年.
J・K・ガルブレイス『満足の文化』中村達也訳, 新潮社, 1993年.
河原宏・浅沼和典・竹山護夫・浜口晴彦・柴田敏夫・星野昭吉『日本のファシズム』有斐閣〔有斐閣選書〕, 1979年.
E・H・カー『新しい社会』清水幾太郎訳, 岩波書店〔岩波新書〕, 1953年.
E・H・カー『平和の条件――安全保障問題の理論と実際――』髙橋甫訳, 建民社, 1954年.
E・H・カー『一国社会主義』南塚信吾訳, みすず書房, 1977年.
R・カーソン『沈黙の春』青樹簗一訳, 新潮社〔新潮文庫〕, 1974年.
菊池理夫『共通善の政治学　コミュニティをめぐる政治思想』勁草書房, 2011年.
北山俊哉・真渕勝・久米郁男『はじめて出会う政治学　フリーライダーを超えて』有斐閣〔有斐閣アルマ〕, 1997年.
A・ギディンス『第三の道』佐和隆光訳, 日本経済新聞社, 2000年.
A・ギデンズ『左派右派を超えて――ラディカルな政治の未来像――』松尾精文・立松隆介訳, 而立書房, 2000年.
A・ギデンズ『暴走する世界――グローバリゼーションは何をどう変えるのか――』佐和隆光訳, ダイヤモンド社, 2001年.

A・ギデンズ『日本の新たな「第三の道」 市場主義改革と福祉改革の同時推進』渡辺總子訳，ダイヤモンド社，2009年．

W・キムリッカ『多文化時代の市民権——マイノリティの権利と自由主義——』角田猛之・石山文彦・山﨑康仕訳，晃洋書房，1998年．

木本喜美子『家族・ジェンダー・企業社会』ミネルヴァ書房，1995年．

A・ギャンブル『自由経済と強い国家 サッチャリズムの政治学』小笠原欣幸訳，みすず書房，1990年．

A・ギャンブル『現代政治思想の原点——自由主義・民主主義・社会主義——』初瀬龍平・萬田悦生訳，三嶺書房，1992年．

A・ギャンブル『資本主義の妖怪 金融危機と景気後退の政治学』小笠原欣幸訳，みすず書房，2009年．

C・ギリガン『もうひとつの声——男女の道徳観のちがいと女性のアイデンティティ——』岩男寿美子監訳，川島書店，1986年．

Ch・クカサス，Ph・ペティット『ロールズ 「正義論」とその批判者たち』山田八千代・嶋津格訳，勁草書房，1996年．

G・グティエレス『解放の神学』関望・山田経三訳，岩波書店，1985年．

Ch・クマー『ユートピアニズム』菊池理夫・有賀誠訳，昭和堂，1989年．

M・クライストン『啓蒙の政治哲学者たち』富沢克・山本周次訳，昭和堂，1989年．

O・クラウチ『ポスト・デモクラシー——格差拡大の政策を生む政治構造——』山口二郎・近藤隆文訳，青灯社，2007年．

A・グラムシ『知識人と権力——歴史的―地政学的考察——』上村忠男訳，みすず書房〔みすずライブラリー〕，1999年．

A・グラムシ『グラムシ・セレクション』片桐薫訳，平凡社〔平凡社ライブラリー〕，2001年．

A・グラムシ『新編 現代の君主』上村忠男訳，筑摩書房〔ちくま学芸文庫〕，2008年．

A・クリエジェル『ユーロコミュニズム——もう一つの共産主義か——』野地孝一訳，岩波書店〔岩波新書〕，1978年．

B・クリック『政治の弁証』前田康博訳，岩波書店，1969年．

B・クリック『現代政治学入門』添谷育志・金田耕一訳，講談社〔講談社学術文庫〕，2003年．

B・クリック『デモクラシー』添谷育志・金田耕一訳，岩波書店，2004年．

S・グリフィン『性の神話を越えて——脱レイプ社会の論理——』磯島幸子訳，講談社〔講談社選書メチエ〕，1995年．

G・グレイ『グローバリズムという妄想』石塚雅彦訳，日本経済新聞社，1999年．

J・グレイ『自由主義』藤原保信・輪島達郎訳，昭和堂，1991年．

A・クロスランド『社会主義の将来』日本文化連合会訳，日本文化連合会，1959年．

P・クロポトキン『近代科学とアナーキズム　世界の名著42』猪木正道編，中央公論社，1967年．

P・クロポトキン『相互扶助論』大杉栄訳，同時代社，1996年．

J－M・クワコウ『政治的正当性とは何か　法，道徳，責任に関する考察』田中治男・押村高・宇野重規訳，藤原書店，2000年．

A・クーン，A・M・ウォルプ編『マルクス主義フェミニズムの挑戦』上野千鶴子・住沢とし子・矢下公子・千本暁子・兒玉佳与子・渡辺和子訳，勁草書房，1984年．

R・P・ゲイル，T・ハウザー『チェルノブイリ──アメリカ人医師の体験　〈上〉〈下〉』岩波書店〔岩波新書〕，1988年．

J・M・ケインズ『雇用・利子および貨幣の一般理論』間宮陽介訳，岩波書店〔岩波文庫〕，2008年．

E・ケドゥーリー『ナショナリズム』小林正之・奥村大作・栄田卓弘訳，学文社，2000年．

P・ケネディ『二一世紀の難問に備えて』鈴木主税訳，上下巻，草思社，1993年．

D・ゲラン『現代のアナキズム』江口幹訳，三一書房，1967年．

G・ゲルナー『民族とナショナリズム』加藤哲郎訳，岩波書店，2001年．

河野博子『アメリカの原理主義』集英社〔集英社新書〕，2006年．

古賀敬太編著『政治概念の歴史的展開　第一巻』晃洋書房，2004年．

古賀敬太編著『政治概念の歴史的展開　第二巻』晃洋書房，2007年．

古賀敬太編著『政治概念の歴史的展開　第三巻』晃洋書房，2009年．

古賀敬太編著『政治概念の歴史的展開　第四巻』晃洋書房，2011年．

小島亮『ハンガリー事件と日本1956年・思想史的考察』中央公論新社〔中公新書〕，1987年．

小杉泰『イスラームとは何か──その宗教・社会・文化──』講談社，1994年．

小杉泰『イスラーム世界』筑摩書房，1998年．

P・コナトン『社会はいかに記憶するか　個人と社会の関係』芦刈美紀子訳，新躍社，2011年．

小林直樹『憲法の構成原理』東京大学出版会，1961年．

小堀眞裕『サッチャリズムとブレア政治　コンセンサスの変容，規制国家の強まり，そして新しい左右軸──』晃洋書房，2005年．

駒澤大学マス・コミュニケーション研究所編『政治とメディア』成文堂，2013年．

小峯敦編『福祉の経済思想家たち〔増補改訂版〕』ナカニシヤ出版，2010年．

R・W・コンネル『ジェンダーと権力——セクシュアリティの社会学——』森重雄・加藤隆雄・菊池栄治・越智康詞訳，三交社，1993年．

G・A・コーエン『自己所有権・自由・平等』松井暁・中村宗之訳，青木書店，2005年．

G・A・コーエン『あなたが平等主義者なら，どうしてそんなにお金持ちなのですか』渡辺雅男訳，こぶし書房，2006年．

G・D・H・コール『社会理論　世界大思想全集四五』村上啓夫訳，春秋社，1929年．

E・ゴールドマン『アナキズムと女性解放』はしもとよしはる訳，JCA，1978年．

阪野智一「日本の保守はどこにいる」『論座』2009年．

佐々木毅『現代アメリカの保守主義』岩波書店，1984年．

佐々木毅・杉田敦・鷲見誠一『西洋政治思想史』北樹出版，1995年．

D・サスーン編『現代ヨーロッパの社会民主主義——自己改革と政権党への道——』細田雅夫・富山栄子訳，日本経済評論社，1999年．

佐藤忍編『グローバル化で変わる国際労働市場ドイツ，日本，フィリピン外国人労働者の新展開』明石書店，2006年．

佐和隆光『市場主義の終焉——日本経済をどうするのか——』岩波書店〔岩波新書〕，2000年．

M・J・サンデル『リベラリズムと正義の限界』菊池理夫訳，勁草書房，2009年．

M・J・サンデル『民主制の不満　公共哲学を求めるアメリカ　上・下』金原恭子・小林正弥監訳，勁草書房，2009年．

M・J・サンデル『これから「正義」の話をしよう』鬼澤忍訳，早川書房，2010年．

M・J・サンデル『民主制の不満　公共哲学を求めるアメリカ　下　公民性の政治経済』金原恭子・小林正弥監訳，勁草書房，2010年．

M・J・サンデル『公共哲学』鬼澤忍訳，筑摩書房〔ちくま学芸文庫〕，2011年．

M・J・サンデル『それをお金で買いますか　市場主義の限界』鬼澤忍訳，早川書房，2012年．

L・サージェント編『マルクス主義とフェミニズムの不幸な結婚』田中かず子訳，勁草書房，1991年．

H・ジェイムズ『グローバリゼーションの終焉』高遠裕子訳，日本経済新聞社，2002年．

Th・ジェファーソン『イギリス領アメリカの諸権利についての意見の要約　世界の名著33』松本重治・高木誠訳，中央公論社，1970年．

Th・ジェファーソン『独立宣言　世界の名著33』高木八尺訳，中央公論社，1970年．

篠原一『市民参加』岩波書店，1977年．

篠原一『分権型社会と条例づくり』公人社，1999年．

篠原一『「試み」の政治学——自治体の挑戦——』かわさき市民アカデミー双書２，2001年．

篠原一『市民の政治学――討議デモクラシーとは何か――』岩波書店〔岩波新書〕，2004年．
清水幾太郎『現代思想　上・下』岩波書店〔岩波全書〕，1966年．
L・シャピーロ『全体主義――ヒットラー・ムッソリーニ・スターリン――』河合秀和訳，福村出版，1977年．
C・シュミット『現代議会主義の精神史的地位』稲葉素之訳，みすず書房，1972年．
C・シュミット『憲法論』阿部照哉・村上義弘訳，みすず書房，1974年．
W・シュラム編『マス・コミュニケーション　マス・メディアの総合研究』学習院大学社会学研究室訳，東京創元社，1954年．
J・A・シュンペーター『資本主義・社会主義・民主主義』中山伊知郎・東畑精一訳，東洋経済新報社，1995年．
E・ショーウォーター編『新フェミニズム批判』青山誠子訳，岩波書店，1990年．
S・ジョージ，vs. M・ウルフ『グローバリゼーション　賛成　反対』杉村高昭訳，作品社，2002年．
白鳥令編『現代政治学の理論　上・下・続』早稲田大学出版部，1993年．
新川敏光・宮本太郎・真柄秀子・井戸正伸『比較政治経済学』有斐閣〔有斐閣アルマ〕，2004年．
N・G・K・シング『シク教（シリーズ世界の宗教）』高橋堯英訳，青土社，1994年．
神野直彦・澤井安勇編著『ソーシャル・ガバナンス　新しい分権・市民社会の構図』東洋経済新報社，2004年．
杉田敦『デモクラシーの論じ方――論争の政治――』筑摩書房〔ちくま新書〕，2001年．
鈴木良平『IRA（アイルランド共和国軍）――アイルランドのナショナリズム――』彩流社，1991年．
鈴木良平『アイルランド問題とは何か――イギリスとの闘争，そして和平へ――』丸善〔丸善ライブラリー〕，2000年．
I・V・スターリン『弁証法的唯物論と史的唯物論』石堂清倫訳，大月書店〔国民文庫〕，1953年．
J・E・スティングリッツ『世界を不幸にしたグローバリズムの正体』鈴木主税訳，徳間書店，2002年．
J・E・スティングリッツ『世界に格差をバラ撒いたグローバリズムを正す』楡井浩一訳，徳間書店，2006年．
M・B・スティーガー『グローバリゼーション』櫻井公人・櫻井純理・高嶋正晴訳，岩波書店，2005年．

須藤眞志編著『20世紀現代史』一藝社，1999年．

H・スペンサー『コント・スペンサー　世界の名著 (46)』清水幾太郎訳，中央公論新社〔中公バックス〕，1980年．

S・スマイルズ『自助論』竹内均訳，三笠書房，2002年．

住沢博紀・坪郷實・長尾伸一・阪野智一・長岡延孝・伊藤公雄編著『EC統合とヨーロッパ政治の変容——21世紀に向けたエコロジー戦略の可能性——』河合文化教育研究所，1992年．

A・スミス『国富論 (1) (2) (3)』大河内一男訳，中央公論新社，1978年．

A・D・スミス『ナショナリズムの生命力』高柳先男訳，晶文社，1998年．

A・D・スミス『ネイションとエスニシティ——歴史社会学的考察——』巣山靖司・高城和雄・河野弥生・岡野内正・南野泰義・岡田新訳，名古屋大学出版会，1999年．

関根政美『多文化主義社会の到来』朝日新聞出版〔朝日選書〕，2000年．

関曠野『民族とは何か』講談社〔講談社現代新書〕，2001年．

関嘉彦『社会主義の歴史 1，2』力富書房，1987年．

H・セシル『保守主義とは何か』栄田卓弘訳，早稲田大学出版部，1979年．

C・M・セン『ヒンドゥー教』中川正生訳，講談社〔講談社現代新書〕，1999年．

A・センプリーニ『多文化主義とは何か』三浦信孝・長谷川秀樹訳，白水社，2003年．

B・センメル『社会帝国主義史——イギリスの経験1895-1914——』野口武彦・野口照子訳，みすず書房，1982年．

ソ連邦共産党中央委員会附属マルクス=レーニン主義研究所編『コミンテルンの歴史　上巻・下巻』村田陽一訳，大月書店，1973年．

N・ソロモン『ユダヤ教』山我哲雄訳，岩波書店，2003年．

高木郁朗『社会民主主義の挑戦——資本主義はほんとうに勝ったのか？——』JICC出版局，1990年．

高島善哉・水田洋・平田清明『社会思想史概論』岩波書店，1962年．

高田宏史『世俗と宗教のあいだ——チャールズ・テイラーの政治理論——』風行社，2011年．

高橋惠子『絆の構造——依存と自立の心理学——』講談社〔講談社現代新書〕，2014年．

高橋進『イタリア・ファシズム体制の思想と構造』法律文化社，1997年．

高橋進『ヨーロッパの新潮流』神奈川大学評論ブックレット，御茶の水書房，2000年．

高橋進・坪郷実編『ヨーロッパ・デモクラシーの新世紀——グローバル化時代の挑戦——』早稲田大学出版部，2006年．

高増明・松井暁編『アナリティカル・マルキシズム』ナカニシヤ出版，1999年．

竹沢尚一郎『社会とは何か　システムからプロセスへ』中央公論新社〔中公新書〕, 2010年.
竹信三恵子『家事労働ハラスメント——生きづらさの根にあるもの——』岩波書店〔岩波新書〕, 2013年.
田口富久治・中谷義和編『現代の政治理論家たち——21世紀への知的遺産——』法律文化社, 1997年.
多田道太郎編『日本の名著　大杉栄』中央公論社, 1966年.
橘木俊詔『日本の経済格差——所得と資産から考える——』岩波書店〔岩波新書〕, 1998年.
橘木俊詔『無縁社会の正体——血縁・地縁・社縁はいかに崩壊したか——』PHP研究所, 2011年.
橘木俊詔・迫田さやか『夫婦格差社会——二極化する結婚のかたち——』中央公論新社〔中公新書〕, 2013年.
S・タトル『フェミニズム事典』渡辺和監訳, 明石書店, 1991年.
田中明彦『新しい中世——21世紀の世界システム——』日本経済新聞社, 1996年.
田中克彦『ことばと国家』岩波書店〔岩波新書〕, 1981年.
谷川稔『国民国家とナショナリズム』岩波書店〔岩波世界史ブックレット〕, 1999年.
田畑稔・白川真澄・大藪龍介・松田博編『アソシエーション革命へ』社会評論社, 2003年.
田村哲樹「討議デモクラシーとその多様性」『Voters 特集デモクラシー』No. 929, 2012年.
R・A・ダール『民主主義理論の基礎』内山秀夫訳, 未来社, 1970年.
R・A・ダール『ポリアーキー』高畠通敏・前田脩訳, 三一書房, 1980年　岩波書店〔岩波文庫〕, 2014年.
R・A・ダール『統治するのはだれか——アメリカの一都市における民主主義と権力——』河村望・高橋和宏訳, 行人社, 1988年.
R・A・ダール『デモクラシーとは何か』中村孝文訳, 岩波書店, 2001年.
R・A・ダール『現代政治分析』高畠通敏訳, 岩波書店〔岩波現代文庫〕, 2012年.
R・A・ダール, J・ポセッティ『デモクラシーを語る』伊藤武夫訳, 岩波書店, 2006年.
R・ダーレンドルフ「ナチス・ドイツと社会革命」古田雅雄訳『政治・社会論集——重要論文集——』加藤秀治郎監訳, 晃洋書房, 1998年.
N・チェドロウ『母親業の再生産——性差別の心理・社会的基盤——』大塚光子訳, 新躍社, 1981年.
N・チョムスキー『メディア・コントロール——正義なき民主主義と国際社会——』鈴木主税訳, 集英社〔集英社新書〕, 2003年.
N・チョムスキー『秘密と民主主義』田中久美子訳, 成甲書房, 2004年.

N・チョムスキー『チョムスキーの「アナキズム論」』木下ちがや訳，明石書店，2009年．
N・チョムスキー『アメリカを占拠せよ！』松本剛史訳，筑摩書房〔ちくま新書〕，2012年．
月村太郎「民族浄化（ethnic cleansing）について――ボスニア内戦を念頭に――」日本政治学会編『年報政治学2009-Ⅱ　政治における暴力』木鐸社，2009年．
角田由紀子『性と法律――変わったこと，変えたいこと――』岩波書店〔岩波新書〕，2013年．
坪内隆彦『キリスト教原理主義のアメリカ』亜紀書房，1997年．
E・G・デイビス『なにが女性の主要な敵なのか――ラディカル・唯物論的分析――』井上たか子・杉野雅子・加藤康子訳，勁草書房，1996年．
A・J・P・テイラー『ヨーロッパ　栄光と凋落　近代ヨーロッパ政治外交論』川端末人・岡俊孝訳，未来社，1975年．
Ch・テイラー『＜ほんもの＞という倫理――近代とその不安――』田中智彦訳，産業図書，2004年．
Ch・テイラー『自我の源泉――近代的アイデンティティの形成――』下川潔・桜井徹・田中智彦訳，名古屋大学出版会，2010年．
Ch・テイラー『想像された社会の系譜』上野成利訳，岩波書店，2011年．
出口勇蔵『社会思想史』筑摩書房，1967年．
手島俊穂『現代政治とシティズンショプ』晃洋書房，2013年．
R・ドゥウォーキン『権利論』木下毅・野坂泰司・小林公訳，木鐸社，2003年．
D・H・ドウス『成長の限界――ローマクラブ「人類の危機」レポート――』大来佐武郎監訳，ダイヤモンド社，1972年．
A・トクヴィル『アメリカのデモクラシー（第1巻上・下）』松本礼二訳，岩波書店〔岩波文庫〕，2005年．
徳永重良・佐藤忍『ドイツ社会民主主義入門――西ドイツ型社会主義の歴史と理論――』ミネルヴァ書房，1987年．
J・ドノヴァン『フェミニストの理論』小池和子訳，勁草書房，1987年．
富岡幸郎・金子昭『宗教原理主義を超えて』白馬社，2003年．
豊永郁子『サッチャリズムの世紀――作用の政治学へ――』創文社，1998年．
E・トラヴェルソ『全体主義』柱本元彦訳，平凡社〔平凡社新書〕，2010年．
P・E・ドラッカー『経済人の終わり』上田淳生訳，ダイヤモンド社，2007年．
A・ドレングリン『ディープ・エコロジー――生き方から考える環境の思想――』井上有一訳，昭和堂，2001年．
A・ドレングリン『原典で読み解く環境思想入門』松尾真訳，ミネルヴァ書房，1999年．

L・トロツキー『永続革命論』森田成也訳，光文社〔光文社古典新訳文庫〕，2008年．

R・H・トーニー『急進主義の伝統』浜林正夫訳，新評論，1967年．

J・S・ナイ，J・D・ドナヒュー『グローバル化で世界はどう変わるか——ガバナンスへの挑戦と展望——』嶋本恵美訳，英治出版，2004年．

中金聡「戦後イギリスの保守主義」日本政治学会編『年報政治学1995年　現代日本政官関係の形成過程』岩波書店，1995年．

中谷猛・足立幸男『概説西洋政治思想史』ミネルヴァ書房，1994年．

中谷美穂『日本における新しい市民意識　ニュー・ポリティカル・カルチャーの台頭』慶應義塾大学出版会，2005年．

中谷義和編『グローバル化理論の視座　プロブレマティーク＆パースペクティブ』法律文化社，2007年．

中野剛充『テイラーのコミュニタリアニズム　自己・共同体・近代』勁草書房，2007年．

中野秀一郎『アメリカ保守主義の復権——フーバー研究所をめぐる知識人——』有斐閣〔有斐閣選書〕，1982年．

中村勝巳「1990年代イタリア左翼の再定義論争における敵対性と平等主義——ボッビオ『右翼と左翼—政治的区別の理由と意義』をめぐる論議を中心に——」日本政治学会編『年報政治学2006-Ⅰ　平等と政治』木鐸社，2006年．

中村廣治郎『イスラム教入門』岩波書店〔岩波新書〕，1998年．

名古忠行『ウェッブ夫妻の生涯と思想——イギリス社会民主主義の源流——』法律文化社，2005年．

夏目漱石『私の個人主義』講談社〔講談社学術文庫〕，1978年．

西尾孝司『ベンサムの幸福論』晃洋書房，2005年．

西田慎『ドイツ・エコロジー政党の誕生』昭和堂，2009年．

西谷修『原理主義とは何か』河出書房新社，1996年．

21世紀研究会『民族の世界地図』文藝春秋〔文春新書〕，2001年．

R・ニスベット『保守主義——夢と現実——』富沢克・谷川昌幸訳，昭和堂，1990年．

日本政治学会編『年報政治学1994年　ナショナリズムの現在　戦後日本の政治』岩波書店，1994年．

日本政治学会編『年報政治学1995年　現代日本政官関係の形成過程』岩波書店，1995年．

日本政治学会編『年報政治学1999年　20世紀の政治学』岩波書店，1999年．

日本政治学会編『年報政治学2001年　3つのデモクラシー——自由民主主義・社会民主主義・キリスト教民主主義——』岩波書店，2001年．

日本政治学会編『年報政治学2002年　20世紀のドイツ政治理論』岩波書店，2002年．
日本政治学会編『年報政治学　「性」と政治』岩波書店，2003年．
日本政治学会編『年報政治学2006－Ⅰ　平等と政治』木鐸社，2006年．
日本政治学会編『年報政治学2008－Ⅰ　国家と社会　統合と連帯の政治学』木鐸社，2008年．
日本政治学会編『年報政治学2009－Ⅱ　政治における暴力』木鐸社，2009年．
日本政治学会編『年報政治学2010－Ⅱ　ジェンダーと政治過程』木鐸社，2010年．
日本政治学会編『年報政治学2013－Ⅰ　宗教と政治』木鐸社，2013年．
日本比較政治学会編『テロは政治をいかに変えたか　比較政治学的考察』早稲田大学出版部，2007年．
日本比較政治学会編『日本比較政治学会年報第一三号　ジェンダーと比較政治学』ミネルヴァ書房，2011年．
根井雅弘『市場主義のたそがれ　新自由主義の光と影』中央公論新社〔中央新書〕，2009年．
根岸　毅『原理主義と民族主義』慶應義塾大学出版会，2002年．
A・ネス『ディープ・エコロジーとは何か——エコロジー・共同体・ライフスタイル——』斎藤直輔・関龍美訳，文化書房博文社，1997年．
F・ノイマン『政治権力と人間の自由』内山秀夫・三辺弘之・倉沢康一郎・萬田悦生訳，河出書房新社，1971年．
E・ノルテ『ファシズムの時代　上・下』ドイツ現代史研究会訳，福村出版，1972年．
R・ノージック『アナーキー・国家・ユートピア——国家の正当性とその限界——』嶋津格訳，木鐸社，1995年．
F・A・v・ハイエク『隷従の道——全体主義と自由——』西村千明訳，東京創元社，1992年．
J・バイオン『イデオロギーとは何か』徳永恂訳，講談社〔講談社現代新書〕，1974年．
E・ハイマン『共産主義・ファシズム・民主主義』土屋浩・土屋弘訳，社会思想社〔現代教養文庫〕，1952年．
Z・バウマン『コミュニティ　安全と自由の戦場』奥井智之訳，筑摩書房，2008年．
M・バクーニン『神と国家　世界の名著42』猪木正道編，中央公論社，1967年．
M・バクーニン『国家制度とアナーキー』左近毅訳，白水社，1999年．
橋本健二『階級社会　現代日本の格差を問う』講談社〔講談社メチエ〕，2006年．
R・パットナム『哲学する民主主義』河田潤一訳，ＮＴＴ出版，2001年．
R・パットナム『ボウリング・アローン』柴内康文訳，柏書房，2006年．
J・バトラー『ジェンダー・トラブル』竹村和子訳，青土社，1999年．

花田達朗『公共圏という名の社会空間　公共圏・メディア・市民社会』木鐸社，1996年．

馬場康雄「歴史現象としてのファシズム」樺山紘一編『岩波講座　世界歴史24　解放の光と影』岩波書店，1998年．

ハミルトン，ジェイ，マディソン『ザ・フェデラリスト　世界の名著33』中央公論社，1970年．

M・ハム『フェミニズム理論辞典』木本喜美子・高橋準訳，明石書店，1999年．

早川誠『代表制という思想』風行社，2014年．

林健太郎編『新保守主義　現代日本思想体系第35巻』筑摩書房，1963年．

A・S・バラ，F・ラペール『グローバル化と社会的排除　貧困と社会問題への新しいアプローチ』福原宏幸・中村健吾訳，昭和堂，2005年．

N・バリー『福祉　政治哲学からのアプローチ』斎藤俊明・法貴良一・高橋和則・川久保文紀訳，昭和堂，2004年．

V・パレート『社会学大綱』北川隆吉・板倉達文・広田明訳，青木書店，1987年．

V・パレート『一般社会学提要』姫岡勤・板倉達文訳，名古屋大学出版会，1996年．

半澤孝麿・佐々木毅・山田高生・新田邦夫・竹村英輔・西尾孝司『近代政治思想史（1）（2）（3）（4）（5）』有斐閣，1978年．

S・P・ハンチントン『文明の衝突』鈴木主税訳，集英社，1998年．

S・P・ハンチントン『文明の衝突と21世紀の日本』鈴木主税訳，集英社〔集英新書〕，2000年．

D・ハーヴェイ『ネオリベラリズムとは何か』本橋哲也訳，青土社，2007年．

E・バーク『フランス革命の省察　世界の名著34』水田洋訳，中央公論社，1969年．

J・バーナム『経営者革命』武山泰雄訳，東洋経済新報社，1955年．

J・ハーバーマス『公共性の構造転換』細谷貞雄・山田正行訳，未来社，1973年．

J・ハーバーマス『法と正義のディスクルス』河上倫逸編訳，未来社，1999年．

I・バーリン『自由論』小川晃一・福田歓一・小池銈・生松敬三訳，みすず書房，2000年．

A・A・バーリー，G・C・ミーンズ『近代株式会社と私有財産』北島忠男訳，文雅堂銀行研究社，1986年．

C・ピアソン『曲がり角にきた福祉国家』田中浩・神谷直樹訳，未来社，1996年．

M・ビアルドー『ヒンドゥー教の〈人間学〉』七海由美子訳，講談社〔講談社選書メチエ〕，2010年．

Th・ピケティ『21世紀の資本』山形浩生訳，守岡桜・森本正史訳，みすず書房，2014年．

A・ヒトラー『わが闘争　上・下』平野一郎訳，角川書店〔角川文庫〕，1973年．

F・ピム『保守主義の本質』戸沢健次訳，中央公論社，1986年．

平岡昇『平等に憑つかれた人びと——バブーフとその仲間たち——』岩波書店〔岩波新書〕，1973年．

広松渉『今こそマルクスを読み返す』講談社〔講談社学術文庫〕，1990年．

S・ファインストーン『性の弁証法——女性解放革命の場合——』林弘子訳，評論社，1975年．

R・デ・フェリーチェ『ファシズムを語る』西川知一・村上信一郎訳，ミネルヴァ書房，1979年．

V・フォレステル『経済の独裁　ネオリベラリズム批判』金塚貞文訳，光芒社，2000年．

福沢諭吉『学問のすすめ』岩波書店〔岩波文庫〕，1978年．

福田歓一『近代の政治思想——その現実的・理論的諸前提——』岩波書店〔岩波新書〕，1970年．

福田歓一『近代民主主義とその展望』岩波書店〔岩波新書〕，1977年．

福田歓一『政治学史』東京大学出版会，1985年．

福田敏治『第三の道の経済思想』晃洋書房，2010年．

F・フクヤマ『歴史の終わり』渡辺昇一訳，講談社，1998年．

藤田勝次郎『プルードンと現代』世界書院，1993年．

藤原和彦『イスラム過激原理主義——なぜテロに走るのか——』中央公論新社〔中公新書〕，2001年．

藤原保信『西洋政治思想〈1〉〈2〉』新評論，1995年，1996年．

藤原保信『自由主義の政治理論』早稲田大学出版部，1997年．

藤原保信『自由主義の再検討』岩波書店〔岩波新書〕，1999年．

B・フリーダン『セカンドステージ新しい家族の創造』下村満子訳，集英社，1984年．

B・フリーダン『新しい女性の創造』三浦富美子訳，大和書房，2004年．

M・フリーデン『権利』玉木秀敏・平井亮輔訳，昭和堂，1992年．

M・フリードマン『資本主義の自由』村井章子訳，日経BP社，2008年．

M・フリードマン，R・フリードマン『選択の自由』西山千明訳，日本経済新聞社，2002年．

J・フリーマン『女性解放の政治学』奥田暁子訳，未来社，1978年．

N・フルシチョフ『フルシチョフ秘密報告「スターリン批判」』志水速雄訳，講談社〔講談社学術文庫〕，1977年．

古田雅雄「西欧——政治システムとしての国民国家とその変容——」加藤普章編『新版　エリア・スタディ入門』，昭和堂，2005年．

古田雅雄「なぜドイツではネオリベラリズムが定着しないのか」『奈良法学会雑誌』第19巻

3・4号，2006年．

古田雅雄「住民投票から民主主義を考える」『奈良法学会雑誌』第20巻1・2号，2007年．

古田雅雄「西ヨーロッパ国民国家形成論――Ｓ・ロッカン・モデルを参考に――」『奈良法学会雑誌』第21巻1・2号，2008年．

古田雅雄「グローバル化論――グローバル化する世界をどのように理解すべきか――」『奈良法学会雑誌』第22巻1・2号，2009年．

古田雅雄「現代政治文化論――政治的価値意識をめぐるマクロ・メゾ・ミクロの各次元の研究――」『奈良法学会雑誌』第23巻，2011年．

古田雅雄「ドイツ社会民主党の改革戦略とそのジレンマ」『社会科学雑誌』第3巻，2011年．

古田雅雄「現代政治イデオロギー序説――現代政治をどのように理解すればよいのか――」『奈良法学会雑誌』第24巻，2012年．

古田雅雄「グローバル化時代の西ヨーロッパ福祉国家――グローバル化は福祉国家を変質させるのか？――」『社会科学雑誌』第6巻，2012年．

古田雅雄「現代市民社会論――その概念化への試論――」『社会科学雑誌』第5巻，2012年．

古田雅雄「大統領制と議院内閣制の比較研究――民主主義にはどちらの統治形態がより有効であるのか――」『社会科学雑誌』2014年．

古田雅雄「現代市民社会論」橘木俊詔編著『共生社会を生きる』晃洋書房，2015年．

Ｐ・Ｊ・プルードン『19世紀における革命の一般理論　世界の名著42』渡辺一訳，中央公論社，1967年．

Ｐ・Ｊ・プルードン『所有とは何か』長谷川進訳，三一書房，1971年．

Ｐ・Ｊ・プルードン『プルードン・セレクション』河野健二訳，平凡社，2009年．

Ｅ・フロム『自由からの逃走』日高六郎訳，東京創元社，1951年．

Ｅ・フロム『人間における自由』谷口隆之助・早坂泰次郎訳，東京創元社，1955年．

Ｎ・プーランザス『資本主義国家の構造（１）（２）――政治権力と社会階級――』田口富久治・山岸紘一訳，未来社，1978年，1981年．

Ｃ・ペイトマン『参加と民主主義理論』寄本勝美訳，早稲田大学出版部，1979年．

Ｃ・ペイトマン『秩序を乱す女たち　政治理論とフェミニズム』山田竜作訳，法政大学出版局，2014年．

Th・ペイン『コモン・センス』小松春雄訳，岩波書店〔岩波文庫〕，1953年．

Ｄ・ベル『イデオロギーの終焉』岡田直之訳，東京創元社，1969年．

Ｄ・ヘルド，Ｍ・Ｋ・アーキブージ編『グローバル化をどうとらえるか　ガヴァナンスの地平』中谷義和監訳，法律文化社，2004年．

E・ベルリングェル『先進国と歴史的妥協——ユーロコミュニズムの展開——』大津真作訳，合同出版，1977年．

E・ベルンシュタイン『社会主義の前提と社会民主主義の任務』戸原四郎訳，河出書房，1960年．

J・ベンサム『統治論断片』永井義雄抄訳，講談社，1982年．

A・ベントリー『統治過程論』上林良一・喜多靖郎訳，法律文化社，2004年．

G・W・F・ヘーゲル『法の哲学　世界の名著35』藤野渉・赤澤正敏訳，中央公論社，1967年．

細見和之『フランクフルト学派　ホルクハイマー，アドルノから21世紀の「批判理論」へ』中央公論新社〔中公新書〕，2014年．

T・B・ボットモア『エリートと社会』綿貫譲治訳，岩波書店，1965年．

N・ボッビオ『左と右　政治的区別の理由と意味』片桐薫・片桐圭子訳，御茶ノ水書房，1998年．

T・ホッブズ『リヴァイアサン』水田洋訳，岩波書店〔岩波文庫〕，1992年．

S・ホプキンス，蒲島郁夫，谷口将紀編『メディアが変える政治』東京大学出版会，2008年．

M・ホルクハイマー『理性の腐蝕』山口祐弘訳，せりか書房，1987年．

M・ホルクハイマー『批判的社会理論——市民社会の人間学——』森田数実訳，恒星社厚生閣，1994年．

M・ホルクハイマー『権威主義国家』清水多吉訳，紀伊國屋書店，1975年．

M・ホルクハイマー，Th・アドルノ『啓蒙の弁証法——哲学的断想——』徳永恂訳，岩波書店〔岩波文庫〕，2007年．

S・K・ホワイト『政治理論とポスト・モダニズム』有賀誠・向山恭一訳，昭和堂，1996年．

D・ド・ボーヴォワール『第二の性〈1〉・〈2〉』「第二の性」を原文で読み直す会訳，新潮社，2001年．

G・ポーター，J・W・ブラウン『入門地球環境政治』細田衛士監訳，有斐閣，1998年．

J・A・ホール，G・J・アイケンベリー『国家』星野智・斎藤俊明訳，昭和堂，1996年．

J・K・ポール，G・ボーヴィラー『フェミニズム歴史事典』水田珠枝・安川悦子監訳，明石書店，2000年．

C・B・マクファーソン『現代世界の民主主義』栗田賢三訳，岩波書店〔岩波新書〕，1967年．

C・B・マクファーソン『民主主義理論』西尾敬義・藤本博訳，青木書店，1978年．

C・B・マクファーソン『自由民主主義は生き残れるのか』田口富久治訳，岩波書店〔岩波新書〕，1978年．

D・マクレラン『イデオロギー』千葉眞・木村尚志訳，昭和堂，1992年．

J・マコーミック『地球環境運動全史』石弘之・山口裕司訳，岩波書店，1998年．

A・マッキンタイアー『美徳なき時代』箱崎栄訳，みすず書房，1993年．

J・マディソン『ザ・フェデラリスト』斉藤真・中野勝郎訳，岩波書店〔岩波文庫〕，1999年．

K・マルクス『ルイ・ボナパルトとブリュメール一八日』伊藤新一・北条元一訳，岩波書店〔岩波文庫〕，1954年．

K・マルクス『経済学・哲学草稿』城塚登訳，岩波書店〔岩波文庫〕，1964年．

K・マルクス『共産党宣言』大内兵衛・向坂逸郎訳，岩波書店〔岩波文庫〕，1971年．

K・マルクス『ユダヤ人問題によせて ヘーゲル法哲学批判序説』城塚登訳，岩波書店〔岩波文庫〕，1974年．

K・マルクス『ドイツ・イデオロギー』大内兵衛・向坂逸郎訳，岩波書店〔岩波文庫〕，2002年．

H・マルクーゼ『ユートピアの終焉』清水多吉訳，合同出版社，1968年．

H・マルクーゼ『初期マルクス研究――「経済学＝哲学手稿」における疎外論――』良知力・池田優三訳，未来社，1968年．

H・マルクーゼ『純粋寛容批判』大沢真一郎訳，せりか書房，1968年．

H・マルクーゼ『一次元的人間』生松敬三・三沢謙一訳，河出書房新社，1974年．

H・マルクーゼ『革命と叛乱』生松敬三訳，河出書房新社，1975年．

G・マルシェ『民主主義の挑戦 フランス共産党は主張する』大津真作訳，合同出版，1977年．

丸山眞男『増補版 現代政治の思想と行動』未来社，1964年．

丸山眞男『戦中と戦後の間』みすず書房，1976年．

K・マンハイム『保守主義的思考』森博訳，筑摩書房〔ちくま学芸文庫〕，1997年．

K・マンハイム『イデオロギーとユートピア』高橋徹訳，中央公論新社〔中公クラシックス〕，2006年．

T・H・マーシャル，T・ボットモア『シティズンシップと社会的階級 近現代を総括するマニフェスト』岩崎信彦・中村健吾訳，法律文化社，1993年．

C・マーチャント『ラディカル・エコロジー――住みよい世界を求めて――』川本隆史訳，産業図書，1994年．

水田洋『マルクス主義入門』社会思想社〔現代教養文庫〕，1971年．

水田洋編『マルクス主義3 マルクス主義思想史』日本評論社，1970年．

水野和夫『人々はなぜグローバル経済の本質を見誤るのか』日本経済新聞社，2007年．

R・ミヘルス『現代民主主義における政党の社会学〈1〉〈2〉』森博・桶口晟子訳，木鐸社，

1973年，1974年．

宮島喬『現代社会学』有斐閣，1995年．

宮田律『イスラム世界と欧米の衝突』NHKブックス，1998年．

宮田律『現代イスラムの潮流と原理主義の行方』集英社，2002年．

C・ミューラー『政治と言語』辻村明・松村健生訳，東京創元社，1978年．

J・S・ミル『自由論』塩尻公明・木村健康訳，岩波書店〔岩波文庫〕，1971年．

C・W・ミルズ『パワー・エリート　上・下』鵜飼信成・綿貫譲治訳，東京大学出版会，1969年．

R・ミルバンド『現代資本主義国家論――西欧権力体系の一分析――』田口富久治訳，みすず書房，1979年．

L・W・ミルブレイス『政治参加の心理と行動』内山秀夫訳，早稲田大学出版部，1976年．

K・ミレット『性の政治学』藤枝澪子訳，ドメス出版，1973年．

村上信一郎『権威と服従――カトリック政党とファシズム――』名古屋大学出版会，1989年．

村上泰亮『産業社会の病理』中央公論新社〔中公叢書〕，1975年．

村田邦夫『イギリス病の政治学――19－20世紀転換期における自由主義による危機対応過程――』晃洋書房，1990年．

村田邦夫『21世紀の「日本」と「日本人」と「普遍主義」「平和な民主主義」社会の実現のために「勝ち続けなきゃならない世界とそこでの戦争」』晃洋書房，2014年．

S・ムルホール，A・スウィフト『リベラル・コミュニタリアン論争』谷澤正嗣・飯島昇蔵訳，勁草書房，2007年．

G・メイナード『サッチャーの経済革命』新保生二訳，日本経済新聞社，1989年．

T・メイヤー『アナリティカル・マルクシズム――平易な解説――』瀬戸岡紘訳，桜井書店，2005年．

D・H・メドウズ『成長の限界――ローマ・クラブ「人類の危機」レポート――』大来佐武郎訳，ダイヤモンド社，1972年．

G・モスカ『支配する階級』志水速雄訳，ダイヤモンド社，1973年．

森嶋通夫『サッチャー時代のイギリス――その政治，経済，教育――』岩波書店〔岩波新書〕，1988年．

森本達雄『ヒンドゥー教――インドの聖と俗――』中央公論新社〔中公新書〕，2003年．

森村進『自由はどこまで可能か　リバタリアニズム入門』講談社〔講談社新書〕，2001年．

八木紀一郎「国境を越える市民社会」山口定・松葉正文・中島茂樹・小関素明編著『現代国家と市民社会――21世紀の公共性を求めて――』ミネルヴァ書房，2005年．

安田雪『ネットワーク分析　何が行為を決定するか』新躍社，1997年.

山口定『ファシズム論の諸潮流』有斐閣，1978年.

山口定『ファシズム』有斐閣〔有斐閣選書〕，1980年.

山口定『ヒトラーの抬頭　ワイマール・デモクラシーの悲劇』朝日新聞社，1991年.

山口定『ヨーロッパ新右翼』朝日新聞社〔朝日選書〕，1998年.

山口定『市民社会論――歴史的遺産と新展開――』有斐閣，2004年.

山口定・進藤栄一・宝田善・住沢博紀編『市民的自立の政治戦略』朝日新聞社，1992年.

山口定・松葉正文・中島茂樹・小関素明編著『現代国家と市民社会――21世紀の公共性を求めて――』ミネルヴァ書房，2005年.

山崎時彦編『政治思想史――保守主義の生成と発展――』昭和堂，1983年.

山本隆編著『社会的企業論　もうひとつの経済』法律文化社，2014年.

山本秀行『ナチズムの時代』山川出版社，1998年.

行安茂・藤原保信『T・H・グリーン研究』御茶ノ水書房，1982年.

吉沢夏子『フェミニズムの困難』勁草書房，1993年.

米本昌平『地球環境問題とは何か』岩波書店，1994年.

A・ライアン『所有』森村進・桜井徹訳，昭和堂，1993年.

R・B・ライシュ『暴走する資本主義』雨宮寛・今井章子訳，東洋経済新報社，2008年.

E・O・ライト編『平等主義の政治経済学――市場・国家・コミュニティのための新たなルール――』遠山弘徳訳，大村書店，2002年.

W・ライヒ『ファシズムの大衆心理』平田武靖訳，せりか書房，1986年.

W・ラカー『ファシズム――昨日・今日・明日――』柴田敬二訳，刀水書房，1997年.

H・D・ラスウェル『政治――動態分析――』久保田きぬ子訳，岩波書店，1969年.

H・J・ラスキ『国家――理論と現実――』石上良平訳，岩波書店〔岩波現代叢書〕，1952年.

J-F・リオタール『ポスト・モダンの条件』水声社，1986年.

A・リピエッシ『政治的エコロジーとは何か――フランス緑の党の政治思想――』若森文子訳，緑風出版，2000年.

G・リヒトハイム『社会主義小史』庄司興吉訳，みすず書房，1979年.

J・リンス『全体主義と権威主義』睦月規子・黒川敬吾・村上智章・木原滋哉・高橋進訳，法律文化社，1995年.

C・E・リンドブルム，R・A・ダール『政治，経済，厚生』磯部浩一訳，東洋経済新報社，1961年.

E・リード『性の神話――女性解放の諸問題――』三宅義子訳，柘植書房，1974年.

H・リード『アナキズムの哲学』大沢正道訳, 法政大学出版局, 1978年.

G・ルカーチ『歴史と階級意識』平井俊彦訳, 未来社, 1962年.

J・J・ルソー『社会契約論』桑原武夫・前川貞次郎訳, 岩波書店〔岩波文庫〕, 1954年.

J・J・ルソー『人間不平等起源論』本田喜巳治・平岡昇訳, 岩波書店〔岩波文庫〕, 1972年.

E・ルナン, J・G・フィヒテ, J・ロマン, E・バリバール『国民とは何か』鵜飼哲・大西雅一郎・細見和之・上野成利訳, インスクリプト, 1997年.

A・レイプハルト『民主主義対民主主義　多数決型対コンセンサス型の36カ国比較研究』粕谷祐子・菊池啓一訳, 勁草書房, 2005年.

E・レーデラー『大衆の国家』青井和夫・岩城完之訳, 東京創元社, 1961年.

V・I・レーニン『帝国主義』宇高基輔訳, 岩波書店, 1956年.

V・I・レーニン『国家と革命』宇高基輔訳, 岩波書店〔岩波文庫〕, 1957年.

V・I・レーニン『何をなすべきか』村田陽一訳, 大月書店〔国民文庫〕, 1971年.

G・レームブルッフ, Ph・C・シュミッター『現代コーポラティズム　I, II』山口定監訳, 木鐸社, 1986年.

M・ロスバード『自由の倫理学　リバタリアニズムの理論体系』森村進・森村たまき・鳥澤円訳, 勁草書房, 2003年.

J・ロック『市民政府論』鵜飼信成訳, 岩波書店〔岩波文庫〕, 1968年.

G・K・ロバーツ『現代政治分析辞典』岡沢憲芙・萩野浩基・中野実・福岡政行・川野秀之・藤田守重・江上能義訳, 早稲田大学出版部, 1976年.

R・ロバートソン『グローバリゼーション　地球文化の社会理論』阿部美哉訳, 東京大学出版会, 1997年.

J・ローズ『正義論　改訂版』川本隆史・福間聡・神島裕子訳, 紀伊國屋書店, 2010年.

J・ローマー『分配的正義の理論：経済学と倫理学の対話』木谷忍・川本隆史訳, 木鐸社, 2001年.

若田恭二『「わたし」という幻想,「わたし」という呪縛——精神病理学的政治学序説——』せりか書房, 2002年.

S・A・ワトキンズ, M・ルーダ, M・ロドリゲス『フェミニズム』田辺希久子訳, 心淡社, 1994年.

《著者紹介》

古田雅雄 (ふるた まさお)

  1951年　大阪市生まれ
  1986年　神戸大学大学院法学研究科博士課程単位取得
  現　在　奈良産業大学ビジネス学部教授

主要業績

  共著『政党派閥』(ミネルヴァ書房，1996年)
  共著『新版エリア・スタディ』(昭和堂，2000年)
  共著『新版政治学の基礎』(一藝社，2001年)
  共著『西欧比較政治』(一藝社，2002年)
  共著『20世紀現代史』(一藝社，2005年)
  共著『共生社会を生きる』(晃洋書房，2015年)
  共訳，R・ダーレンドルフ『政治・社会論集　重要論文集』(晃洋書房，2000年)
  共訳，M・アンダーソン『戦後ヨーロッパの国家とナショナリズム』(ナカニシヤ出版，2007年)

現代政治イデオロギー序説
──現代政治をどのように理解すればよいのか──

2015年4月20日　初版第1刷発行　　＊定価はカバーに表示してあります

	著　者	古田　雅雄 ⓒ
著者の了解により検印省略	発行者	川東　義武
	印刷者	西井　幾雄

発行所　株式会社　晃洋書房

〒615-0026　京都市右京区西院北矢掛町7番地
　　　　　　電話　075 (312) 0788番(代)
　　　　　　振替口座　01040-6-32280

ISBN978-4-7710-2626-1　印刷・製本　㈱NPCコーポレーション

JCOPY ＜＜(社)出版者著作権管理機構委託出版物＞
本書の無断複写は著作権法上での例外を除き禁じられています。複写される場合は、そのつど事前に、(社)出版者著作権管理機構 (電話 03-3513-6969, FAX 03-3513-6979, e-mail: info@jcopy.or.jp) の許諾を得てください。